ern nachweisen läßt, ist jedenfalls aus verschiedenen Wurzeln entsprungen.
Philpot, Frazer, Grant Allen, Tylor, Weniger, Höfler. Über Aberglauben, der sich
che, Eibe, Eiche, Esche, Linde, Hasel, Holunder, Kirsche, Walnuß(baum),
rglauben), Rute, Weihnachtsbaum, Yggdrasil, Zweig.

ohl die Sitte, daß Sterbende sich im Wald verbargen, Anlaß gegeben hat.
um, der aus der Erde hervorsprießt, und besonders der aus den Gräbern
rd der Geist in den Baum gebannt. Die Hexen halten sich zwischen Rinde
Vesens gehen vielfach abergläubische Bräuche zurück. Der Holzfäller bittet
tzten Baum quillt Blut hervor. Dem Baumgeist werden Opfer dargebracht,

Menschen aus Bäumen entstanden sind. Die Edda (Völuspa) läßt die ersten
e beruht dieser Schöpfungsmythus auf totemistischer Grundlage. Damit
n. Die Hebamme holt die kleinen Kinder aus einem bestimmten hohlen

m. Gewisse Bäume werden mit »Frau« angeredet, z. B. die Hasel als »Frau
begrüßt. Im allgemeinen gelten die Bäume (Fruchtbarkeit) als *weiblich*.
das geschieht auch dem Menschen. Das Verdorren des »Lebensbaumes«
t, verdorrt ebenfalls. Den Bäumen wird, wie den Haustieren, der Tod ihres
besteht die Sitte, daß für den Neugeborenen ein Bäumchen gepflanzt wird.
en, sondern auch Bäume.

Fortsetzung hinten im Buch

Das literarische Buch der Bäume

Ich träumte früh am Morgen, ich sei ein Baum. Bäume sind (die besseren) Menschen

Else Lasker-Schüler: Die Bäume unter sich	92
Die Bibel: Buch Richter	96
Adalbert Stifter: Der Hochwald	97
Christian Morgenstern: Die Weide am Bach	99
Dschuang Dsï: Der alte Eichbaum	101
Anastasius Grün: Baumpredigt	103
Else Lasker-Schüler: Als die Bäume mich wiedersahen	105
Rafik Schami: Der fliegende Baum	108
Friedrich Hölderlin: Die Eichbäume	117

Blühn und verdorrn ist uns zugleich bewußt. Lebens- und Jahreskreislauf

Friedrich Schiller: Der Baum, auf dem die Kinder	120
Rainer Maria Rilke: Duineser Elegien	121
Wilhelm von Humboldt: Brief an eine Freundin	122
Christian Morgenstern: Das Weihnachtsbäumlein	126
Hans Christian Andersen: Der Tannenbaum	127
Else Lasker-Schüler: Der leuchtende Baum	137
Ernst Moritz Arndt: Der alte Baum und ich	138
Anna Seghers: Die drei Bäume	139
Franz Grillparzer: Jugenderinnerungen im Grünen	143

Hier find'st du deine Ruh'! Zufluchtsorte

Ovid: Daphne	152
Paul Valéry: Gespräch über den Baum	160
Joanne K. Rowling: Harry Potter und die Kammer des Schreckens	162

Wilhelm Müller: Der Lindenbaum.................... 169
Truman Capote: Die Grasharfe...................... 170
Harper Lee: Wer die Nachtigall stört................. 175

Nie hat ein Schreck grausamer mich geschüttelt. Baumfrevel

Brüder Grimm: Die Zwerge auf dem Baum 186
Friedrich Nietzsche: Baum im Herbste................. 187
Estnisches Märchen: Die sprechenden Bäume 188
Anna Louisa Karsch: Vorbitte wegen eines Nußbaums.... 190

Keine Menschenseele wohnt darin. Waldgeschichten

Christian Morgenstern: Worauf beruht z. B. der Zauber des
 Waldes... 194
Max Dauthendey: Stets sind Gespräche im Wald 195
Brüder Grimm: Die Alte im Wald 196
Johann Gottfried Herder: Der Wald und der Wanderer ... 199
Christian Morgenstern: Die zwei Wurzeln 201
Rudyard Kipling: Das Dschungelbuch................. 202
Erich Kästner: Die Wälder schweigen 214
Robert Walser: Der Wald........................... 215
Sándor Petőfi: Heiter strömt es nach dem Wald 230
Heinrich Heine: Der Herbstwind rüttelt die Bäume 231
J. R. R. Tolkien: Der Herr der Ringe. Die zwei Türme 232

Aus jedem Zweig den Tod ich spüre.

Bertolt Brecht: An die Nachgeborenen 246
Erich Fried: Gespräch über Bäume 248
Annette von Droste-Hülshoff: Die Judenbuche 249
Max Dauthendey: Der tote Baum...................... 252
Märchen aus Finnland: Wie die Trauerbirke entstanden ist 253
Bruno Wille: Einsamer Baum 256
William Shakespeare: Othello 257
Georg Heym: Der Baum............................. 262
Georg Trakl: Winkel am Wald........................ 263
Antoine de Saint-Exupéry: Der kleine Prinz............. 264

Euer Inn'res hegt Keime der Zukunft. Leben und Hoffnung

Theodor Fontane: Herr von Ribbeck auf Ribbeck im
    Havelland 270
Brüder Grimm: Von dem Machandelboom 272
Otto Julius Bierbaum: Das Wunder am Baum 282
Theodor Fontane: Der Eibenbaum im Parkgarten des
    Herrenhauses...................................... 283
Bertolt Brecht: Die Ballade vom Baum und den Ästen 292
Virginia Woolf: Die Wellen 294
Otto Ernst: Hymnus an die Bäume.................... 299
Conrad Ferdinand Meyer: Der verwundete Baum........ 302
Jurek Becker: Jakob der Lügner...................... 303

Anstatt eines Nachwortes. Auszug aus
Meyers Konversations-Lexikon: Baum 308

Ein Baum spricht: In mir ist ein Kern, ein Funke, ein Gedanke verborgen, ich bin Leben vom ewigen Leben

Ursprungsgeschichten

ÄLTERE EDDA

Völuspá

Eine Esche weiß ich, heißt Yggdrasil,
Den hohen Baum netzt weißer Nebel;
Davon kommt der Thau, der in die Thäler fällt.
Immergrün steht er über Urds Brunnen.

Davon kommen Frauen, vielwißende,
Drei aus dem See dort unterm Wipfel.
Urd heißt die eine, die andre Werdandi:
Sie schnitten Stäbe; Skuld hieß die dritte.
Sie legten Looße, das Leben bestimmten sie
Den Geschlechtern der Menschen,
das Schicksal verkündend.

CHINESISCHES VOLKSMÄRCHEN

Laotse

Laotse ist eigentlich älter als Himmel und Erde. Er ist der gelbe Alte, der mit den anderen vieren die Welt geschaffen. Zu verschiedenen Zeiten aber hat er sich auf der Erde unter verschiedenen Namen gezeigt. Seine berühmteste Menschwerdung jedoch ist die als »altes Kind« (Laotse) mit dem Namen Pflaume (Li). Das ging aber so zu: Seine Mutter empfing ihn auf übernatürliche Weise und trug ihn zweiundsiebzig Jahre lang. Als er geboren wurde, kam er aus der linken Achselhöhle seiner Mutter hervor. Er hatte gleich von Anfang an weiße Haare, darum nannte man ihn altes Kind. Auch konnte er schon sprechen. Da er keinen menschlichen Vater hatte, deutete er auf den Pflaumenbaum, unter dem er zur Welt gekommen war, und sprach: »Dies soll mein Name sein!«

Er erlangte große Zauberkünste, durch die er sein Leben verlängerte. Einst dingte er einen Knecht zu seinem Dienst. Mit dem ward er eins, daß er ihm täglich hundert Kupferstücke geben wollte; doch bezahlte er ihn nicht aus und war ihm schließlich sieben Millionen zweihunderttausend Kupferstücke schuldig. Da bestieg er einen schwarzen Stier und ritt nach Westen. Er wollte seinen Knecht mitnehmen. Als sie aber an den Han-Gu-Paß kamen, da weigerte sich der Knecht und verlangte seine Bezahlung. Doch Laotse gab ihm nichts.

Als sie sich dem Hause des Paßwächters nahten, da zeigten sich am Himmel rote Wolken. Der Paßwächter verstand das Zeichen und wußte, daß ein Heiliger nahe. So ging er ihm entgegen und nahm ihn in seinem Hause auf. Er fragte ihn nach geheimer Weisheit. Laotse aber streckte die Zunge weit heraus und sagte nichts. Dennoch beherbergte ihn der Paßwächter aufs ehrerbietigste in seiner Wohnung. Laotses Knecht erzählte dem

Diener des Paßwächters, daß sein Herr ihm noch viel Geld schuldig sei, und bat, ein gutes Wort für ihn einzulegen. Als der Diener von der großen Summe hörte, da lockte es ihn, so einen reichen Mann zum Schwiegersohn zu haben, und er gab ihm seine Tochter zur Frau. Schließlich hörte der Paßwächter von der Sache und trat mit dem Knecht zusammen vor Laotse. Da sprach Laotse zu seinem Knecht: »Du Schalksknecht! Du wärest eigentlich schon lange tot. Ich habe dich gedingt, und da ich arm war und dir kein Geld geben konnte, habe ich dir einen Zauber des Lebens zu essen gegeben. Darum bist du noch heute am Leben. Ich sagte dir: ›Wenn du mir nachfolgst nach Westen ins Reich der seligen Ruhe, dann will ich dir deinen Lohn in gelbem Golde zahlen‹. Du aber hast nicht gewollt.« Damit klopfte er dem Knecht auf den Nacken. Da öffnete der den Mund und spie den Zauber des Lebens auf die Erde. Noch sah man darauf die Zeichen mit Zinnober geschrieben, wohlerhalten, wie neu. Der Knecht aber brach plötzlich zusammen und verwandelte sich in einen Haufen trockenen Gebeins. Der Paßwächter warf sich zur Erde und legte Fürbitte für ihn ein. Er versprach, für Laotse den Knecht zu bezahlen, und bat, er solle ihn wieder lebendig machen. Da tat Laotse den Zauber unter die Knochen, und augenblicklich war der Knecht zum Leben erweckt. Der Paßwächter entlohnte den Knecht und ließ ihn gehen. Dann verehrte er den Laotse als seinen Meister, und Laotse teilte ihm die Kunst des ewigen Lebens mit und hinterließ ihm seine Lehre in fünftausend Worten, die der Paßwächter niederschrieb. Das Buch, das so entstand, ist das Buch »VOM SINN UND LEBEN«. Laotse verschwand darauf den Blicken der Menschen. Der Paßwächter aber hat seine Lehre befolgt und wurde unter die Unsterblichen versetzt.

HEINRICH ZIMMER

Philosophie und Religion Indiens

Denn so wird uns berichtet: als der werdende Buddha unter dem Bo-Baum an dem unverrückbaren Ort saß, wollte der Gott mit den beiden Namen, Māra (Tod) und Kāma (Begierde), ihn versuchen und aus seiner Versenkung reißen. Als Kāma zeigte er dem meditierenden Erlöser die höchsten Freuden dieser Welt in Gestalt dreier verführerischer Göttinnen mit ihrem Gefolge, und als der erwartete Erfolg ausblieb, nahm er Zuflucht zu seiner furchterregenden Gestalt als Māra. Mit mächtiger Heerschar trachtete er den Buddha zu schrecken und sogar zu erschlagen; er überfiel ihn mit gewaltigen Stürmen, Schauern von Regen, flammenden Felsen, Waffen, glühenden Kohlen, heißer Asche, Sand, siedendem Schlamm und zuletzt mit einer großen Finsternis. Aber der künftige Buddha blieb ungerührt. Die Wurfgeschosse wurden zu Blumen, als sie den Ort seiner Versenkung erreichten. Māra schleuderte eine scharfe Wurfscheibe, aber sie verwandelte sich in einen Blütenbaldachin. Nun wollte der Gott dem Gesegneten das Recht streitig machen, unter dem Bo-Baum an dem unverrückbaren Ort zu sitzen. Da berührte der werdende Buddha die Erde nur mit den Fingerspitzen seiner Rechten, und sie bestätigte ihm donnernd mit vieltausendfachem Grollen: »Ich zeuge für dich!« Māras Heer zerstob, und alle Götter des Himmels stiegen herab, mit Blumengewinden, Düften und anderen Gaben in ihren Händen.

In dieser Nacht, während der Bo-Baum, unter dem er saß, rote Blüten auf ihn niederregnen ließ, gewann der Erlöser während der ersten Nachtwache das Wissen um seine früheren Existenzen, während der mittleren das göttliche Auge und während der letzten die Einsicht vom abhängigen Ursprung. Nun war er der Buddha. Die zehntausend Welten erbebten zwölfmal bis zu den Küsten der Meere. Flaggen und Banner entfalteten sich an allen Enden. Lotosse blühten auf jedem Baume. Und der Kreis der zehntausend Welten glich einem durch die Lüfte wirbelnden Blumengebinde.

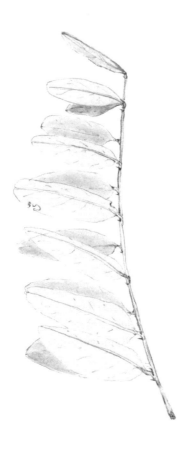

HEINRICH HEINE

Hortense

IV

(Sie spricht:)

Steht ein Baum im schönen Garten
Und ein Apfel hängt daran,
Und es ringelt sich am Aste
Eine Schlange, und ich kann
Von den süßen Schlangenaugen
Nimmer wenden meinen Blick,
Und das zischelt so verheißend,
Und das lockt wie holdes Glück!

(Die Andre spricht:)

Dieses ist die Frucht des Lebens,
Koste ihre Süßigkeit,
Daß du nicht so ganz vergebens
Lebtest deine Lebenszeit!
Schönes Kindchen, fromme Taube,
Kost einmal und zittre nicht –
Folge meinem Rat und glaube,
Was die kluge Muhme spricht.

HERMANN HESSE

Bäume

Bäume sind für mich immer die eindringlichsten Prediger gewesen. Ich verehre sie, wenn sie in Völkern und Familien leben, in Wäldern und Hainen. Und noch mehr verehre ich sie, wenn sie einzeln stehen. Sie sind wie Einsame. Nicht wie Einsiedler, welche aus irgendeiner Schwäche sich davongestohlen haben, sondern wie große, vereinsamte Menschen, wie Beethoven und Nietzsche. In ihren Wipfeln rauscht die Welt, ihre Wurzeln ruhen im Unendlichen; allein sie verlieren sich nicht darin, sondern erstreben mit aller Kraft ihres Lebens nur das Eine: ihr eigenes, in ihnen wohnendes Gesetz zu erfüllen, ihre eigene Gestalt auszubauen, sich selbst darzustellen. Nichts ist heiliger, nichts ist vorbildlicher als ein schöner, starker Baum. Wenn ein Baum umgesägt worden ist und seine nackte Todeswunde der Sonne zeigt, dann kann man auf der lichten Scheibe seines Stumpfes und Grabmals seine ganze Geschichte lesen: in den Jahresringen und Verwachsungen steht aller Kampf, alles Leid, alle Krankheit, alles Glück und Gedeihen treu geschrieben, schmale Jahre und üppige Jahre, überstandene Angriffe, überdauerte Stürme. Und jeder Bauernjunge weiß, daß das härteste und edelste Holz die engsten Ringe hat, daß hoch auf Bergen und in immerwährender Gefahr die unzerstörbarsten, kraftvollsten, vorbildlichsten Stämme wachsen.

Bäume sind Heiligtümer. Wer mit ihnen zu sprechen, wer ihnen zuzuhören weiß, der erfährt die Wahrheit. Sie predigen nicht Lehren und Rezepte, sie predigen, um das Einzelne unbekümmert, das Urgesetz des Lebens.

Ein Baum spricht: In mir ist ein Kern, ein Funke, ein Gedanke verborgen, ich bin Leben vom ewigen Leben. Einmalig ist der Versuch und Wurf, den die ewige Mutter mit mir gewagt hat, einmalig ist meine Gestalt und das Geäder meiner Haut, einmalig das kleinste Blätterspiel meines Wipfels und die kleinste Narbe meiner Rinde. Mein Amt ist, im ausgeprägten Einmaligen das Ewige zu gestalten und zu zeigen.

Ein Baum spricht: Meine Kraft ist das Vertrauen. Ich weiß nichts von meinen Vätern, ich weiß nichts von den tausend Kindern, die in jedem Jahr aus mir entstehen. Ich lebe das Geheimnis meines Samens zu Ende, nichts andres ist meine Sorge. Ich vertraue, daß Gott in mir ist. Ich vertraue, daß meine Aufgabe heilig ist. Aus diesem Vertrauen lebe ich.

Wenn wir traurig sind und das Leben nicht mehr gut ertragen können, dann kann ein Baum zu uns sprechen: Sei still! Sei still! Sieh mich an! Leben ist nicht leicht, Leben ist nicht schwer. Das sind Kindergedanken. Laß Gott in dir reden, so schweigen sie. Du bangst, weil dich dein Weg von der Mutter und Heimat wegführt. Aber jeder Schritt und Tag führt dich neu der Mutter entgegen. Heimat ist nicht da oder dort. Heimat ist in dir innen, oder nirgends. Wandersehnsucht reißt mir am Herzen, wenn ich Bäume höre, die abends im Wind rauschen. Hört man still und lange zu, so zeigt auch die Wandersehnsucht ihren Kern und Sinn. Sie ist nicht Fortlaufenwollen vor dem Leide, wie es schien. Sie ist Sehnsucht nach Heimat, nach Gedächtnis der Mutter, nach neuen Gleichnissen des Lebens. Sie führt nach Hause. Jeder Weg führt nach Hause, jeder Schritt ist Geburt, jeder Schritt ist Tod, jedes Grab ist Mutter.

So rauscht der Baum im Abend, wenn wir Angst vor unsern eigenen Kindergedanken haben. Bäume haben lange Gedanken, langatmige und ruhige, wie sie ein längeres Leben haben als wir. Sie sind weiser als wir, solange wir nicht auf sie hören. Aber wenn wir gelernt haben, die Bäume anzuhören, dann gewinnt gerade die Kürze und Schnelligkeit und Kinderhast unserer Gedanken eine Freudigkeit ohnegleichen. Wer gelernt hat, Bäumen zuzuhören, begehrt nicht mehr, ein Baum zu sein. Er begehrt nichts zu sein, als was er ist. Das ist Heimat. Das ist Glück.

DIE BIBEL

Erstes Buch Mose

Kapitel 2
Die Stiftung des Sabbats

Also ward vollendet Himmel und Erde mit ihrem ganzen Heer. Und also vollendete Gott am siebenten Tage seine Werke, die er machte, und ruhte am siebenten Tage von allen seinen Werken, die er machte. Und Gott segnete den siebenten Tag und heiligte ihn, darum daß er an demselben geruht hatte von allen seinen Werken, die Gott schuf und machte.

Also ist Himmel und Erde geworden, da sie geschaffen sind, zu der Zeit, da Gott der Herr Erde und Himmel machte. Und allerlei Bäume auf dem Felde waren noch nicht auf Erden, und allerlei Kraut auf dem Felde war noch nicht gewachsen; denn Gott der Herr hatte noch nicht regnen lassen auf Erden, und es war kein Mensch, der das Land baute. Aber ein Nebel ging auf von der Erde und feuchtete alles Land. Und Gott der Herr machte den Menschen aus einem Erdenkloß, und blies ihm ein den lebendigen Odem in seine Nase. Und also ward der Mensch eine lebendige Seele.

Und Gott der Herr pflanzte einen Garten in Eden gegen Morgen und setzte den Menschen hinein, den er gemacht hatte. Und Gott der Herr ließ aufwachsen aus der Erde allerlei Bäume, lustig anzusehen und gut zu essen, und den Baum des Lebens mitten im Garten und den Baum der Erkenntnis des Guten und Bösen.

Und es ging aus von Eden ein Strom, zu wässern den Garten, und er teilte sich von da in vier Hauptwasser. Das erste heißt Pison, das fließt um das ganze Land Hevila; und daselbst findet man Gold. Und das Gold des Landes ist köstlich; und da findet man Bedellion und den Edelstein Onyx. Das andere Wasser heißt Gihon, das fließt um das ganze Mohrenland. Das dritte Wasser heißt Hiddekel Tigris, das fließt vor Assyrien. Das vierte Wasser ist der Euphrat.

Und Gott der Herr nahm den Menschen und setzte ihn in den Garten Eden, daß er ihn baute und bewahrte. Und Gott der Herr gebot dem Menschen und sprach: Du sollst essen von allerlei Bäumen im Garten; aber von dem Baum der Erkenntnis des Guten und des Bösen sollst du nicht essen; denn welches Tages du davon ißt, wirst du des Todes sterben.

Die Erschaffung des Weibes

Und Gott der Herr sprach: Es ist nicht gut, daß der Mensch allein sei; ich will ihm eine Gehilfin machen, die um ihn sei. Denn als Gott der Herr gemacht hatte von der Erde allerlei Tiere auf dem Felde und allerlei Vögel unter dem Himmel, brachte er sie zu dem Menschen, daß er sähe, wie er sie nennte; denn wie der Mensch allerlei lebendige Tiere nennen würde, so sollten sie heißen. Und der Mensch gab einem jeglichen Vieh und Vogel unter dem Himmel und Tier auf dem Felde seinen Namen; aber für den Menschen ward keine Gehilfin gefunden, die um ihn wäre.

Da ließ Gott der Herr einen tiefen Schlaf fallen auf den Menschen, und er schlief ein. Und er nahm seiner Rippen eine und schloß die Stätte zu mit Fleisch. Und Gott der Herr baute ein Weib aus der Rippe, die er vom Menschen nahm, und brachte sie zu ihm. Da sprach der Mensch: Das ist doch Bein von meinem Bein und Fleisch von meinem Fleisch; man wird sie Männin heißen, darum daß sie vom Manne genommen ist. Darum wird ein Mann Vater und Mutter verlassen und an seinem Weibe hangen, und sie werden sein ein Fleisch. Und sie waren beide nackt, der Mensch und das Weib, und schämten sich nicht.

Kapitel 3
Der Sündenfall

Und die Schlange war listiger denn alle Tiere auf dem Felde, die Gott der Herr gemacht hatte, und sprach zu dem Weibe: Ja, sollte Gott gesagt haben: Ihr sollt nicht essen von den Früchten der Bäume im Garten? Da sprach das Weib zu der Schlange: Wir essen von den Früchten der Bäume im Garten; aber von den Früchten des Baumes mitten im Garten hat Gott gesagt: Eßt nicht davon, rührt's auch nicht an, daß ihr nicht sterbt. Da sprach die Schlange zum Weibe: Ihr werdet mitnichten des Todes sterben; sondern Gott weiß, daß, welches Tages ihr davon eßt, so werden eure Augen aufgetan, und werdet sein wie Gott und wissen, was gut und böse ist.

Und das Weib schaute an, daß von dem Baum gut zu essen wäre und daß er lieblich anzusehen und ein lustiger Baum wäre, weil er klug machte; und sie nahm von der Frucht und aß und gab ihrem Mann auch davon, und er aß. Da wurden ihrer beiden Augen aufgetan, und sie wurden gewahr, daß sie nackt waren, und flochten Feigenblätter zusammen und machten sich Schürze.

Und sie hörten die Stimme Gottes des Herrn, der im Garten ging, da der Tag kühl geworden war. Und Adam versteckte sich mit seinem Weibe vor dem Angesicht Gottes des Herrn unter die Bäume im Garten. Und Gott der Herr rief Adam und sprach zu ihm: Wo bist du? Und er sprach: Ich hörte deine Stimme im Garten und fürchtete mich; denn ich bin nackt, darum versteckte ich mich. Und er sprach: Wer hat dir's gesagt, daß du nackt bist? Hast du nicht gegessen von dem Baum, davon ich dir gebot, du solltest nicht davon essen? Da sprach Adam: Das Weib, das du mir zugesellt hast, gab mir von von dem Baum, und ich aß. Da sprach Gott der Herr zum Weibe: Warum hast du das getan? Das Weib sprach: Die Schlange betrog mich also, daß ich aß.

Da sprach Gott der Herr zu der Schlange: Weil du solches getan hast, seist du verflucht vor allem Vieh und vor allen Tieren auf dem Felde. Auf deinem Bauche sollst du gehen und Erde essen dein Leben lang. Und ich will Feindschaft setzen zwischen dir und dem Weibe und zwischen deinem Samen und ihrem Samen. Derselbe soll dir den Kopf zertreten, und du wirst ihn in die Ferse stechen.

Und zum Weibe sprach er: Ich will dir viel Schmerzen schaffen, wenn du schwanger wirst; du sollst mit Schmerzen Kinder gebären; und dein Verlangen soll nach deinem Manne sein, und er soll dein Herr sein.

Und zu Adam sprach er: Dieweil du hast gehorcht der Stimme deines Weibes und hast gegessen von dem Baum, davon ich dir gebot und sprach: Du sollst nicht davon essen, verflucht sei der Acker um deinetwillen, mit Kummer sollst du dich darauf nähren dein Leben lang. Dornen und Disteln soll er dir tragen, und sollst das Kraut auf dem Felde essen. Im Schweiße deines Angesichts sollst du dein Brot essen, bis daß du wieder zu Erde werdest, davon du genommen bist. Denn du bist Erde und sollst zu Erde werden.

Austreibung aus dem Paradies

Und Adam hieß sein Weib Eva, darum daß sie eine Mutter ist aller Lebendigen. Und Gott der Herr machte Adam und seinem Weibe Röcke von Fellen und kleidete sie. Und Gott der Herr sprach: Siehe, Adam ist geworden wie unsereiner und weiß, was gut und böse ist. Nun aber, daß er nicht ausstrecke seine Hand und breche auch von dem Baum des Lebens und esse und lebe ewiglich! Da wies ihn Gott der Herr aus dem Garten Eden, daß er das Feld baute, davon er genommen ist, und trieb Adam aus und lagerte vor den Garten Eden die Cherubim mit dem bloßen, hauenden Schwert, zu bewahren den Weg zu dem Baum des Lebens.

JOSEPH FREIHERR VON HAMMER-PURGSTALL

Rosenöl

Maria hatte das zehnte Jahr ihres Alters erreicht, ohne die gewöhnlichen Erscheinungen der Mannbarkeit, die sich bey den Bewohnerinnen der heißen Himmelsstriche gewöhnlich im siebenten oder neunten Jahre einstellen. Zweymal hatte der Mond gewechselt, doch hatte sie noch keinen Mann erkannt. Im dritten Monde ihrer Mannbarkeit erschien ihr Gabriel mit fröhlicher Botschaft; er blies ihr in den Ärmel des Kleides, und sie empfieng den Herrn Jesus. Nach den glaubwürdigsten Überlieferungen erschien Gabriel in der Gestalt Jussufs, eines Zimmermanns und Handlangers im Hause Marias, woraus die Ungläubigen Anlaß genommen zu Lästerungen der Reinheit Marias, die doch durch Gottes Wort, den Koran selbst, bewähret ist. *Ahsanet ferdschiha.* Sie bewahrte ihre Jungfrauschaft.

Als die Zeit der Geburt herannahte, gieng sie hinaus aufs Feld. Die Wehen ergriffen sie am Fuße eines abgedorrten Palmbaumes, wo sie entbunden ward von Jesus.

Verschmachtend vor Hunger und Durst bereute sie, hiehergekommen zu seyn. Da erscholl aus dem Baume eine Stimme, und sprach vernehmlich die folgenden im Koran vom Himmel gekommenen Worte:

Schüttle den Palmbaum, daß er seine Früchte weich und süß fallen lasse auf dich.

Maria blickte zum Boden, woher die Stimme zu kommen schien, und erblickte einen sprudelnden Quell; sie blickte in die Höhe, und der Baum war mit grünem Laubwerk und goldnen Datteltrauben geschmückt. Sie aß die abgefallenen Datteln und trank vom Quell. Die Dattel ist weich und hitzig von Natur, eine vortreffliche Nahrung für Kindbetterinnen, die sich seit Marias Niederkunft, dem Winke des Himmels zufolge, davon vorzugsweise nähren.

Vom Wipfel fällt es, gelb, wie Gold, und schwer

Lebensspender

DEUTSCHES VOLKSMÄRCHEN

Der Wunderbaum

Der Hirtenknabe – ob er gerade der Sohn des armen Mannes war, den unser Herr Christus und Petrus gesegnet hatten, weiß ich nicht – erblickte eines Tages, als er die Schafe weidete, auf dem Feld einen Baum, der war so schön und groß, daß er lange Zeit voll Verwunderung dastand und ihn ansah. Aber die Lust trieb ihn hinzugehen und hinaufzusteigen. Das wurde ihm auch sehr leicht, denn an dem Baum standen die Zweige hervor wie Sprossen an einer Leiter. Er zog seine Schuhe aus und stieg und stieg in einem fort neun Tage lang. Siehe, da kam er plötzlich in ein weites Feld, da waren viele Paläste von lauter Kupfer, und hinter den Palästen war ein großer Wald mit kupfernen Bäumen, und auf dem höchsten Baum saß ein kupferner Hahn. Unter dem Baum war eine Quelle von flüssigem Kupfer, die sprudelte immerfort, und das war das einzige Getöse. Sonst schien alles wie tot, und niemand war zu sehen, und nichts regte und rührte sich. Als der Knabe alles gesehen, brach er sich ein Zweiglein von einem Baum, und weil seine Füße vom langen Steigen müde waren, wollte er sie in der Quelle erfrischen. Er tauchte sie ein, und wie er sie herauszog, so waren sie mit blankem Kupfer überzogen. Er kehrte schnell zurück zum großen Baum. Der reichte aber noch hoch in die Wolken, und kein Ende war zu sehen. »Da oben muß es noch schöner sein!«, dachte er und stieg nun abermals neun Tage aufwärts, ohne daß er müde wurde, und siehe, da kam er in ein offenes Feld, da waren auch viele Paläste, aber von lauter Silber, und hinter den Palästen war ein großer Wald mit silbernen Bäumen, und auf dem höchsten Baum saß ein silberner Hahn. Unter dem Baum war eine Quelle mit flüssigem Silber, die sprudelte immerfort, und das war das einzige Getöse, sonst lag alles wie tot, und niemand war zu sehen, und nichts regte und rührte sich. Als aber der Knabe alles gesehen hatte, brach er sich ein Zweiglein von einem Baum und wollte sich aus der Quelle die Hände waschen. Wie er sie aber herauszog, waren sie von blinkendem Silber überzogen. Er kehrte schnell zurück zum großen Baum, der reichte noch immer hoch in die Wolken, und es war noch kein Ende zu sehen. »Da oben muß es noch schöner sein!«, dachte er und stieg abermals neun Tage aufwärts, und siehe, da war er im Wipfel des Baumes, und es öffnete sich ein weites Feld. Darauf standen lauter goldene Paläste, und hinter den Palästen war ein großer Wald mit goldenen Bäumen, und auf dem höchsten Baum saß ein goldener Hahn. Unter dem Hahn war eine Quelle mit flüssigem Gold, die sprudelte immerfort, und das war das einzige Getöse. Sonst lag alles wie tot, und niemand war zu sehen, und nichts regte und rührte sich. Als der Knabe alles gesehen hatte, brach er sich ein Zweiglein von einem Baum, nahm seinen Hut ab, bückte sich über die Quelle und ließ seine Haare ins sprudelnde Gold hineinfallen. Als er sie aber herauszog, waren sie übergoldet. Er setzte seinen Hut auf, und wie er alles gesehen hatte, kehrte er zurück zum großen Baum und stieg nun in einem fort wieder hinunter und wurde gar nicht müde.

Als er auf der Erde angelangt war, zog er seine Schuhe an und suchte seine Schafe. Aber er sah von ihnen keine Spur. In weiter Ferne erblickte er jedoch eine große Stadt. Jetzt merkte er, daß er in einem anderen Lande sei. Was war zu tun?

Er entschloß sich hineinzugehen und sich dort einen Dienst zu suchen. Zuvor jedoch versteckte er die drei Zweiglein in seinen Mantel, und aus dessen Zipfel machte er sich Handschuhe, um seine silbrigen Hände zu verbergen. Als er in der Stadt ankam, suchte der Koch des Königs gerade einen Küchenjungen und konnte keinen finden, indem kam ihm der Knabe zu Gesicht. Er fragte ihn, ob er um guten Lohn Dienst bei ihm nehmen wolle. Der Junge war das zufrieden unter einer Bedingung: Er solle den Hut, den Mantel, die Handschuhe und die Stiefel nie ablegen müssen, denn er habe einen bösen Grind und müßte sich schämen. Das war dem Koch nicht ganz recht. Aber weil er sonst niemanden bekommen konnte, mußte er einwilligen. Er dachte bei sich: »Du kannst ihn ja immer nur in der Küche verwenden, daß niemand ihn sieht.« Das währte so eine Zeitlang. Der Junge war sehr fleißig und tat alle Geschäfte, die ihm der Koch auftrug, so pünktlich, daß ihn dieser sehr liebgewann.

Da geschah es, daß wieder einmal Ritter und Grafen erschienen waren, die es unternehmen wollten, auf den Glasberg zu steigen, um der schönen Tochter des Königs, die oben saß, die Hand zu reichen und sie dadurch zu erwerben. Viele hatten es bisher vergebens versucht. Sie waren alle noch weit vorm Ziel ausgeglitscht und hatten zum Teil den Hals gebrochen. Der Küchenjunge bat den Koch, daß er ihm erlauben möchte, von ferne zuzusehen. Der Koch wollte es ihm nicht abschlagen, weil er so treu und fleißig war, und sagte nur: »Du sollst dich aber versteckt halten, daß man dich nicht sieht!« Das versprach der Junge und eilte in die Nähe des Glasberges. Da standen schon die Ritter und Grafen in voller Rüstung mit Eisenschuhen, und sie fingen bald an, der Reihe nach hinaufzusteigen. Aber keiner gelangte auch nur bis in die Mitte, sie stürzten alle herab, und manche blieben tot liegen. Nun dachte der Knabe bei sich: »Wie wäre es, wenn du es auch versuchtest!?« Er legte sogleich Hut und Mantel und Handschuhe ab, zog seine Stiefel aus und nahm den kupfernen Zweig in die Hand, und ehe ihn jemand bemerkt hatte, war er durch die Menge gedrungen und stand am Berg. Die Ritter und Grafen wichen zurück und sahen und staunten. Der Knabe aber schritt sogleich den Berg hinan ohne Furcht, und das Glas gab unter seinen Füßen nach wie Wachs und ließ ihn nicht ausgleiten. Als er nun oben war, reichte er der Königstochter demütig das kupferne Zweiglein, kehrte darauf sogleich um, stieg hinab, fest und sicher, und ehe sich's die Menge versah, war er verschwunden.

Er eilte in sein Versteck, legte seine Sachen an und war schnell in der Küche. Bald kam auch der Koch und erzählte seinem Jungen die Wunderdinge von dem schönen Jüngling mit den kupfernen Füßen, den silbernen Händen und den goldenen Haaren, und wie er den Glasberg erstiegen und ein kupfernes Zweiglein der Königstochter gereicht habe und wie er dann wieder verschwunden sei. Dann fragte er den Jungen, ob er das auch gesehen habe. Der Junge sagte: »Nein, das habe ich nicht gesehen, das war ich ja selbst!« Aber der Koch lachte über den dummen Einfall und erwiderte im Scherz: »Na, da müßte ich dann ein großer Herr werden!«

Am anderen Tage wollten es mehrere Ritter und Grafen wieder versuchen und versammelten sich vor dem Glasberg. Der Junge bat den Koch abermals, er möchte ihm erlauben, aus der Ferne zuzusehen. Der Koch konnte es ihm nicht abschlagen und sagte nur: »Doch halte dich versteckt, daß dich niemand sieht!« Das versprach der Junge und eilte an seinen gestrigen Platz. Die Ritter fingen an hinaufzusteigen, allein vergebens: Sie stürzten alle herab, und mehrere fanden den Tod. Der Junge zögerte nicht länger und versuchte es zum zweitenmal. Er hatte schnell seine Kleider abgelegt. Er nahm das silberne Zweiglein und schritt, ehe man es merken konnte, woher er kam, durch die Menge, und alles wich vor ihm zurück, und er ging ruhig und sicher den Glasberg hinan, und das Glas gab nach wie Wachs und zeigte die Spuren, und wie er oben war, überreichte er demütig der Königstochter das Zweiglein. Gerne hätte sie auch seine Hand gefaßt. Er aber kehrte gleich zurück und schritt hinab und war in der Menge auf einmal verschwunden. Er warf seine Kleider um und eilte nach Hause. Bald kam auch der Koch und erzählte wieder von den Wunderdingen, von dem schönen Jüngling mit den kupfernen Füßen, den silbernen Händen, den goldenen Haaren und wie er hinangestiegen, der Königstochter ein silbernes Zweiglein gereicht, wie er herabgekommen und verschwunden sei. Er fragte seinen Jungen, ob er das nicht gesehen.

Der Junge sagte: »Nein, das habe ich nicht gesehen, das war ich selbst!« Der Koch lachte wieder recht herzlich und sagte im Scherz: »Da müßte ich auch ein großer Herr werden!«

Am dritten Tage wollten es einige Ritter und Grafen noch einmal versuchen und versammelten sich vor dem Glasberg. Der Junge bat den Koch wieder, er möchte ihm erlauben, aus der Ferne zuzusehen. Der Koch wollte ihm's nicht abschlagen und sagte nur: »Du sollst dich aber versteckt halten, daß niemand dich sieht!« Das versprach der Junge und eilte sogleich an seinen Platz. Die Ritter und Grafen versuchten's, aber umsonst. Sie stürzten alle herab, und mehrere blieben tot liegen. Der Knabe dachte: »Noch einmal willst du es auch versuchen.« Er warf seine Kleider von sich, nahm das goldene Zweiglein und eilte, noch ehe man's merken konnte, woher er kam, durch die Menge bis zum Glasberg. Alles wich vor ihm zurück. Da schritt er fest und sicher hinan, und das Glas gab nach wie Wachs und zeigte die Spuren, und als er oben war, überreichte er demütig das Goldzweiglein der Königstochter und bot ihr die rechte Hand. Sie ergriff sie mit Freuden und wäre gern mit ihm den Berg hinabgestiegen. Der Junge aber machte sich frei und stieg allein hinunter und war wieder schnell unter der Menge verschwunden. Er legte seine Kleider an und eilte zurück an seinen Platz in die Küche. Als der Koch nach Hause kam, erzählte er von den Wunderdingen, von dem schönen Jüngling mit den kupfernen Füßen, den silbernen Händen, den goldenen Haaren und wie er zum drittenmal den Glasberg erstiegen, der Königstochter ein goldenes Zweiglein gereicht und ihr die Hand geboten habe, wie er aber allein wieder herabgestiegen und in der Menge verschwunden sei. Er fragte ihn, ob er das nicht gesehen hätte. Der Junge sagte wieder: »Nein, das habe ich nicht gesehen, das war ich selbst!« Der Koch lachte wieder über den dummen Einfall und sprach: »Da müßte ich auch ein großer Herr werden!«

Der König aber und die Königstochter waren sehr traurig, daß der schöne Junge nicht erscheinen wollte. Da ließ der König ein Gebot ausgehen, daß alle jungen Burschen aus seinem Reich barfuß und ohne Kopfbedeckung und ohne Handschuhe vor dem König der Reihe nach vorübergehen und sich zeigen sollten. Sie kamen und gingen, aber der rechte, nach dem man suchte, war nicht unter ihnen. Der König ließ darauf fragen, ob sonst kein Junge mehr im Reich wäre. Der Koch ging sofort zum König und sprach: »Herr, ich habe noch einen Küchenjungen bei mir, der mir treu und redlich dient. Der ist es aber gewiß nicht, nach dem ihr sucht! Denn er hat einen bösen Grind, und er trat nur unter der Bedingung zu mir in den Dienst, daß er Handschuhe, Mantel, Hut und Stiefel nie ablegen dürfe.« Der König aber wollte sich überzeugen, und die Königstochter freute sich im stillen und dachte: »Ja, der könnte es sein!« Der Koch mußte dableiben. Ein Diener brachte den Küchenjungen herein, der sah aber ganz schmutzig aus. Der König fragte: »Bist du es, der dreimal den Glasberg erstiegen hat?«

»Ja, das bin ich!«, sprach der Junge, »und ich habe es auch meinem Herrn immer gesagt!« Der Koch fühlte bei diesen Worten den Boden nicht unter seinen Füßen, und die Rede blieb ihm eine Zeitlang stehen. Endlich sagte er: »Aber wie kannst du hier so reden.« Der König achtete indes nicht darauf, sondern sprach gleich zum Jungen: »Wohlan, entblöße dein Haupt, deine Hände und Füße!« Alsbald warf der Junge seine Kleider ab und stand da in voller Schönheit und reichte der Jungfrau die Hand, und sie drückte sie und war über die Maßen froh. Es wurde die Hochzeit gefeiert, und nicht lange darauf übergab der König das Reich dem Jungen. »Glaubst du nun, daß ich es war, der dreimal den Glasberg erstiegen!?«, sprach der Junge zum Koch. »Was sollt' ich denn glauben, wenn ich das nicht glaubte!«, sprach der Koch und bat um Verzeihung. »Nun, so sollst du auch ein großer Herr werden, wie du hofftest, und über alle Köche im Reich die Aufsicht führen.«

Die junge Königin aber hätte gar zu gerne gewußt, woher ihr Gemahl die drei Zweiglein und die kupfernen Füße, die silbernen Hände und das goldige Haar habe. »Das will ich dir, mein Kind, nun sagen!«, sprach der junge König eines Tages, »und du sollst auch selbst sehen, wie das zugegangen!« Er wollte mit ihr noch einmal auf den Wunderbaum steigen und die Herrlichkeit ihr zeigen. Allein, als er an die Stätte kam, so war der Baum verschwunden, und kein Mensch hat weiter davon etwas gehört und gesehen.

FRIEDRICH HEBBEL

Unterm Baum

Unterm Baum im Sonnenstrahle
Liegt ein rotes, träges Kind,
Schläft so lange, bis zum Mahle
Früchte abgefallen sind.

Einer hängt der schweren Äste
Fast herab auf sein Gesicht,
Beut ihm still der Früchte beste,
Doch sie pflücken mag es nicht.

Flink vom fernen Bergesgipfel
Eilt der Mittagswind daher,
Schüttelt leise, und vom Wipfel
Fällt es, gelb, wie Gold, und schwer.

Daß das Bübchen, nun die Spende
Aus dem Grase winkt, erwacht,
Setzt auf eine seiner Hände
Sich die kleinste Mücke sacht.

JEAN GIONO

Der Mann, der Bäume pflanzte

Um wahrhaft außergewöhnliche Eigenschaften im Charakter eines Menschen zu entdecken, muß man das Glück haben, sein Tun über Jahre beobachten zu können. Wenn dieses Tun frei ist von jedem Egoismus, wenn die Idee, die sein Handeln leitet, von beispielloser Großzügigkeit ist, wenn ganz sicher ist, daß es nicht auf irgendeine Belohnung aus war, und wenn es obendrein in der Welt sichtbare Spuren hinterlassen hat, dann hat man ohne jeden Zweifel einen unvergeßlichen Charakter vor sich.

Vor etwa vierzig Jahren machte ich eine lange Wanderung durch jene uralte, Touristen völlig unbekannte Gegend der Alpen, deren Höhenzüge in die Provence übergehen.

Diese Gegend wird im Südosten und Süden, zwischen Sisteron und Mirabeau, vom Mittellauf der Durance begrenzt; im Norden vom Oberlauf der Drôme, von ihrer Quelle bis nach Die; im Westen von der Grafschaft Venaissin und den Ausläufern des Mont Ventoux. Sie umfaßt den ganzen nördlichen Teil des Departements Basses-Alpes, die südliche Drôme und eine kleine Enklave der Vaucluse.

Zu der Zeit, als ich dort meine weite Wanderung unternahm, war es ein kahles, eintöniges Ödland in etwa zwölfhundert bis dreizehnhundert Metern Höhe, wo nichts wuchs außer wildem Lavendel.

Ich durchquerte diesen Landstrich in seiner breitesten Ausdehnung, und nach dreitägiger Wanderung befand ich mich in einer unvergleichlich trostlosen Wüstenei. Ich kampierte neben den Überresten eines verlassenen Dorfes. Seit dem Vorabend hatte ich keine Wasservorräte mehr, und ich brauchte zu trinken. Die dicht wie ein altes Wespennest beieinanderstehenden, wenn auch verfallenen Häuser legten nahe, daß es hier früher Wasser gegeben haben mußte, einen Brunnen oder einen Wasserschacht. Es gab tatsächlich einen Brunnen, aber er war ausgetrocknet. Die fünf, sechs von Wind und Regen verwitterten Häuser ohne Dachstuhl, die kleine Kapelle mit dem eingestürzten Glockenturm waren genauso angeordnet wie die Häuser und Kapellen in bewohnten Dörfern, aber alles Leben war aus ihnen gewichen.

Es war ein schöner Junitag mit strahlend heller Sonne, doch auf diesen schutzlosen, himmelhohen Bergen brauste der Wind mit unerträglicher Wucht. Er fauchte in den Gerippen der Häuser wie ein beim Fressen gestörtes Raubtier.

Ich mußte mein Lager abbrechen. Nach fünfstündigem Marsch hatte ich immer noch kein Wasser gefunden, und nichts gab zu einer solchen Hoffnung Anlaß. Überall dieselbe Dürre, dieselben holzigen Gräser. Da schien es mir, als sähe ich in der Ferne eine kleine schwarze Silhouette stehen. Ich hielt sie für den Stamm eines vereinzelten Baumes. Auf gut Glück ging ich darauf zu. Es war ein Schäfer. Um ihn her lagerten etwa dreißig Schafe auf der glühendheißen Erde und ruhten sich aus.

Er gab mir aus seiner Feldflasche zu trinken, und wenig später nahm er mich mit zu seiner Schäferei in einer Talmulde. Er holte sein Wasser, das köstlich war, aus einem sehr tiefen natürlichen Wasserloch, über dem er eine rudimentäre Winde angebracht hatte.

Dieser Mann sprach wenig, wie man es von Einzelgängern kennt, doch man spürte, daß er seiner selbst sicher war und sich damit wohl fühlte. Das war in diesem bis aufs Letzte entblößten Landstrich ungewöhnlich. Er wohnte nicht in einer Hütte, sondern in einem richtigen Steinhaus, an dem man genau sehen konnte, wie er in eigener Arbeit die bei seiner Ankunft vorgefundene Ruine ausgebessert hatte. Das Dach war fest und dicht. Der über die Ziegel rauschende Wind hörte sich an wie die Meeresbrandung auf dem Strand.

Sein Haushalt war ordentlich, das Geschirr gewaschen, die Dielen gefegt, das Gewehr eingefettet; auf dem Feuer kochte die Suppe; nun fiel mir auf, daß er auch frisch rasiert war, alle seine Knöpfe waren ordentlich angenäht, seine Kleidung mit der peinlich genauen Sorgfalt ausgebessert, die das Ausbessern unsichtbar macht.

Er teilte seine Suppe mit mir, und als ich ihm danach meinen Tabaksbeutel hinhielt, sagte er mir, er rauche nicht. Sein Hund, still wie er, war gutartig, ohne unterwürfig zu sein.

Es war gleich abgemacht worden, daß ich dort übernachten würde, da das nächste Dorf mehr als eineinhalb Tagesmärsche entfernt war. Und außerdem kannte ich die Eigenart der wenigen Dörfer dieser Region sehr gut. Es gibt vier oder fünf, weit verstreut an den Hängen jener Höhenzüge, im Dickicht der Weißeichen, am äußersten Ende befahrbarer Straßen, bewohnt von Holzfällern, die Kohle brennen. Es sind Orte, wo es sich schlecht lebt. Die in diesem sommers wie winters extrem rauhen Klima dicht zusammengedrängt hausenden Familien toben ihren Egoismus auf engstem Raum aus. Sinnloser Ehrgeiz nimmt, in dem ständigen Wunsch, diesem Ort zu entrinnen, maßlose Formen an. Die Männer bringen ihre Kohle auf Lastkarren in die Stadt hinunter und kommen dann wieder zurück. Die zuverlässigsten Eigenschaften werden von diesem andauernden Wechselbad zermürbt. Die Frauen stauen Groll an. Um alles gibt es Streit, um den Kohleverkauf wie um die Kirchenbank, um die miteinander kämpfenden Tugenden wie um die miteinander kämpfenden Laster und den unaufhörlichen allgemeinen Konflikt zwischen Laster und Tugenden. Zu alldem kommt noch der ebenfalls unaufhörliche Wind und reizt die Nerven. Es gibt dort Selbstmordepidemien und viele Fälle von Wahnsinn, der fast immer mörderisch endet.

Der Schäfer, der nicht rauchte, ging einen kleinen Sack holen und schüttete einen Haufen Eicheln auf den Tisch. Dann untersuchte er höchst aufmerksam eine nach der andern und schied die guten von den schlechten. Ich rauchte meine Pfeife, bot mich an zu helfen. Er antwortete, das sei seine Sache. Tatsächlich: Als ich die Sorgfalt sah, mit der er diese Arbeit verrichtete, bestand ich nicht darauf. Das war unser ganzes Gespräch. Als er auf der Seite der guten Eicheln einen ordentlichen Haufen beisammenhatte, zählte er Zehnergrüppchen ab. Dabei sonderte er wiederum kleine Früchte oder solche mit leichten Rissen aus, denn er nahm sie genauestens in Augenschein. Als er auf diese Weise hundert vollkommene Eicheln vor sich hatte, hörte er auf, und wir gingen schlafen.

Das Zusammensein mit diesem Mann schenkte Frieden. Am nächsten Tag bat ich ihn, mich den ganzen Tag bei ihm ausruhen zu dürfen. Er fand es ganz natürlich, oder genauer, er ließ mich spüren, daß nichts ihn stören könnte. Dieses Ausruhen hatte ich nicht unbedingt nötig, aber ich war neugierig geworden und wollte mehr erfahren. Er ließ seine Herde hinaus und führte sie auf die Weide. Bevor er ging, tunkte er den kleinen Sack mit den sorgfältig verlesenen und abgezählten Eicheln in einen Eimer Wasser.

Mir fiel auf, daß er statt eines Stocks eine daumendicke, etwa eineinhalb Meter lange Eisenstange mitnahm. Ich tat so, als ginge ich geruhsam spazieren, und folgte einem Weg parallel zu seinem. Der Weidegrund seiner Tiere war am Ende einer engen Schlucht. Er überließ die kleine Herde der Obhut des Hundes und stieg zu mir herauf. Meine Befürchtung, er käme, um mir meine Aufdringlichkeit vorzuhalten, war völlig unbegründet: Das war sein Weg, und er lud mich ein, ihn zu begleiten, falls ich nichts Besseres zu tun hätte. Er stieg noch zweihundert Meter weiter hinauf.

An seinem Ziel angekommen, stieß er seine Eisenstange in die Erde und bohrte so ein Loch, in das er eine Eichel steckte; dann machte er das Loch wieder zu. Er pflanzte Eichen. Ich fragte ihn, ob das Land ihm gehöre. Er verneinte. Wußte er, wem es gehörte? Er wußte es nicht. Er vermutete, daß es Gemeindeland war, oder vielleicht gehörte es Leuten, die sich nicht darum kümmerten? Ihn kümmerte es nicht, die Eigentümer zu kennen. Auf diese Weise setzte er seine hundert Eicheln mit größter Sorgfalt ein.

Nach dem Mittagessen begann er wieder, sein Saatgut zu verlesen. Ich legte wohl genug Nachdruck in meine Fragen, denn er gab mir Antworten. Seit drei Jahren pflanzte er in dieser Einsamkeit Bäume. Er hatte schon hunderttausend gepflanzt. Von den hunderttausend waren zwanzigtausend angegangen. Von diesen zwanzigtausend rechnete er die Hälfte durch Nagetiere zu verlieren oder durch all das, was man in den Plänen der Vorsehung nicht voraussahnen kann. Blieben zehntausend Eichen übrig, die an diesem Ort, wo vorher nichts gewesen war, wachsen würden.

In diesem Moment fragte ich mich, wie alt dieser Mann sein mochte. Er war offensichtlich älter als fünfzig Jahre. Fünfundfünfzig, sagte er mir. Er hieß Elzéard Bouffier. Er hatte einen Bauernhof unten in der Ebene gehabt. Dort hatte er sein Leben aufgebaut. Er hatte seinen einzigen Sohn, dann seine Frau verloren. Als er sich in die Einsamkeit zurückgezogen hatte, fand er Freude an dem beschaulichen Leben, mit seinen Schafen und seinem Hund. Er war zu der Einsicht gekommen, daß dieses Land aus Mangel an Bäumen starb, und fügte hinzu, daß er, da er nichts sehr Wichtiges zu tun habe, beschlossen habe, diesem Zustand abzuhelfen.

Da ich damals, trotz meiner jungen Jahre, selbst ein einsames Leben führte, wußte ich die Seelen Einsamer zu erreichen. Doch ich beging einen Fehler. Eben wegen meines jugendlichen Alters mußte ich mir die Zukunft ichbezogen und als eine bestimmte Suche nach Glück vorstellen. Ich sagte ihm, daß diese zehntausend Eichen in dreißig Jahren prachtvoll sein würden. Er antwortete sehr schlicht, er würde, wenn Gott ihm Leben schenkte, in dreißig Jahren so viele gepflanzt haben, daß diese zehntausend dann wie ein Wassertropfen im Meer sein würden.

Im übrigen studierte er bereits die Aufzucht von Buchen und hatte neben seinem Haus eine Baumschule aus Bucheckern angelegt. Die Pflänzchen, die er durch einen Zaun vor seinen Schafen schützte, gediehen prächtig. Er dachte auch an Birken für die Talmulden, wo sich, sagte er mir, wenige Meter unter der Erdoberfläche eine gewisse Feuchtigkeit halte.

Am nächsten Tag trennten wir uns.

Im Jahr darauf brach der Krieg von 1914 aus, in dem ich fünf Jahre lang mitkämpfte. Dabei konnte ein Infanterist nicht viel über Bäume nachdenken. Ehrlich gesagt hatte die Sache eigentlich keinen Eindruck in mir hinterlassen; ich hatte sie als ein Steckenpferd, als Briefmarkensammlerei betrachtet und vergessen.

Aus dem Krieg heimgekehrt, verfügte ich über ein winzig kleines Entlassungsgeld. Ich empfand den großen Wunsch, ein bißchen reine Luft zu atmen, und ohne weitere Absicht – außer der erwähnten – machte ich mich wieder auf den Weg in jene gottverlassene Gegend.

Das Land hatte sich nicht verändert. Oberhalb des ausgestorbenen Dorfes erblickte ich in der Ferne jedoch eine Art grauen Nebel, der die Anhöhen wie ein Teppich überzog. Seit dem Vortag war mir der Bäume pflanzende Schäfer wieder eingefallen. »Zehntausend Eichen nehmen wirklich einen sehr großen Raum ein«, dachte ich.

Ich hatte im Lauf dieser fünf Jahre zu viele sterben sehen, als daß ich mir den Tod von Elzéard Bouffier nicht leicht hätte vorstellen können, zumal man mit zwanzig Jahren Männer über Fünfzig für Greise hält, denen nur noch übrigbleibt zu sterben. Er war nicht tot. Er war sogar ungeheuer rüstig. Und er hatte den Beruf gewechselt, besaß nur noch vier Schafe, dafür über hundert Bienenstöcke. Die Schafherde, die seine Baumpflanzungen gefährdete, hatte er abgeschafft. Denn um den Krieg, sagte er mir (und ich überzeugte mich davon), hatte er sich überhaupt nicht gekümmert. Er hatte unbeirrt weitergepflanzt.

Die Eichen von 1910 waren nun zehn Jahre alt und größer als ich und als er. Der Anblick war beeindruckend. Mir verschlug es buchstäblich die Sprache, und da er ohnehin schweigsam war, gingen wir den ganzen Tag still durch seinen Wald. Er war, in drei Abschnitten, elf Kilometer lang und an seiner weitesten Stelle drei Kilometer breit. Wenn man bedachte, daß alles – ohne technische Hilfsmittel – aus den Händen und der Seele dieses Mannes hervorgegangen war, dann wurde einem klar, daß die Menschen nicht nur zu zerstören vermochten, sondern auf anderen Gebieten so viel bewirken könnten wie Gott.

Er hatte seine Idee weiterverfolgt, und die Buchen, die mir bis zu den Schultern reichten und sich so weit erstreckten, wie das Auge sieht, bezeugten es. Die Eichen waren kräftig und aus dem Alter heraus, in dem sie Nagetieren anheimfielen; was die Pläne der Vorsehung anging, das Geschaffene zu zerstören, so würde sie nunmehr zu einem Wirbelsturm greifen müssen. Er zeigte mir wunderbare Birkenhaine, die fünf Jahre zuvor gepflanzt worden waren, 1915, als ich vor Verdun kämpfte. Er hatte sie in allen Talmulden angesiedelt, wo es, wie er zu Recht vermutet hatte, direkt unter der Erdoberfläche Feuchtigkeit gab. Sie waren biegsam wie junge Mädchen und dennoch gefestigt.

Das Ganze wirkte übrigens wie maschinell gepflanzt. Er verschwendete keinen Gedanken daran, ging einfach nur beharrlich seiner Aufgabe nach. Doch als ich zum Dorf hinunterstieg, sah ich Wasser in Bachläufen fließen, die seit Menschengedenken ausgetrocknet gewesen waren. Das war die großartigste Auswirkung von Arbeit, die ich je beobachten durfte. Diese ausgetrockneten Bäche hatten einst, in uralten Zeiten, Wasser geführt. Einige jener tristen Dörfer, von denen ich am Anfang meiner Geschichte sprach, waren auf alten galloromanischen Siedlungen gebaut worden, von denen Archäologen noch Spuren ausgegraben hatten; dabei hatten sie an Stellen, wo man im 20. Jahrhundert Zisternen anlegen mußte, um ein wenig Wasser zu schöpfen, Angelhaken gefunden.

Auch der Wind säte manche Samen aus. Zusammen mit dem Wasser tauchten Weidenbäume, Wiesen, Gärten, Blumen wieder auf und eine Art Lebenssinn.

Aber die Verwandlung ging so langsam vonstatten, daß mit der Gewöhnung gar kein Erstaunen aufkam. Die Jäger, die auf der Jagd nach Hasen oder Wildschweinen in die Abgeschiedenheit hinaufstiegen, hatten das dichte Sprießen der kleinen Bäume selbstverständlich bemerkt, hatten es aber den natürlichen Launen des Bodens zugeschrieben. Deshalb rührte niemand an das Werk dieses Mannes. Wäre man auf ihn gekommen, hätte man ihm Knüppel zwischen die Beine geworfen. Er war unverdächtig: Wer in den Dörfern und in der Verwaltung hätte sich eine solche großzügige, selbstlose Beharrlichkeit vorstellen können?

Ab 1920 ist kein Jahr vergangen, ohne daß ich Elzéard Bouffier besucht hätte. Nie sah ich ihn wanken oder zweifeln. Gott allein weiß, ob Er seine Hand dabei im Spiel hatte. Ich habe die Rückschläge des Schäfers nicht gezählt. Man kann sich jedoch leicht vorstellen, daß er für ein solches Ergebnis Widrigkeiten überwinden mußte; daß er, um den Sieg einer solchen Passion sicherzustellen, gegen Verzweiflung ankämpfen mußte. In einem Jahr hatte er mehr als zehntausend Ahornbäume gepflanzt. Sie waren alle eingegangen. Im Jahr darauf ließ er die Ahornbäume sein, um es wieder mit Buchen zu versuchen, die noch besser gediehen als Eichen.

Um sich eine annähernd genaue Vorstellung von diesem außergewöhnlichen Menschen machen zu können, darf man nicht vergessen, daß er in vollständiger Einsamkeit tätig war; so vollständig, daß er sich gegen Ende seines Lebens das Sprechen abgewöhnt hatte. Oder sah er vielleicht keine Notwendigkeit dafür?

1933 besuchte ihn ein verblüffter Forstaufseher. Der Beamte erteilte ihm aus Angst, das Wachstum dieses natürlichen Waldes zu gefährden, die Weisung, im Freien kein Feuer zu machen. Es sei das erste Mal, sagte ihm der arglose Mann, daß man einen

Wald ganz von selbst sprießen sehe. Zu jener Zeit ging Elzéard Bouffier zwölf Kilometer von seinem Haus entfernt Buchen pflanzen. Um sich den Hin- und Rückweg zu sparen – er war damals fünfundsiebzig Jahre alt –, erwog er, sich direkt am Ort seiner Pflanzungen eine Steinhütte zu bauen. Das tat er im Jahr darauf.

1935 kam eine offizielle behördliche Delegation, um den natürlichen Wald zu besichtigen. Eine hohe Persönlichkeit der Forstverwaltung, ein Abgeordneter, Fachleute. Es wurde viel Unnützes geredet. Man beschloß, etwas zu tun, und zum Glück tat man nichts, außer das einzig Nützliche: Man stellte den Wald unter den Schutz des Staates und verbot das Brennen von Holzkohle. Denn es war unmöglich, von der Schönheit dieser kraftstrotzenden jungen Bäume nicht überwältigt zu sein. Sogar der Abgeordnete ließ sich von ihr verführen.

Ich hatte einen Freund unter den Forstbeamten in der Delegation. Ich erklärte ihm das Geheimnis. In der Woche darauf machten wir beide uns auf die Suche nach Elzéard Bouffier. Wir fanden ihn zwanzig Kilometer von der Stelle entfernt, wo die Inspektion stattgefunden hatte, mitten bei der Arbeit.

Dieser Forstbeamte war nicht umsonst mein Freund. Er kannte den Wert der Dinge und verstand zu schweigen. Ich übergab die paar Eier, die ich als Geschenk mitgebracht hatte. Wir drei teilten den Imbiß, und einige Stunden vergingen in stummer Betrachtung der Landschaft.

Die Seite, von der wir kamen, war mit sechs bis sieben Meter hohen Bäumen bestanden. Ich erinnerte mich an den Anblick des Landstrichs im Jahr 1913: eine Wüstenei ... Die regelmäßige, friedliche Arbeit, die frische, kühle Höhenluft, die Genügsamkeit und vor allem das ausgeglichene Gemüt hatten dem Alten eine beinahe weihevolle Gesundheit gegeben. Er war ein Athlet Gottes. Ich fragte mich, wie viele Hektar er noch mit Bäumen bedecken würde.

Bevor wir wieder gingen, machte mein Freund lediglich einen kurzen Vorschlag zu bestimmten Hölzern, für die ihm das hiesige Gelände geeignet schien. Er bestand nicht weiter darauf. »Aus gutem Grund«, sagte er mir später, »dieser Mann weiß nämlich mehr als ich.« Nach einer Stunde Fußmarsch – nachdem sich der Gedanke in ihm weiterentwickelt hatte – fügte er hinzu: »Er weiß mehr als alle. Er hat ein einzigartiges Mittel gefunden, um glücklich zu sein!«

Dank diesem Forstbeamten wurde nicht nur der Wald, sondern auch das Glück dieses Mannes geschützt. Er benannte drei Forstaufseher und setzte sie so unter Druck, daß sie allen Bestechungen, die die Holzfäller anbieten mochten, widerstanden.

Nur im Krieg von 1939 drohte dem Werk große Gefahr. Da die Autos damals mit Holzgasgeneratoren fuhren, gab es nie genug Holz. Man begann die Eichen von 1910 zu fällen, aber diese Bezirke sind so weit von allen Straßennetzen entfernt, daß das Unternehmen sich als unrentabel erwies. Es wurde aufgegeben. Der Schäfer hatte nichts bemerkt. Er war dreißig Kilometer von der Stelle entfernt, ging weiter friedlich seiner Arbeit nach und kümmerte sich genausowenig um den Krieg von 1939 wie zuvor um den von 1914.

Zum letztenmal sah ich Elzéard Bouffier im Juni 1945. Er war damals siebenundachtzig Jahre alt. Ich hatte mich wieder auf den Weg in die Einöde gemacht, aber jetzt gab es, trotz der Verwahrlosung, die der Krieg im Land hinterlassen hatte, einen Autobus, der zwischen dem Tal der Durance und den Bergen verkehrte. Ich schrieb es diesem relativ schnellen Transportmittel zu, daß ich die Stätten meiner ersten Wanderungen nicht wiedererkannte. Es kam mir auch so vor, als führe mich die Fahrstrecke durch neue Orte. Erst aus dem Namen eines Dorfes schloß ich, daß ich gleichwohl tatsächlich in jener einst verfallenen, gottverlassenen Gegend war. Der Autobus setzte mich in Vergons ab. 1913 hatte dieser Weiler von zehn bis zwölf Häusern drei Einwohner. Sie waren verwildert, haßten sich gegenseitig, lebten vom Fallenstellen: physisch und moralisch etwa auf dem Stand von Steinzeitmenschen. Um sie herum wurden die verlassenen Häuser von Brennnesseln verschlungen. Ihre Lebensbedingungen waren hoffnungslos. Ihnen blieb nichts, als auf den Tod zu warten: eine Situation, die eine Neigung zu Tugenden nicht gerade begünstigt.

Und nun: Alles war anders. Sogar die Luft. Anstelle der jähen, heftigen Windstöße, die mich früher empfingen, wehte eine sanfte, dufterfüllte Brise. Ein Rauschen ähnlich dem von Wasser kam von den Höhen: es war der Wind in den Wäldern. Schließlich, was noch erstaunlicher war, hörte ich das wirkliche Rauschen von Wasser, das sich in ein Becken ergießt. Ich sah, daß man einen Springbrunnen angelegt hatte, der üppig sprudelte und, was mich am meisten rührte, daß man daneben eine Linde gepflanzt hatte, die schon etwa vier Jahre alt sein mochte, bereits kräftig, das unverrückbare Symbol einer Auferstehung.

Überdies zeigte Vergons Spuren jener Arbeiten, die nur mit Hoffnung unternommen werden. Die Hoffnung war also zurückgekehrt. Man hatte die Ruinen weggeräumt, verfallene Mauerreste abgerissen und fünf Häuser aufgebaut. Der Weiler hatte nunmehr achtundzwanzig Einwohner, darunter vier junge Familien. Um die frisch verputzten neuen Häuser lagen Gemüsegärten, in denen bunt durcheinander Gemüse und Blumen, Kohl und Rosen, Porree und Löwenmäulchen, Sellerie und Anemonen wuchsen. Es war ein Ort geworden, an dem man gern lebt.

Von dort ging ich zu Fuß weiter. Der gerade beendete Krieg hatte die volle Entfaltung des Lebens nicht erlaubt, aber Lazarus war auferstanden. An den unteren Berghängen sah ich noch unreife kleine Gersten- und Roggenfelder, hinten in den engen Tälern grünende Wiesen.

Nur die acht Jahre, die uns beim Niederschreiben dieser Geschichte von jener Zeit trennen, waren nötig, damit der ganze

Landstrich vor Gesundheit und Wohlstand strahlt. An der Stelle der Ruinen, die ich 1913 gesehen hatte, stehen jetzt gepflegte, gut verputzte Bauernhöfe, die auf ein glückliches, behagliches Leben hindeuten. Die alten Quellen sprudeln wieder vom in den Wäldern gestauten Regen und Schnee. Man hat Kanäle angelegt. Neben jedem Bauernhof, unter Ahornbäumen, laufen die Brunnen über in Matten frischer Minze. Die Dörfer sind nach und nach wiederaufgebaut worden. Aus den Ebenen, wo der Boden teuer ist, sind Menschen gekommen und haben sich in der Gegend angesiedelt; sie haben Jugend, Fortschritt und Unternehmungsgeist mitgebracht. Unterwegs begegnen einem wohlgenährte Männer und Frauen, Jungen und Mädchen, die lachen können und die wieder Freude an ländlichen Festen haben. Wenn man die alte Bevölkerung, die nicht wiederzuerkennen ist, seit sie annehmlich lebt, und die Neuankömmlinge zusammenzählt, verdanken mehr als zehntausend Menschen Elzéard Bouffier ihr Glück.

Wenn ich bedenke, daß ein einziger Mann mit seinen beschränkten körperlichen und moralischen Kräften genügt hat, um aus der Wüste dieses Land Kanaan hervorzubringen, finde ich, daß das Menschsein trotz allem etwas Wunderbares ist. Und wenn ich dann zusammenrechne, wieviel Beständigkeit, Seelengröße, Ausdauer und Selbstlosigkeit nötig waren, um ein solches Ergebnis zu erreichen, überwältigt mich eine ungeheure Hochachtung vor diesem alten Bauern ohne Bildung, der ein Werk geschaffen hat, das Gottes würdig ist.

Elzéard Bouffier ist 1947 im Hospiz von Banon friedlich entschlafen.

JOHANN GOTTFRIED HERDER

Der mächtige Baum

Über den Himmel erhebt der Baum wohlthätiger Milde
seinen Gipfel, und weit breitet die Wurzel er aus.
Willt du von seinen Zweigen dereinst die Früchte genießen,
haue den Stamm nicht um, rücke die Milde nicht auf.

ELSE LASKER-SCHÜLER

Die Eberesche

Wenn ich ein Stückchen Land besäße, ich würde mir ein kleines Wäldchen von Ebereschen pflanzen. Ein einziger der glühenden Bäume könnte schon das Glück eines Spätsommers ausmachen und verklären. Ja, die Eberesche leuchtet in den Dezember hinein, täglich etwas dunkler werdend und zweighängerischer. Bis die letzte Koralle an der Dolde wartet auf die Schwarzdrossel, die sie aufpickt. Im schwarzen Frack, elegant, vornehmer noch als die Krähe, setzt sie sich nieder zum roten Beerenmahle. Oft schwingt sie sich aus einer Schneewolke herab, versammelt drei, vier, fünf und noch mehr der schwarzen Wintergäste auf den gastlichen Baum. Auf den gerade haben sie es abgesehen! Aus den Gärten der Umgegend ragen ja noch einige Ebereschen korallengekrönt über die Dächer der Häuser, aber eben auf unserer Eberesche zu dinieren, sind die Gourmets erpicht. Ich bin ihr Truchsess und bringe Dessert: Brotkrumen; allerdings an Sonn- und Feiertagen dediziere ich den entzückenden Schwarzdrosseln süßeste Schnecken. Nicht lebendige etwa im Schneckenhäuschen, doch aus Weizen gebackene mit Korinthen beträute, zuckerglasierte. Wie selig, ein ganzes Wäldchen von Ebereschen zu besitzen, von flammenden Bäumen, von Zweigen, an denen die lebendige Koralle wächst. Schwarze Vögel kommen und vollenden das Farbenspiel! Oft durch herabgefallenes Laub nahen sie mir märchenhaft entgegen oder schnellen auf wie der Wind mit dem Wind! Es dauerte schon eine Zeitlang, bis sie mich kannten und mich rechneten zu ihren beflügelten Seelen. Eine Schwarzdrossel bin ich, trete ich auf samtenen Krallen durch die kleine Türe unseres lieben Hotels in den Gartenhof. Ich scheuche selbst erschrocken auf, wenn es unvermutet jemandem einfällt, mir Schnickschnack zu bringen. Denn ich sitze so gern in Gedanken zwischen den herrlichen Vögeln auf der ritterlichen Eberesche. Sie ist in Wahrheit eine Ritterin, das beweisen ihre stolzen, roten Blutstropfen. Die brauchen sich nicht erst in den Adern vor der Natur zu verbergen, sie hängen in Dolden unzählig an all ihren vielgegliederten Zweigen. Als der erste Schnee fiel und auch die Eberesche einkleidete, kam eine ganz große Schwarzdrossel, und ich sah, wie sie mit ihrem spitzen Schnabel die Beeren am Baum von dem weißen Nass oder dem feuchten Weiß befreite. Sie schüttelte eine jede der kleinen Früchte der Dolden, nach Gutdünken und Gutschmecken, heftig hin und her, bis sie ihr gesäubert erschien für die Tafel. Die schwarzen Freunde und Freundinnen verfolgten der fleißigen Arbeiterin lebhaftes Gebaren mit leuchtenden Augenpaaren. Aber, dass sie ihr, nach des Schneeschippens anstrengender Arbeit, die paar noch hochfrischen Beeren zur Belohnung großmütig überlassen hätten, davon habe ich leider nichts bemerkt. Doch sie selbst regalierten sich, indem ihre spitzen Schnäbel den Wein aus jeder der kleinen Rebe tranken. So recht delikat wie der Weinkenner schoben sie, zunächst probierend, die entzückenden klugen Köpfe in den Federrücken, kosteten und kosteten, bevor sie so recht ansetzen, dem Schluck die Ehre antaten. »Wohl bekomm's!«, dachte ich. Doch sie nehmen schon gar keine Notiz mehr von mir. Auch niemand in den Häusern rings herum, in den vielen Zimmern und Dachstuben, ahnt auch nur, dass ich es bin, die Mannah – an Sonn- und Feiertagen, Mannah mit Korinthen und Zuckerguss, auf die Leinwand der Laube regnen lässt, darüber die rotschäumenden Zweige der Eberesche hängen.

MÄRCHEN AUS SÜDAMERIKA

Der Wunderbaum

Es gab eine Zeit, da hatten die Indianer noch keine Kassawa zu essen. Sie litten alle Hunger. Die Tiere und die Vögel hatten auch nichts zu essen. Sie hatten auch Hunger. Nur der Tapir ging regelmäßig jeden Morgen aus und kehrte des Abends zurück und war immer rund und fett. Die anderen sahen, was er fallen ließ: Bananenschalen, Zuckerrohrstreifen usw., und sagten zueinander: »Der Tapir muß einen guten Futterplatz gefunden haben. Laßt uns ihn belauern!«

Am nächsten Morgen schickten sie die Beutelratte aus, um ihm zu folgen und herauszubringen, wie er es anstellte, in solch gutem Zustand zu sein. Die Ratte tat, was ihr aufgetragen war und folgte dem Tapir einen langen, langen Weg in den Wald hinein. Dort machte er halt unter einem riesigen Baum und sammelte die Früchte, die herabgefallen waren. Dieser Baum war der Allepantepo. Es war ein wunderbarer Baum, denn alle Früchte, die man sich nur wünschen konnte, wuchsen auf seinen Zweigen: Bananen, Kassawa, Yams, Pflaumen, Ananas und alle die anderen Früchte, die die Karaiben lieben. Sobald der Tapir sich vollgefressen hatte, erkletterte die Ratte den Baum und knabberte am Mais, um ihren Hunger zu stillen. Als sie nichts mehr essen konnte, kam sie herunter und brachte ein Korn mit, um den anderen zu zeigen, daß sie Erfolg gehabt hätte.

Daraufhin folgten die Indianer der Ratte, die sie zu dem Baum zurückführte. Als sie ihn erreichten, waren viele Früchte zu Boden gefallen. Nachdem sie alle aufgelesen hatten, versuchten sie den Baum zu erklettern, aber er war zu dick und glatt. Daher beschlossen sie, ihn umzuhauen. Sie machten ein Gerüst rund um den Stamm und fingen an, mit ihren Steinäxten zu hacken. Sie arbeiteten zehn Tage, aber der Baum wollte nicht fallen – so dick war Allepantepo! So schlugen sie weiter noch einmal zehn Tage, und noch immer wollte der Baum nicht fallen.

Zu dieser Zeit hatte ihre Arbeit sie durstig gemacht. Da gaben die Indianer allen Tieren Kalabassen zum Wasserschöpfen, nur dem Tapir gaben sie ein Sieb. Als sie an das Ufer kamen, tranken alle aus ihren Gefäßen. Nur der Tapir blieb durstig, denn aus seinem Sieb floß das Wasser so schnell heraus, wie er es hineinschöpfte. Das war ein Teil seiner Strafe dafür, daß er so habgierig gewesen war und das Geheimnis des Wunderbaumes für sich behalten hatte.

Nach Ablauf von abermals zehn Tagen, in denen sie ununterbrochen schlugen, fiel endlich der Baum. Die Indianer nahmen als ihren Anteil alle Kassawa, Zuckerrohr, Yams, Bananen, Bataten, Kürbisse und Wassermelonen. Das Aguti und die Paka und andere Tiere schlüpften in die Zweige, um sich alles zu holen, was sie gern hatten. Als der Tapir endlich vom Flußufer zurückkam, hatte man nur noch die Pflaumen für ihn übrig gelassen, und mit diesen muß er zufrieden sein bis auf den heutigen Tag.

Was die Indianer nahmen, brachten sie nach Hause und pflanzten es auf ihre Felder. Aber der Bunia-Vogel sprach zu ihnen und erklärte ihnen, wie jede Frucht fortzupflanzen und zu kochen sei, und daß einige, wie z. B. die bittere Kassawa-Brühe, gekocht werden müßten, bevor sie genießbar seien, während andere Früchte roh gegessen werden könnten.

Ich grub viel Freud
und Schmerzen
unter eure Wurzeln ein.
Bringet Schatten,
traget Früchte,
Neue Freude jeden Tag;
Nur dass ich sie dichte,
dichte, Dicht bei ihr
geniessen mag.

Baumliebe

CHRISTIAN MORGENSTERN

Hier im Wald mit dir zu liegen,
moosgebettet, windumatmet,
in das Flüstern, in das Rauschen
leise liebe Worte mischend,
öfter aber noch dem Schweigen
lange Küsse zugesellend,
unerschöpflich – unersättlich,
hingegebne, hingenommne,
ineinander aufgelöste,
zeitvergeßne, weltvergeßne.
Hier im Wald mit dir zu liegen,
moosgebettet, windumatmet.

EDUARD MÖRIKE

Wald-Idylle

An J. M.

Unter die Eiche gestreckt, im jung belaubten Gehölze
Lag ich, ein Büchlein vor mir, das mir das lieblichste bleibt.
Alle die Märchen erzählt's, von der Gänsemagd und vom Machandel –
Baum und des Fischers Frau; wahrlich man wird sie nicht satt.
Grünlicher Maienschein warf mir die geringelten Lichter
Auf das beschattete Buch, neckische Bilder zum Text.
Schläge der Holzaxt hört ich von fern, ich hörte den Kuckuck,
Und das Gelispel des Bachs wenige Schritte vor mir.
Märchenhaft fühlt ich mich selbst, mit aufgeschlossenen Sinnen
Sah ich, wie helle! den Wald, rief mir der Kuckuck wie fremd!
Plötzlich da rauscht es im Laub – wird doch Sneewittchen nicht kommen,
Oder, bezaubert, ein Reh? Nicht doch, kein Wunder geschieht.
Siehe, mein Nachbarskind aus dem Dorf, mein artiges Schätzchen!
Müßig lief es in Wald, weil es den Vater dort weiß.
Ehrbar setzet es sich an meine Seite, vertraulich
Plaudern wir dieses und das, und ich erzähle sofort
Gar ausführlich die Leiden des unvergleichlichen Mädchens,
Welchem der Tod dreimal, ach, durch die Mutter gedroht.
Denn die eitle, die Königin, haßte sie, weil sie so schön war,
Grimmig, da mußte sie fliehn, wohnte bei Zwergen sich ein.
Aber die Königin findet sie bald; sie klopfet am Hause,

Bietet, als Krämerin, schlau, lockende Ware zu Kauf.
Arglos öffnet das Kind, den Rat der Zwerge vergessend,
Und das Liebchen empfängt, weh! den vergifteten Kamm.
Welch ein Jammer, da nun die Kleinen nach Hause gekehrt sind!
Welcher Künste bedarf's, bis die Erstarrte erwacht!
Doch zum zweitenmal kommt, zum dritten Male, verkleidet,
Kommt die Verderberin, leicht hat sie das Mädchen beschwatzt,
Schnürt in das zierliche Leibchen sie ein, den Atem erstickend
In dem Busen; zuletzt bringt sie die tödliche Frucht.
Nun ist alle Hülfe umsonst; wie weinen die Zwerge!
Ein kristallener Sarg schließet die Ärmste nun ein,
Frei gestellt auf dem Berg, ein Anblick allen Gestirnen;
Unverwelklich ruht innen die süße Gestalt.
– So weit war ich gekommen, da drang aus dem nächsten Gebüsche
Hinter mir Nachtigallschlag herrlich auf einmal hervor,
Troff wie Honig durch das Gezweig und sprühte wie Feuer
Zackige Töne; mir traf freudig ein Schauer das Herz,
Wie wenn der Göttinnen eine, vorüberfliehend, dem Dichter
Durch ambrosischen Duft ihre Begegnung verrät.
Leider verstummte die Sängerin bald, ich horchte noch lange,
Doch vergeblich, und so bracht ich mein Märchen zum Schluß. –
Jetzo deutet das Kind und ruft: »Margrete! da kommt sie
Schon! In dem Korb, siehst du, bringt sie dem Vater die Milch!«
Und durch die Lücke sogleich erkenn ich die ältere Schwester;
Von der Wiese herauf beugt nach dem Walde sie ein,
Rüstig, die bräunliche Dirne; ihr brennt auf der Wange der Mittag;

Gern erschreckten wir sie, aber sie grüßet bereits.
»Haltet's mit, wenn Ihr mögt! es ist heiß, da mißt man die Suppe
Und den Braten zur Not, fett ist und kühle mein Mahl.«
Und ich sträubte mich nicht, wir folgten dem Schalle der Holzaxt;
Statt des Kindes wie gern hätt ich die Schwester geführt!
Freund! du ehrest die Muse, die jene Märchen vor alters
Wohl zu Tausenden sang; aber nun schweiget sie längst,
Die am Winterkamin, bei der Schnitzbank, oder am Webstuhl
Dichtendem Volkswitz oft köstliche Nahrung gereicht.
Ihr Feld ist das Unmögliche; keck, leichtfertig verknüpft sie
Jedes Entfernteste, reicht lustig dem Blöden den Preis.
Sind drei Wünsche erlaubt, ihr Held wird das Albernste wählen;
Ihr zu Ehren sei dir nun das Geständnis getan,
Wie an der Seite der Dirne, der vielgesprächigen, leise
Im bewegten Gemüt brünstig der Wunsch mich beschlich:
Wär ich ein Jäger, ein Hirt, wär ich ein Bauer geboren,
Trüg ich Knüttel und Beil, wärst, Margarete, mein Weib!
Nie da beklagt ich die Hitze des Tags, ich wollte mich herzlich
Auch der raueren Kost, wenn *du* sie brächtest, erfreun.
O wie herrlich begegnete jeglichen Morgen die Sonne
Mir, und das Abendrot über dem reifenden Feld!
Balsam würde mein Blut im frischen Kusse des Weibes,
Kraftvoll blühte mein Haus, doppelt, in Kindern empor.
Aber im Winter, zu Nacht, wenn es schneit und stöbert am Ofen,
Rief' ich, o Muse, dich auch, märchenerfindende, an!

JOHANN WOLFGANG VON GOETHE

Gingo Biloba

Dieses Baums Blatt, der von Osten
Meinem Garten anvertraut,
Gibt geheimen Sinn zu kosten,
Wie's den Wissenden erbaut.

Ist es ein lebendig Wesen,
Das sich in sich selbst getrennt?
Sind es zwei, die sich erlesen,
Daß man sie als eines kennt?

Solche Frage zu erwidern,
Fand ich wohl den rechten Sinn;
Fühlst du nicht an meinen Liedern,
Daß ich eins und doppelt bin?

RICHARD DEHMEL

Das Ideal

Doch hab ich meine Sehnsucht stets gebüßt;
ich ging nach Liebe aus auf allen Wegen,
auf allen kam die Liebe mir entgegen,
doch hab ich meine Sehnsucht stets gebüßt ...

Es stand ein Baum in einem Zaubergarten,
von tausend Blüten duftete sein Bild,
doch eine leuchtete vor allen mild;
es stand ein Baum in einem Zaubergarten.

Und aus den tausend pflückte ich die eine,
sie war noch schöner mir in meinen Händen;
ich aber kniete, Dank dem Baum zu spenden,
von dem aus tausend ich gepflückt die eine.

Ich hob die Augen zu dem Zauberbaume,
und wieder schien vor allen eine licht,
und meine welkte schon – ich dankte nicht;
ich hob die Augen zu dem Zauberbaume ...

Doch hab ich meine Sehnsucht nie verlernt;
ich ging nach Liebe aus auf allen Wegen,
auf jedem glänzte mir ein andrer Segen,
drum hab ich meine Sehnsucht nie verlernt.

MOHAMMAD SCHAMS AD-DIN HAFIS

Buchstabe Dal

Pflanze nur den Baum der Freundschaft:
Seine Frucht beglückt das Herz;
Doch zerbrich den Zweig der Feindschaft,
Denn er bringt unzähl'gen Schmerz.
Habe Achtung vor den Zechern,
Bist du einer Schenke Gast;
Denn sie schmerzt der Kopf, o Seele,
Wenn ein solcher Rausch dich fasst.
Nütze die gesell'gen Nächte:
Denn, ist uns're Zeit vollbracht,
Kreist der Himmel fort und bringet
Manchen Tag und manche Nacht.
[…]
Wünsche dir den Lenz des Lebens,
Herz, weil jährlich und verjüngt
Diese Wiese *hundert Rosen*,
So wie *tausend Sprosser* bringt.
Einen Bund mit deiner Locke
Ging mein Herz, das wunde, ein:
Lass den Mund*rubin*, den süssen,
Ihm nun auch *Bestand* verleih'n!
Herz, du fielst: denn Lasten Grames
Trägst du hundert Pfunde schwer;
Geh' und nimm ein Schlückchen Weines:
Völlig stellt's dich wieder her.
Das ergraute Haar *Hafisens*
Wünscht von Gott auf dieser Flur
Einen Sitz am Bach, daneben
Ein Zipressenbäumchen nur.

FRIEDRICH HÖLDERLIN

An einen Baum

... und die ewigen Bahnen
Lächelnd über uns hin zögen die Herrscher
der Welt,
Sonne und Mond und Sterne, und auch die Blitze
der Wolken
Spielten, des Augenblicks feurige Kinder, um uns,
Aber in unsrem Innern, ein Bild der Fürsten
des Himmels,
Wandelte neidlos der Gott unserer Liebe dahin,
Und er mischte den Duft, die reine, heilige Seele,
Die, von des Frühlinges silberner Stunde genährt,
Oft überströmte, hinaus ins glänzende Meer
des Tages,
Und in das Abendrot und in die Wogen der Nacht,
Ach! wir lebten so frei im innig unendlichen Leben,
Unbekümmert und still, selber ein seliger Traum,
Jetzt uns selber genug und jetzt ins Weite verfliegend,
Aber im Innersten doch immer lebendig und eins.
Glücklicher Baum! wie lange, wie lange könnt' ich
noch singen
Und vergehen im Blick auf dein erbebendes Haupt,
Aber siehe! dort regt sich's, es wandeln in Schleiern
die Jungfraun
Und wer weiß es, vielleicht wäre mein Mädchen
dabei;
Laß mich, laß mich, ich muß – lebwohl! es reißt
mich ins Leben,
Daß ich im kindischen Gang folge der lieblichen
Spur,

Aber du Guter, dich will, dich will ich nimmer vergessen,
Ewig bist du und bleibst meiner Geliebtesten Bild.
Und käm' einmal ein Tag, wo sie die meinige wäre,
O! dann ruht' ich mit ihr, unter dir, Freundlicher, aus
Und du zürnetest nicht, du gössest Schatten und Düfte
Und ein rauschendes Lied über die Glücklichen aus.

CHRISTIAN MORGENSTERN

An den Wald

Wie wärst du mir so tief vertraut,
wär' deine schauernde Seele nicht
seit meiner Jugend erstem Licht
meiner schauernden Seele Braut!

Ich muss dich nicht erst suchen gehn,
ich fühle dich so tief wie mich;
wenn dunkel deine Wipfel wehn,
erschaur' ich mit, dein andres Ich.

Ich bin das Moos auf deinem Grund
und bin der Hirsch, der dich durchsteigt,
und bin dein höchstes Vogellied
und bin die Nacht, die dich beschweigt:

Mit tausend Sternen dich beschweigt,
mit tausend Strahlen dich durchlauscht,
und bin der Strom, der dich durchrauscht,
und mich, die Nacht, mir selber zeigt.

ELIZABETH BARRETT BROWNING

Ich denk an dich. Wie wilder Wein den Baum
sprießend umringt, mit breiten Blättern hängen
um dich meine Gedanken, daß man kaum
den Stamm noch sieht unter dem grünen Drängen.

Und doch, mein Palmenbaum, will ich nicht sie,
diese Gedanken, sondern dich, der teurer
und besser ist. Du solltest ungeheurer
dich wieder zeigen, weithin rauschend wie

es starke Bäume tun. Und dann laß da
das Grüne dieser kreisenden Lianen
abfallen, wo es schon zerrissen ist,

weil meine Freude im Dich-Sehn und -Ahnen,
in deinem Schatten atmend, ganz vergißt
an dich zu denken – ich bin dir zu nah.

HEINRICH HOFFMANN

Waldlied im Mai

Im jungen grünenden Walde
Sang sonst ich ein Liedlein so gern,
Daß es durch die Wipfel erschallte,
Ein Gruß in weiteste Fern!

Jüngst aber ein solches zu wagen
Da fehlte der keckliche Mut,
Doch hatt' ich zu singen und sagen
Viel Schönes in vollester Glut.
[...]
Nie war doch der Wald je so prächtig,
Nie war doch die Luft je so rein,
Mein Jubel war fast übermächtig,
Und das Herz für die Lust fast zu klein.

Ich ging mit der liebsten der Frauen
In der grünen Pracht dort herum,
Da konnt' ich nur hören, nur schauen;
Das höchste Glück ist ja stumm.

Mir war es, als täte mich führen
Ein Engel im Himmel gerum;
Rings um mich ein froh Jubilieren,
Es machte das Glück mich stumm.

Heut' geh' ich auf einsamen Wegen,
Mich hält keine Zaubergewalt,
Da ruf' ich's den Wipfeln entgegen:
Hab Dank, du jung grünender Wald!

JOHANN WOLFGANG VON GOETHE

Sag ich's euch, geliebte Bäume

Sag ichs euch, geliebte Bäume?
Die ich ahndevoll gepflanzt,
Als die wunderbarsten Träume
Morgenrötlich mich umtanzt.
Ach, ihr wißt es, wie ich liebe,
Die so schön mich wiederliebt,
Die den reinsten meiner Triebe
Mir noch reiner wiedergibt.

Wachset wie aus meinem Herzen,
Treibet in die Luft hinein,
Denn ich grub viel Freud und Schmerzen
Unter eure Wurzeln ein.
Bringet Schatten, traget Früchte,
Neue Freude jeden Tag;
Nur daß ich sie dichte, dichte,
Dicht bei ihr genießen mag.

CLEMENS BRENTANO

O kühler Wald

O kühler Wald,
Wo rauschest du,
In dem mein Liebchen geht?
O Widerhall,
Wo lauschest du,
Der gern mein Lied versteht?

O Widerhall,
O sängst du ihr
Die süßen Träume vor,
Die Lieder all,
O bring sie ihr,
Die ich so früh verlor!

Im Herzen tief,
Da rauscht der Wald,
In dem mein Liebchen geht,
In Schmerzen schlief
Der Widerhall,
Die Lieder sind verweht.

Im Walde bin
Ich so allein,
O Liebchen, wandre hier,
Verschallet auch
Manch Lied so rein,
Ich singe andre dir!

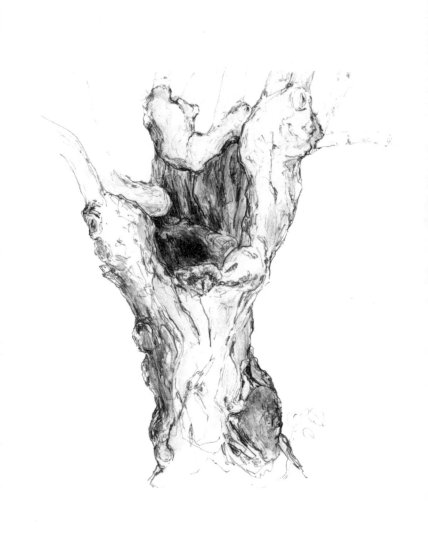

An den Bäumen,
welk und matt,
Schwebt des Laubes
letzte Neige,
Niedertaumelt Blatt
auf Blatt
Und verhüllt
die Waldessteige

Vergänglichkeit

GOTTFRIED KELLER

Vom Fichtenbaum, dem Teiche und den Wolken

Die herrliche Abendsonne beschien mit ihren goldenen Strahlen einen großen Fichtenbaum, welcher an einer felsigen Berghalde stand. Sein stachlichtes Laub prangte im schönsten Grün, und seine Äste waren wie mit Feuer übergossen und glänzten weithin durch die Gegend. Er freute sich dieses Glanzes und meinte, all diese Herrlichkeit gehe von ihm selbst aus und sei sein eigenes Verdienst, sodaß er sehr eitel ward und prahlend ausrief: »Seht her, ihr andern Gewächse und Geschöpfe um mich her, wo erscheint eines in solcher Pracht wie ich edle Fichte? Gewiß, ihr seid sehr zu bedauern, daß euch der Schöpfer nicht schöner geschmückt hat.«

Die Sonne hörte diese eitle Rede und wurde darüber unwillig, sodaß sie ihre Strahlen von dem Baume weg auf einen dunklen Teich wandte, der unten am Berge in tiefer Ruhe lag. Der Fichtenbaum sah nun so öd und traurig aus wie vorher; der Teich aber bewegte sich freudig in kleinen goldenen Wellen und widerstrahlte das Bild der Sonne in tausend Feuerpunkten. Allein auch er wurde stolz darauf und glaubte am Ende, er selbst sei die Quelle all dieser Klarheit, und verspottete die anderen Gewässer, welche im Schatten lagen.

Da wurde die Sonne abermals unwillig, zog Wolken zusammen, in denen sie sich verhüllte, und der Teich lag nun wieder in seinem düsteren melancholischen Grau wie zuvor und schämte sich. Die Wolken hingegen begannen jetzt zu glühen und zu scheinen wie Purpur und verbreiteten sich wohlgefällig im abendlichen Himmel, als die Erde schon im Schatten lag. Da wurden auch sie übermütig und riefen: »Erglänzen wir nicht viel schöner denn die Sonne?« Und zum dritten Male wurde die

Sonne unwillig, und indem sie hinter den Hrizont hinabstieg, entzog sie ihre Strahlen den undankbaren Luftgebilden, und Wolken, See und Bäume verschwammen nun in der grauen Dämmerung, endlich die Nacht all diese eitlen Geschöpfe der Vergessenheit übergab.

NIKOLAUS LENAU

Herbstgefühl

Mürrisch braust der Eichenwald,
Aller Himmel ist umzogen,
Und dem Wandrer, rauh und kalt,
Kommt der Herbstwind nachgeflogen.

Wie der Wind zu Herbsteszeit
Mordend hinsaust in den Wäldern,
Weht mir die Vergangenheit
Von des Glückes Stoppelfeldern.

An den Bäumen, welk und matt,
Schwebt des Laubes letzte Neige,
Niedertaumelt Blatt auf Blatt
Und verhüllt die Waldessteige;

Immer dichter fällt es, will
Mir den Reisepfad verderben.
Daß ich lieber halte still,
Gleich am Orte hier zu sterben.

Wieder ist, wie bald! wie bald!
Mir ein Jahr dahingeschwunden.
Fragend rauscht es aus dem Wald:
Hat dein Herz sein Glück gefunden?

Waldesrauschen, wunderbar
Hast du mir das Herz getroffen!
Treulich bringt ein jedes Jahr
Welkes Laub und welkes Hoffen.

BERTOLT BRECHT

Der Geierbaum

Viele Tage hatte der Baum die Winterstürme ausgehalten und war in langer Dämmerung unter dem Schnee zusammengekauert dagekniet; da wurde es Frühjahr und die Geier kamen. Und der Baum kämpfte mit ihnen vom Hahnenschrei bis zur Mitternacht. Die Geier, die den Himmel verdunkelten, stürzten sich auf den einsamen Baum mit solcher Wucht, daß er zitternd im Grasgrund seine Wurzeln spürte, und es waren ihrer soviele, daß er stundenlang die Sonne nicht sah. Sie zerfetzten das Gezwirn seiner Äste und zerhackten seine Knospen und rissen an seinem Haar, und der Baum kniete gebückt und verzweifelt im Ackergrund, wehrte sich nicht gegen den Himmel, sondern stemmte sich nur fest gegen die Erde. Da wurden die Geier müde. Sie zogen weitere Kreise in der Luft, bevor sie sich auf ihren Feind stürzten, und zitterten mit den Flügeln. Gegen Mitternacht bemerkte der Baum, daß sie besiegt waren. Er war unsterblich, und sie sahen es mit Grauen. Sie hatten sich alle Mühe gegeben, ihn auszurotten, aber ihm war es gleichgültig gewesen, und er war wohl noch eingeschlafen gegen Abend zu. Aber gegen Mitternacht sahen sie, daß er zu blühen begann. Heute wollte er mit dem Blühen anfangen, zerhackt und zerzaust, verwahrlost und blutend; denn es war Frühjahr, und der Winter war abgestorben. Im Sternenlicht schwebten die Geier, mit stumpfen Krallen und zerfetzten Flügeln, und müde ließen sie sich nieder auf dem Baum, den sie nicht besiegt hatten. Der Baum zitterte unter der schweren Last. Von der Mitternacht nur bis zum Hahnenschrei saßen die Geier auf ihm und hielten, kummervoll stöhnend im Schlaf, mit ehernen Krallen seine blühenden Zweige umfaßt; denn sie träumten, der Baum sei unsterblich. Aber in der Frühe flogen sie mit schweren Flügelschlägen auf, und in dem milden Licht der Dämmerung erblickten sie aus der Höhe den Baum wie einen gespenstigen Spuk, schwarz und verdorrt: Er war nachts gestorben.

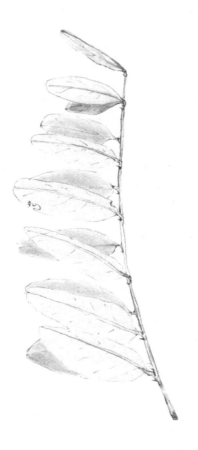

RICHARD DEHMEL

Nur an den Eichen bebt noch braunes Laub,
es bebt im Wind; und wenn die Spechte klettern,
dann weht der Schnee wie Kieselstaub
und knistert in den abgefallnen Blättern.
Zwei Menschen sehn im Park den Abend zaudern.
Ein Weib bezwingt ein leises Schaudern:

Heut hat ein Mensch mir leidgetan,
der sonst mein Weichstes zur Erstarrung brachte.
Er hat mir nie ein Leid getan
seit jener Nacht, die mich zur Mutter machte;
er ist fast stumpfer als ein Scherben.
Heut aber, vor dem blinden Leibeserben,
vergaß er selbst sein gnädiges Stottern;
er saß nur da und ließ sich schlottern.
Ich musst ihn immerfort betrachten,
ihn halb bedauern, halb verachten.

Der Mann an ihrer Seite nickt;
er sieht im kahlen Park den Abend dämmern,
er hört im hohlen Holz die Spechte hämmern.
Er sagt, indem er einen Zweig zerknickt:

Ich fühle jeden Tag mein Herz in Nöten,
wenn eine Frau sich mit Erröten,
und wie zur Abwehr blass und zart doch,
samt unserm Töchterchen an mich drängt,
während vielleicht in meinem Bart noch
der Hauch von deinen Küssen hängt.
Ich kann sie nicht so flach bedauern;
ich würde lieber mit ihr trauern,

könnt ich wie sie mich sanft und klug besiegen
und leidenswillig den Nacken biegen.
Jawohl, wir sind von härterem Holz;
von Eichen bricht man keine Gerten.
Drum wolln wir nicht noch selber uns verhärten;
denn dass wir Mitleid schenken, macht uns stolz.

Er horcht: ein Rauschen stört das Spechtgekletter:
zwei Menschen gehn durch abgefallne Blätter.

FRANZ KAFKA

Die Bäume

Denn wir sind wie Baumstämme im Schnee. Scheinbar liegen sie glatt auf und mit kleinem Anstoß sollte man sie wegschieben können. Nein, das kann man nicht, denn sie sind fest mit dem Boden verbunden. Aber sieh, sogar das ist nur scheinbar.

HERMANN HESSE

Klage um einen alten Baum

Seit bald zehn Jahren, seit dem Ende des frischen, fröhlichen Krieges, hat meine tägliche Gesellschaft, mein dauernder vertraulicher Umgang nicht mehr aus Menschen bestanden. Zwar fehlt es mir nicht an Freunden und an Freundinnen, aber der Umgang mit ihnen ist eine festliche, nicht alltägliche Angelegenheit, sie besuchen mich zuweilen, oder ich besuche sie: das dauernde und tägliche Zusammenleben mit anderen Menschen habe ich mir abgewöhnt. Ich lebe allein, und so kommt es, daß im kleinen und täglichen Umgang an die Stelle der Menschen für mich mehr und mehr die Dinge getreten sind. Der Stock, mit dem ich spazieren gehe, die Tasse, aus der ich meine Milch trinke, die Vase auf meinem Tisch, die Schale mit Obst, der Aschenbecher, die Stehlampe mit dem grünen Schirm, der kleine indische Krischna aus Bronze, die Bilder an der Wand und um das Beste zuletzt zu nennen, die vielen Bücher an den Wänden meiner kleinen Wohnung, sie sind es, die mir beim Aufwachen und Einschlafen, beim Essen und Arbeiten, an guten und bösen Tagen Gesellschaft leisten, die für mich vertraute Gesichter bedeuten und mir die angenehme Illusion von Heimat und Zuhausesein geben. Noch sehr viele andere Gegenstände zählen zu meinen Vertrauten. Dinge, deren Sehen und Anfühlen, deren stummer Dienst, deren stumme Sprache mir lieb ist und unentbehrlich scheint, und wenn eines dieser Dinge mich verläßt und von mir geht, wenn eine alte Schale zerbricht, wenn eine Vase herunterfällt, wenn ein Taschenmesser verlorengeht, dann sind es Verluste für mich, dann muß ich Abschied nehmen und mich einen Augenblick besinnen und ihnen einen Nachruf widmen. Auch mein Arbeitszimmer mit seinen etwas schiefen Wänden, seiner alten, ganz erblaßten Goldtapete, mit den vielen Sprüngen im Bewurf der Decke gehört zu meinen Kameraden und Freunden. Es ist ein schönes Zimmer, ich wäre verloren, wenn es mir genommen würde. Aber das Schönste an ihm ist das Loch, das auf den kleinen Balkon hinausführt. Von da aus sehe ich nicht nur den See von Lugano bis nach San Mamette hin, mit den Buchten, Bergen und Dörfern, Dutzenden von nahen und fernen Dörfern, sondern ich sehe, und das ist mir das Liebste daran, auf einen alten, stillen, verzauberten Garten hinab, wo alte, ehrwürdige Bäume sich im Wind und im Regen wiegen, wo auf schmalen, steil abfallenden Terrassen schöne, hohe Palmen, schöne, üppige Kamelien, Rhododendren, Magnolien stehen, wo die Eibe, die Blutbuche, die indische Weide, die hohe, immergrüne Sommermagnolie wächst. Dieser Blick aus meinem Zimmer, diese Terrassen, diese Gebüsche und Bäume gehören noch mehr als die Zimmer und Gegenstände zu mir und meinem Leben, sie sind mein eigentlicher Freundeskreis, meine Nächsten, mit ihnen lebe ich, sie halten zu mir, sie sind zuverlässig. Und wenn ich einen Blick über diesen Garten werfe, so gibt er mir – nicht nur das, was er dem entzückten oder gleichgültigen Blick jedes Fremden gibt, sondern unendlich viel mehr, denn dies Bild ist mir durch Jahre und Jahre zu jeder Stunde des Tages und der Nacht, zu jeder Jahreszeit und Witterung vertraut, das Laub jedes Baumes sowie seine Blüte und Frucht ist mir in jedem Zustande des Werdens und Hinsterbens wohlbekannt, jeder ist mein Freund, von jedem weiß ich Geheimnisse, die nur ich und sonst niemand weiß. Einen dieser Bäume zu verlieren, heißt für mich, einen Freund verlieren.

Wenn ich vom Malen oder vom Schreiben, vom Nachdenken oder vom Lesen müde bin, ist der Balkon und der Blick in die zu mir heraufblickenden Wipfel meine Erholung. Hier las ich neulich, mit Bedauern, daß das herrliche Buch schon ein Ende nahm. »Die chymische Rose« von Yeats (deutsch bei J. Hegner in Hellerau), diese zauberhaften Erzählungen aus der gälischen Welt, so voll von alter halbheidnischer Mythik, so geheimnisvoll und dunkelglühend. Hier durchblätterte ich Joachim Ringelnatzens »Reisebriefe eines Artisten« (bei Rowohlt), und freute mich an diesem Mann und seinem Humor, der so gar nicht golden ist, sondern echter Galgenhumor, schwebend zwischen Spaß und Not, zwischen Rausch und Verzweiflung. Sei gegrüßt, Bruder Ringelnatz! Und hier blättere ich auch zuweilen eine halbe Stunde in den zwei Bänden der »Sittengeschichte Griechenlands« von Hans Licht (bei P. Aretz in Dresden erschienen), wo zwischen all den erstaunlichen Bildern, und am meisten durch die Bilder selbst, viel Wissenswertes und viel Beneidenswertes vom Liebesleben der Griechen erzählt wird.

Im Frühling gibt es eine Zeit, da ist der Garten brennend rot von der Kamelienblüte und im Sommer blühen die Palmen, und hoch in den Bäumen klettern überall die blauen Glyzinien. Aber die indische Weide, ein kleiner, fremdartiger Baum, der trotz seiner Kleinheit uralt aussieht und das halbe Jahr zu frieren scheint, die indische Weide traut sich erst spät im Jahre mit den Blättern hervor, und erst gegen Mitte August fängt sie an zu blühen.

Der schönste jedoch von allen diesen Bäumen ist nicht mehr da, er ist vor einigen Tagen durch den Sturm gebrochen worden. Ich sehe ihn liegen, er ist noch nicht weggeschafft, einen schweren alten Riesen mit geknicktem und zerschlissenem Stamm, und sehe an der Stelle, wo er stand, eine große breite Lücke, durch welche der ferne Kastanienwald und einige bisher unsichtbare Hütten hereinschauen.

Es war ein Judasbaum, jener Baum, an dem der Verräter des Heilands sich erhängt hat, aber man sah ihm diese beklommene Herkunft nicht an, o nein, er war der schönste Baum des Gartens, und eigentlich war es seinetwegen, daß ich vor manchen Jahren diese Wohnung hier gemietet habe. Ich kam damals, als der Krieg zu Ende war, allein und als Flüchtling in diese Gegend, mein bisheriges Leben war gescheitert, und ich suchte eine Unterkunft, um hier zu arbeiten und nachzudenken und die zerstörte Welt mir von innen her wieder aufzubauen und suchte eine kleine Wohnung, und als ich meine jetzige Wohnung anschaute, gefiel sie mir nicht übel, den Ausschlag aber gab der Augenblick, wo die Wirtin mich auf den kleinen Balkon führte. Da lag plötzlich unter mir der Garten Klingsors, und mitten darin leuchtete hellrosig blühend ein riesiger Baum, nach dessen Namen ich sofort fragte, und siehe, es war der Judasbaum, und Jahr für Jahr hat er seither geblüht, Millionen von rosigen Blüten, die dicht an der Rinde sitzen, ähnlich etwa wie beim Seidelbast, und die Blüte dauerte vier bis sechs Wochen, und dann erst kam das hellgrüne Laub nach, und später hingen in diesem hellgrünem Laube dunkelpurpurn und geheimnisvoll in dichter Menge die Schotenhülsen.

Wenn man ein Wörterbuch über den Judasbaum befragt, dann erfährt man natürlich nicht viel Gescheites. Vom Judas und vom Heiland kein Wort! Dafür steht da, daß dieser Baum zur Gattung der Leguminosen gehört und Cercis siliquastrum genannt wird, daß seine Heimat Südeuropa sei und daß er da und dort als Zierstrauch vorkomme. Man nenne ihn übrigens auch »falsches Johannisbrot«. Weiß Gott, wie da der echte Judas und der falsche Johannes durcheinander geraten sind! Aber wenn ich das Wort »Zierstrauch« lese, so muß ich lachen, noch mitten in meinem Jammer. Zierstrauch! Ein Baum war es, ein Riese von einem Baum, mit einem Stamm so dick, wie ich es auch in meinen besten Zeiten nie gewesen bin, und sein Wipfel stieg aus der tiefen Gartenschlucht beinahe zur Höhe meines Balkönchens herauf, es war ein Prachtstück, ein wahrer Mastbaum! Ich hätte nicht unter diesem Zierstrauch stehen mögen, als er neulich im Sturm zusammenbrach und einstürzte wie ein alter Leuchtturm.

Ohnehin schon war die letzte Zeit nicht sehr zu rühmen. Der Sommer war plötzlich krank geworden und man fühlte sein Sterben voraus, und am ersten richtig herbstlichen Regentag mußte ich meinen liebsten Freund (keinen Baum, sondern einen Menschen) zu Grabe tragen, und seither war ich, bei schon kühlen Nächten und häufigem Regen, nicht mehr richtig warm geworden und trug mich schon sehr mit Abreisegedanken. Es roch nach Herbst, nach Untergang, nach Särgen und Grabkränzen.

Und nun kommt da eines Nachts, als späte Nachwehe irgendwelcher amerikanischer und ozeanischer Orkane, ein wilder Südsturm geblasen, reißt die Weinberge zusammen, schmeißt Schornsteine um, demoliert mir sogar meinen kleinen Steinbalkon und nimmt, noch in den letzten Stunden, auch noch meinen alten Judasbaum mit. Ich weiß noch, wie ich als Jüngling es liebte, wenn in herrlichen romantischen Erzählungen von Hauff oder Hoffmann die Aequinoktialstürme so unheimlich bliesen! Ach, genauso war es, so schwer, so unheimlich, so wild und beengend preßte sich der dicke warme Wind, als käme er aus der Wüste her, in unser friedliches Tal und richtete da seinen amerikanischen Unfug an. Es war eine häßliche Nacht, keine Minute Schlaf, außer den kleinen Kindern hat im ganzen Dorf kein Mensch ein Auge zugetan, und am Morgen lagen die gebrochenen Ziegel, die zerschlagenen Fensterscheiben, die geknickten Weinstöcke da. Aber das Schlimmste, das Unersetzlichste, ist für mich der Judasbaum. Es wird zwar ein junger Bruder nachgepflanzt werden, dafür ist gesorgt: aber bis er auch nur halb so stattlich werden wird wie sein Vorgänger, werde ich längst nicht mehr da sein.

Als ich neulich im fließenden Herbstregen meinen lieben Freund begraben habe und den Sarg in das nasse Loch verschwinden sah, da gab es einen Trost: er hatte Ruhe gefunden, er war dieser Welt, die es mit ihm nicht gut gemeint hatte, entrückt, er war aus Kampf und Sorgen heraus an ein anderes Ufer getreten. Bei dem Judasbaum gibt es diesen Trost nicht. Nur wir armen Menschen können, wenn einer von uns begraben wird, uns zum schlechten Troste sagen: »Nun, er hat es gut, er ist im Grunde zu beneiden.« Bei meinem Judasbaum kann ich das nicht sagen. Er wollte gewiß nicht sterben, er hat bis in sein hohes Alter hinein Jahr für Jahr überschwenglich und prahlend seine Millionen von strahlenden Blüten getrieben, hat sie froh und geschäftig in Früchte verwandelt, hat die grünen Schoten der Früchte erst braun, dann purpurn gefärbt und hat niemals jemand, den er sterben sah, um seinen Tod beneidet. Vermutlich hielt er wenig von uns Menschen. Vielleicht kannte er uns, schon von Judas her. Jetzt liegt seine riesige Leiche im Garten und hat im Fallen noch ganze Völker von kleineren und jüngeren Gewächsen zu Tode gedrückt.

JOHANN WOLFGANG VON GOETHE

Oden an meinen Freund

Erste Ode

Verpflanze den schönen Baum,
Gärtner, er jammert mich.
Glücklicheres Erdreich
Verdiente der Stamm.

Noch hat seiner Natur Kraft
Der Erde aussaugendem Geize,
Der Luft verderbender Fäulnis,
Ein Gegengift, widerstanden.

Sieh, wie er im Frühling
Lichtgrüne Blätter schlägt!
Ihr Orangenduft
Ist dem Geschmeiße Gift.

Der Raupen tückischer Zahn
Wird stumpf an ihnen,
Es blinkt ihr Silberglanz
Im Sonnenscheine.

Von seinen Zweigen
Wünscht das Mädchen
Im Brautkranze,
Früchte hoffen Jünglinge.

Aber sieh, der Herbst kömmt,
Da geht die Raupe,

Klagt der listigen Spinne
Des Baums Unverwelklichkeit.

Schwebend zieht sich
Von ihrer Taxuswohnung
Die Prachtfeindin herüber
Zum wohltätigen Baum.

Und kann nicht schaden.
Aber die Vielkünstliche
Überzieht mit grauem Ekel
Die Silberblätter,

Sieht triumphierend,
Wie das Mädchen schaurend,
Der Jüngling jammernd
Vorübergeht.

Verpflanze den schönen Baum,
Gärtner, er jammert mich.
Baum, danke dem Gärtner,
Der dich verpflanzt!

GÜNTER EICH

Ende eines Sommers

Wer möchte leben ohne den Trost der Bäume!

Wie gut, daß sie am Sterben teilhaben!
Die Pfirsiche sind geerntet, die Pflaumen färben sich,
während unter dem Brückenbogen die Zeit rauscht.

Dem Vogelzug vertraue ich meine Verzweiflung an.
Er mißt seinen Teil von Ewigkeit gelassen ab.
Seine Strecken
werden sichtbar im Blattwerk als dunkler Zwang,
die Bewegung der Flügel färbt die Früchte.

Es heißt Geduld haben.
Bald wird die Vogelschrift entsiegelt,
unter der Zunge ist der Pfennig zu schmecken.

Der Mond verzauberte
einmal meine Zweige;
ich träumte früh
am Morgen,
ich sei ein Baum.

Bäume sind (die besseren) Menschen

ELSE LASKER-SCHÜLER

Die Bäume unter sich

Ich vertraue meinen dichterischen Einfällen und frage nicht, warum ich immer wieder über die Pflanzen auf unserer Welt dichten muß. Heute früh belauschte ich ein Gespräch, das die Bäume lebhaft miteinander vor meinem Fenster führten. Seitdem nehme ich an, daß es sich, wie bei den Menschen und Tieren, auch bei den Pflanzen um eine persönliche bewußte Blutverwandtschaft handelt. Denn die behäbige Linde erinnerte mit großer Besorgnis die kleine schlanke Linde, sich grade zu halten: »Halt dich grade!« Derartiges Interesse pflegt nur eine Mutter für ihr Kind an den Tag zu legen. Mir fiel es schon einige Male schleierhaft, noch im Nebel der Sinne, auf, wie sich die Armäste der Mutter Linde besorgt zur Tochter herabbogen, und ich hörte den üppig belaubten Mutterbaum sie vernehmbar ermahnen; und auch ich muß mit Bedauern feststellen, der Stamm der jugendlichen Linde neigt zum schiefen Wachstum. Hingegen die gebräunten Leiber des Kastanien- und Hollunderbaums sich strecken beim Hellwerden der Erde täglich kerzengrade in die Höhe! Mit begreiflichem Neid beobachtete die Lindin die beiden gleichaltrigen Freunde ihrer Tochter, über deren Verträumtheit könnte sie gelb werden!! Aber noch an der Nabelwurzel gebunden, sehnte die sich schon im zartesten Keim, drängend im Erdreich, in die Seligkeit des Himmels zu wachsen. Und so kam es, da sich ihr Leben nur in des Markes innerstem Herzen abspielte, unbekümmert aller Äußerlichkeiten, ihr körperlicher Schaden drohte, zu erleiden. Bäume, überhaupt jede Pflanze besitzt ein wirklich pochendes Herz, das das Blut durch die Zellen treibt, durch die allerkleinste ihres Blattes. Früchte vermögen zu erröten, und namentlich der Herzkirsche spielt die Liebe das Blut in die Wangen. Pflanzen besitzen wirkliche Herzen, manche heilig blutend am Morgen, wie es bei der jungen Linde der Fall ist. Die liebe ich, wie eine Lieblingsgefährtin, was eigentlich nicht zu dieser Geschichte »Die Bäume unter sich« gehört. Aber ich nehme persönlichen Anteil am Geschick des weichverträumten Baumes. Unter viel, viel Nachsinnen und Kopfzerbrechen und Demut vernachlässigt die sanfte Heilige ihre Gestalt. Und doch bemerkte ich in der Dämmerung um ihrer Bäumlichkeit einen silbernen Schein, der Auserwählten reiner Seele Strahl, dessen Funke zu Gott steigt. Ich wußte es, sie hatte einmal einen Engel gesehen, der sie segnete. Immer rauscht sie inbrünstig, auch dann, wenn der drohende Westen wetternd in die Junistille einbricht. Die anderen Bäume hingegen scheinen kaum einen Wechsel der Luft zu bemerken, sie lassen sich wenigstens im Spiel nicht stören, sieben grade sein, soviel Schöpfungstage es geben; die zu nennen in allerlei Betonungen: ihr tägliches Gaukelspiel. Wie ein Schwarm von Faltern umschweben schließlich der Montag und der Dienstag, der Mittwoch, der grüne Donnerstag, der schimmernde Freitag und Samstag und der stille Sonntag die lachenden kindlichen Bäume. Sie begnügen sich mit der Schönheit des Bodens, darin sie sicher stehen und sich erfüllen; plaudern mit dem umgegrabenen Gartenhof und seines Beetes Stiefmütterchen und Vergißmeinnicht, blauen und rosafarbenen. Wenn die Ziege nebenan aus dem Stall meckert, jauchzen die Bäume und alle Blumen und Halme. Schon die Urblatteltern amüsierten sich im Paradiese über das herzhafte Knattern der Böcke. Der liebe junge Gott neckte sie oft mit einem langen langen Zittergras, das kam so plötzlich aus den Wolken herunter. Das Gegackel der Hühner jedoch mißachteten schon Adam und Eva und es macht namentlich auch die Lindenmutter nervös. Sie atmet dann ungeduldig auf, beschließt das Spiel, frühzeitiger Feierabend, und erklärt mit wohllautender Stimme: »Sonntag!« Und es ist kein Vogel, der etwa da noch gezwitschert hätte. Ein von Anfang der Welt erhaltenes Unterhaltungsspiel, das Aufzählen der sieben Schöpfungstage; bunt in den Lüften, stark auf dem Erdreich erhalten, hell über den Wassern und hold unterm Himmel lebt es nur im Spielprogramm der Bäume noch. Und wissen eigentlich nichts von der »Zeit«, tragen sie nicht zwischen zwei Deckeln, kontrollierend im faserigen Spalt ihrer Rinde Cheviot. Dafür aber lassen sie die Ewigkeit ticken unter ihren Stämmen. Wenn der liebe Gott neue Sterne über den Himmelsteppich streut und seine spielende ewige Hand davon eine Anzahl verwischt, entsteht der Komet mit seiner goldgesprenkelten Pfauenschleppe. Durch die Wunderposaune des Ostens wird er zunächst den Bäumen unter den Pflanzen frühzeitig angekündigt. Es beginnt in ihren Kronen unbändig zu stürmen: Der Messias kommt, mit seiner Schönheit ihre Herzen zu erquicken! Und sie tun sich alle auf einmal zusammen, bilden eine grüne Gemeinde; ja, die entwurzeln sich im Frohlocken ihres Glücks sogar; wir Menschen bemerken es nur nicht, denn die Erwartung des herrlichen Sterns hält sie gespannt im Erdboden fest. Ich kann die Welt täglich mehr fassen; wie der Baum, wie die Blume und alle Pflanzen sie faßten vom ersten Korn des Säens an. Wer kennt einen Baum, der Philosoph ist, oder eine Tanne, die sich eine Weltanschauung aus ihrem Holze zimmerte? Was hat der Baum oder gar die Rose eine Weltanschauung nötig? Sie lassen sich feierlichst von der Welt anschauen, die betrachtet sie stolz in aller Gemütsruhe als ihre Kindeskinderkinderkinderkinderkinder blühendes Erbgut in Wohlgefallen. Die sollten mal wagen, in Gottes monumentalem Schrank zu kramen! Und doch versuchen ihn etliche Menschen aufzuschließen, ja, oft zu erbrechen! Klemmen sich die Finger oder greifen ins Leere, wenn sie auch ab und zu ein Schweißtüchlein für ihre Weisheit erwischen. Was nämlich bei uns »oben« liegt, befindet sich dort »unten«, und was nämlich bei Gott »oben« funkelt, ergraut bei uns »unten«. Ich bin von der bescheidenen Zurückhaltung der Pflanzen beschämt, wenn ich auch, weiß Gott, mir nie eine Weltanschauung erlaubt habe zu konstruieren (etwas Faulheit spielt wohl mit). Es ist mir eben zu weit. Der Weg zu mir beträgt für die Welt ja nur einen Sprung, eine kurze Untergrundbahnfahrt; für mich zu ihr eine Sternenreise. Aber einmal holte mich die Welt ab vom Schauplatz, wir sind nämlich zusammen zur Schule gegangen, sie hat mir immer die Aufgaben gemacht und mir in der Religion geholfen. Wir fuhren Hand in Hand im Kreis, immer im Kreis! Welt liegt in Welt wie Mensch in Mensch, Tier in Tier und Baum in Blatt und umgekehrt Blatt wieder in Baum und alles in alles und alles in allem und All in Gott. Amen. Das wissen die Pflanzen allesamt und es beseelt höchstens den *träumerischen* Baum ein Wunsch, der, ... *in den Himmel zu wachsen*. Im Eifer um das höchste heilige Lob vergißt so eine gotterfüllte Linde sich grade zu halten! Ich möchte wohl ein Baum sein, schon, weil manchmal ein Vogel kommt und in meinen Zweigen singt.

DIE BIBEL

Buch Richter

Einst gingen die Bäume hin, einen König über sich zu salben; und sie sprachen zum Olivenbaum: Sei König über uns! Und der Olivenbaum sprach zu ihnen: Sollte ich meine Fettigkeit aufgeben, welche Götter und Menschen an mir preisen, und sollte hingehen, zu schweben über den Bäumen? Da sprachen die Bäume zum Feigenbaum: Komm du, sei König über uns! Und der Feigenbaum sprach zu ihnen: Sollte ich meine Süßigkeit aufgeben und meine gute Frucht, und sollte hingehen, zu schweben über den Bäumen? Da sprachen die Bäume zum Weinstock: Komm du, sei König über uns! Und der Weinstock sprach zu ihnen: Sollte ich meinen Most aufgeben, der Götter und Menschen erfreut, und sollte hingehen, zu schweben über den Bäumen? Da sprachen alle Bäume zum Dornstrauch: Komm du, sei König über uns! Und der Dornstrauch sprach zu den Bäumen: Wenn ihr mich in Wahrheit zum König über euch salben wollt, so kommet, vertrauet euch meinem Schatten an; wenn aber nicht, so soll Feuer von dem Dornstrauch ausgehen und die Zedern des Libanon verzehren.

ADALBERT STIFTER

Der Hochwald

Da sie gelegentlich wieder an einer Espe vorüberkamen, deren Blätter, obwohl sich kein Hauch im ganzen Walde rührte, dennoch alle unaufhörlich zitterten, so sagte Clarissa zu dem Alten, wenn er die Zeichen und die Sprache der Wälder kenne und erforsche, so wisse er vielleicht auch, warum denn gerade dieser Baum nie zu einer Ruhe gelangen könne, und seine Blätter immer taumeln und baumeln müssen.

»Es sind da zwei Meinungen«, entgegnete er, »ich will sie euch beide sagen. Meine Großmutter, als ich noch ein kleiner Knabe war, erzählte mir, daß, als noch der Herr auf Erden wandelte, sich alle Bäume vor ihm beugten, nur die Espe nicht, darum wurde sie gestraft mit ewiger Unruhe, daß sie bei jedem Windhauche erschrickt und zittert wie jener ewige Jude, der nie rasten kann, so daß die Enkel und Urenkel jenes übermüthigen Baumes in alle Welt gestreut sind, ein zaghaft Geschlecht, ewig bebend und flüsternd in der übrigen Ruhe und Einsamkeit der Wälder. Darum schaute ich als Knabe jenen gestraften Baum immer mit einer Art Scheu an, und seine ewige Unruhe war mir wie Pein. Aber einmal, es war Pfingstsonntags Nachmittag vor einem Gewitter, sah ich (ich war schon ein erwachsener Mann) einen ungemein großen Baum dieser Art auf einer sonnigen Waldblöße stehen, und alle seine Blätter standen stille; sie waren so ruhig, so grauenhaft unbeweglich, als wären sie in die Luft eingemauert, und sie selber zu festem Glase erstarrt – es war auch im ganzen Walde kein Lüftchen zu spüren und keine Vogelstimme zu hören, nur das Gesumme der Waldfliegen ging um die sonnenheißen Baumstämme herum. Da sah ich mir denn verwundert den Baum an, und wie er mir seine glatten Blätter wie Herzen entgegenstreckte, auf den dünnen, langen, schwanken Stielen, so kam mir mit eins ein anderer Gedanke: wenn alle Bäume, dacht' ich, sich vor dem Herrn geneigt haben, so that es gewiß auch dieser, und seine Brüder; denn alle sind seine Geschöpfe, und in den Gewächsen der Erde ist kein Trotz und Laster wie in dem Menschen, sondern sie folgen einfältig den Gesetzen des Herrn und gedeihen nach ihnen zu Blüthe und Frucht – darum ist nicht Strafe und Lohn für sie, sondern sie sind von ihm alle geliebt – und das Zittern der Espe kommt gewiß nur von den gar langen und feinen Stielen, auf die sie ihre Blätter wie Täfelchen stellt, daß sie jeder Hauch lüftet und wendet, worauf sie ausweichen und sich drehen, um die alte Stellung wieder zu gewinnen. Und so ist es auch; denn oft hab' ich nachher noch ganz ruhige Espen an windstillen Tagen angetroffen, und darum an andern, wo sie zitterten, ihrem Geplauder mit Vorliebe zugehört, weil ich es gut zu machen hatte, daß ich einstens so schlecht von ihnen gedacht. Darum ist es aber auch ein sehr feierlicher Augenblick, wenn selbst sie, die so leichtfertige, schweigt; es geschieht meistens vor einem Gewitter, wenn der Wald schon harret auf die Stimme Gottes, welche kommen und ihnen Nahrung herabschütten wird. – Sehet nur, liebe Jungfrauen, wie schmal der Fuß ist, womit der Stiel am Holze und das Blatt am Stiele steht, und wie zäh und drehbar dieser ist – – sonst ist es ein sehr schönes Blatt.«

Bei diesen letzten Worten hatte er einen Zweig von einer der Espen gerissen und ihn Clarissen hingereicht.

CHRISTIAN MORGENSTERN

Die Weide am Bach

Weißt du noch, Phanta,
wie wir jüngst
eine Nyade,
eine der tausend
Göttinnen der Nacht,
bei ihrem Abendwerk
belauschten?

Einer Weide
half sie, sorglich
wie eine Mutter,
ins Nachthemd,
das sie zuvor
aus den Nebel-Linnen des Bachs
kunstvoll gefertigt.
Ungeschickt
streckte der Baum die Arme aus,
hineinzukriechen
ins Schlafgewand.
Da warf es die Nymphe
lächelnd ihm über den Kopf,
zog es herab,
strich es ihm glatt an den Leib,
knöpfte an Hals und Händen
es ordentlich zu
und eilte weiter.

Die Weide aber,
in ihrem Nachtkleid,

sah ganz stolz
empor zu Luna.
Und Luna lächelte,
und der Bach murmelte,
und wir beide,
wir fanden wieder einmal
die Welt sehr lustig.

DSCHUANG DSĬ

Der alte Eichbaum

Der Zimmermann Stein wanderte nach Tsi. Als er nach Kü Yüan kam, sah er einen Eichbaum am Erdaltar, so groß, daß sein Stamm einen Ochsen verdecken konnte; er maß hundert Fuß im Umfang und war fast so hoch wie ein Berg. In einer Höhe von zehn Klafter erst verzweigte er sich in etwa zehn Äste, deren jeder ausgehöhlt ein Boot gegeben hätte. Er galt als eine Sehenswürdigkeit in der ganzen Gegend. Der Meister Zimmermann sah sich nicht nach ihm um, sondern ging seines Weges weiter, ohne innezuhalten.

Sein Geselle aber sah sich satt an ihm; dann lief er zu Meister Stein und sprach: »Seit ich die Axt in die Hand genommen, um Euch nachzufolgen, Meister, habe ich noch nie ein so schönes Holz erblickt. Ihr aber fandet es nicht der Mühe wert, es anzusehen, sondern gingt weiter, ohne innezuhalten: weshalb?«

Jener sprach: »Genug! Rede nicht davon! Es ist ein unnützer Baum. Wolltest du ein Schiff daraus machen, es würde untergehen; wolltest du einen Sarg daraus machen, er würde bald verfaulen; wolltest du Geräte daraus machen, sie würden bald zerbrechen; wolltest du Türen daraus machen, sie würden schwitzen; wolltest du Pfeiler daraus machen, sie würden wurmstichig werden. Aus dem Baum läßt sich nichts machen; man kann ihn zu nichts gebrauchen: darum hat er es auf ein so hohes Alter bringen können.«

Der Zimmermann Stein kehrte ein. Da erschien ihm der Eichbaum am Erdaltar im Traum und sprach: »Mit was für Bäumen möchtest du mich denn vergleichen? Willst du mich vergleichen mit euren Kulturbäumen wie Weißdorn, Birnen, Orangen, Apfelsinen, und was sonst noch Obst und Beeren trägt? Sie bringen kaum ihre Früchte zur Reife, so mißhandelt und schändet man sie. Die Äste werden abgebrochen, die Zweige werden geschlitzt. So bringen sie durch ihre Gaben ihr eigenes Leben in Gefahr und vollenden nicht ihrer Jahre Zahl, sondern gehen auf halbem Wege zugrunde, indem sie sich selbst von der Welt solch schlechte Behandlung zuziehen, So geht es überall zu. Darum habe ich mir schon lange Mühe gegeben, ganz nutzlos zu werden. Sterblicher! Und nun habe ich es so weit gebracht, daß mir das vom größten Nutzen ist. Nimm an, ich wäre zu irgend etwas nütze, hätte ich dann wohl diese Größe erreicht? Und außerdem, du und ich, wir sind beide gleichermaßen Geschöpfe. Wie sollte ein Geschöpf dazu kommen, das andere von oben her beurteilen zu wollen! Du, ein sterblicher, unnützer Mensch, was weißt denn du von unnützen Bäumen!«

Der Meister Stein wachte auf und suchte seinen Traum zu deuten.

Der Geselle sprach: »Wenn doch seine Absicht war, nutzlos zu sein, wie kam er dann dazu, als Baum beim Erdaltar zu dienen?«

Jener sprach: »Halte den Mund, rede kein Wort mehr darüber! Er wuchs absichtlich da, weil sonst die, die ihn nicht kannten, ihn mißhandelt hätten. Wäre er nicht Baum am Erdaltar, so wäre er wohl in Gefahr gekommen, abgehauen zu werden. Außerdem ist das, wozu er dient, von dem Nutzen all der anderen Bäume verschieden, so daß es ganz verkehrt ist, auf ihn die (gewöhnlichen) Maßstäbe anwenden zu wollen!«

ANASTASIUS GRÜN

Baumpredigt

Um Mitternacht, wenn Schweigen rings,
Beginnt's durch Waldesräume,
Und wo sonst Busch' und Bäume stehn,
Zu flüstern, rascheln und zu wehn,
Denn Zwiesprach halten die Bäume.

Der Rosenbaum loht lustig auf,
Duft raucht aus seinen Gluten:
»Ein Rosenleben reicht nicht weit,
Drum soll's, je kürzer seine Zeit,
So voller, heller verbluten!«

Die Esche spricht: »Gesunkner Tag,
Mich täuscht nicht Glanz und Flittern!
Dein Sonnenstrahl ist Todesstahl,
Gezückt aufs Rosenherz zumal,
Doch auch wir andern zittern!«

Die schlanke Pappel spricht und hält
Zum Himmel die Arm' erhoben:
»Dort strömt ein lichter Siegesquell,
Der rauscht so süß und glänzt so hell,
Drum wall' ich sehnend nach oben!«

Die Weide blickt zur Erd' und spricht:
»O daß mein Arm dich umwinde,
Mein wallend Haar neig' ich zu dir,
Drein flechte deine Blumen mir,
Wie Mütterlein dem Kinde.«

Drauf seufzt der reiche Pflaumenbaum:
»Ach, meine Füll' erdrückt mich!
Nehmt doch die Last vom Rücken mein!
Nicht trag' ich sie für mich allein;
Was ihr mir raubt, erquickt mich!«

Es spricht die Tanne guten Muts:
»Ob auch an Blüten ich darbe,
Mein Reichtum ist Beständigkeit;
Ob Sonne scheint, ob's stürmt und schneit,
Nie ändr' ich meine Farbe!«

Der hohe, stolze Eichbaum spricht:
»Ich zittre vor Gottes Blitzen!
Kein Sturm ist mich zu beugen stark,
Kraft ist mein Stamm, und Kraft mein Mark,
Ihr Schwächern, euch will ich schützen!«

Die Efeuranke tät' an ihn
Sich inniger nun fügen:
»Wer für sich selbst zu schwach und klein,
Und wer nicht gerne steht allein,
Mag an den Freund sich schmiegen!«

Drauf sprachen sie so manches noch,
Ich hab' es halb vergessen.
Noch flüsterte manch heimlich Wort,
Es schwiegen nur am Grabe dort
Die trauernden Zypressen.

O daß die leisen Sprüchlein all'
Ein Menschenherz doch trafen!
Was Wunder, wenn sie's trafen nicht?
Die Bäume pred'gen beim Sternenlicht,
Da müssen wir ja schlafen.

ELSE LASKER-SCHÜLER

Als die Bäume mich wiedersahen

Ich kam vom Meer. Als die Bäume mich wiedersahen, hob ein weiches Wehen in der Luft, ihre Zweige, mich zu grüßen. Wind und Sturm ermöglichen den großen und kleinen Bäumen, den Sträuchern und Büschen, allen Kräutern und den zartesten Stengeln der Blumen, sich nach ihrem Gutdünken zu bewegen. Sich zu äußern bedient die Pflanze sich der Atmosphäre; ja sie entwickelt selbst, indem sie die Substanz ihres Temperaments mit den Stoffen der Luft vermischt, ein Wehen oder ein Stürmen, Blitzen und Donnern in der Natur. Wie auch des Menschen Willen bewegt wird zu gottgefälligen Handlungen durch die Bescheidung Gottes. Je temperamentvoller des Baumes Wunsch ihn durchglüht, sich auszudrücken, desto kräftiger rüsten sich die Lüfte zum Sturm. Die heißen Stürme, wie sie die Wüste erlebt, verursachen die sich noch erhaltenen, starken Urleidenschaften der gottalten Asienbäume des Morgenlandes. Aber auch der Melancholie spätes Säuseln entweht der Palme lässigem müden Fächeln. Und wisse, wenn du dich unter die Weide legst, ihre langen laubbehaarten Äste singen mit den Lüften der Ferne das Lied der bangen Sehnsucht. Reize nicht den träumenden Wacholderbaum oder den Vogelbeerenstrauch! Schone die Nester der Vögel in ihren gastlichen, kühlen Armen.

> Denn jedes Vogelei beträumen die Bäume;
> Und ihre zarte Blüte entzwitschert dem Keime.

Zu guter Letzt bitte ich dich von Herzen, die von mir so bewunderte Kiefernadeltanne nicht zu beleidigen, sie, die Indianerin aller Bäume! Die Gottheit selbst tauchte ihr gefiedertes Kleid in Waldsmaragd. Im Grunde äußern sich die Pflanzen im Pflanzenreich wie wir Menschen uns im Menschenreich, durch uns unbekannte, aber verwandte Vorgänge. *Diese* Naturgeschichte lehrt das grünbroschierte Bilderbuch der Welt. Oft liegt es auf meinem Schoß, und ich schlage es feierlich auf. Darum weiß ich, wir versündigen uns an der Pflanze, namentlich an ihrer Blume; sie ist die Seele jedes Laubgeschöpfs, die sich, ich überzeuge mich immer wieder im Spätsommer, mit dem Körper der Frucht umhüllt. Und den Pfirsich wie den robustesten Apfel duftend durchdringt. Seitdem ich mich von dieser süßen Weisheit überzeugte, esse ich den Leib der Pflanzenseele nur noch mit großer Andacht. Die schwarze und die goldene Beere der Traube schauen mich an. – Die Ausdrucksmöglichkeit der Bäume und ihr Gerank beeinflussen die Witterungen, deren Wechsel wir von mathematischen und astronomischen Gesetzen abhängig zu machen pflegen. Warum schweifen wir so gerne in die Ferne; und alles geschieht doch inmitten uns? Die großen, ehrwürdigen Laubriesen säuseln uns das täglich ins Ohr. Seit dem ungeheuerlichen Blutbeben, das alle Liebe verschlang, das Urgebot mit Blut besprizte, löschte das letzte Aufglimmen des Lichtes. An diesen unersetzlichen Verlust müssen selbst noch die betreuenden gottalten Paradiesbäume glauben. Um wieviel grausamer aber die kindlichen Wiesenschaumkrautwiesen und Vergißmeinnichtteppiche und Gehänge voll des schlichten Klees und Schafgarbe. Kein wirklicher Sommer, kein richtiger Winter kommt mehr zustande in den Ländern der Feindseligkeiten. Wälder wurden geopfert wie ein Haupt, aber es schrie zum Himmel. Und doch, wie bereitwillig sich die Birke fällen ließ für meinen Tisch, an dem ich dichte; für deinen Baldachin, unter dem du träumst von mir. – Die heiße Auseinandersetzung im Pflanzenreich beweist uns die kranke Glut der Tage im verflossenen Sommer, der uns keineswegs vergoldete, in dessen Sonne nicht der Kokus wuchs, aber in dessen Fieber wir verdorrten zum neuen Tode. Und wie wenig wiederum gleichen sich die Winter mit den Wintern der Schneemänner, über deren Rücken wir von der Schule nach Hause zu schlittern pflegten. Es sind die Folgen der gleichgültigen Haltung, die namentlich die Bäume, die entlaubten, gegenüber der unversöhnlichen Welt einzunehmen sich gewöhnten. Und wie sie ihren Winterhermelin geliebt haben! Die ersten Schneesterne schüttelten sich geschickte Äste selbst vom grauen Busch der Winterwolke. So haben wir es uns also mit der Natur verdorben, mit dem grün-munteren Laubvolk, das uns den Ozon und den Atem des Lebens kredenzte. Die Unberechenbarkeit vom Allzuheiß bis zum Allzukalt ist die Folge der Klage der aus den Fugen geratenen Pflanzenwelt. Wir haben sie tödlich verwirrt und getroffen. Denn die Natur ist nicht der Menschen Schemel, den sie rücken oder gar durchsägen können nach Belieben. Der Mond verzauberte einmal meine Zweige; ich träumte früh am Morgen, ich sei ein Baum. Und begreife, warum heute die nie Böses ahnenden Blumen ihre Gesichter zur Seite in der Pracht ihrer Buntheit legen oder die junge Eiche ihr grünlockiges Haupt neigt. Dann verdursten wir an der Lauheit der Lüfte, und unsere Herzen werden alt und ersticken. Die ruhende Stimmung der Natur, ihre Friedfertigkeit, schaffen das wahre Bild, das Original der Schöpfung. Das heißt nicht etwa, daß der Baum nicht rauschen soll nach seiner Laubeslust oder die Welle, seine Freundin, nicht aufbrausen soll. Jedes Kunstwerk, ob es sich um eine Dichtung, ein Gemälde oder um ein Lied handelt, erhebt zur wirklichen Schöpfung der ruhende Umriß. Die Kabbalah spricht von der »Ruhenden Gottheit«. Die Luftströmung erhält von der Pflanze ihren Charakter und – umgekehrt. Wir könnten noch heute im Paradiese leben, wenn wir Menschen einig wären untereinander.

RAFIK SCHAMI

Der fliegende Baum

Auf einem kleinen Feld lebten einst ein alter, knorriger Apfelbaum und ein junger, hochgewachsener Aprikosenbaum. Sie hatten genug Platz zum Leben und standen so weit auseinander, daß keiner im Schatten des anderen leben mußte. Von Jahr zu Jahr brachte der Aprikosenbaum immer mehr Blüten hervor, und der alte Apfelbaum regte sich über seinen Nachbarn auf.

»Du trägst viel zu viele Blüten. Die Bienen haben kaum noch Zeit, die meinen zu befruchten.«

»Ich bin halt fleißig«, antwortete der Aprikosenbaum stolz, »und die Bienen auch. Du bist alt und taugst höchstens noch für den Ofen.«

Die Zankereien hörten zum Ende des Frühlings hin auf, denn die emsigen Bienen hatten die Blüten beider Bäume bestäubt. Im Sommer strahlte dann der Apfelbaum.

»Was für miese Früchte trägst denn du? Es sind viel zu viele, bei der kleinsten Windböe fallen sie dir herunter. Schau her, jeder Apfel ist ein Stern. Kein Wunder, daß der Bauer euch nur noch zur Marmelade zerquetscht. Ein jämmerlicher Marmeladenheini bist du!«, spottete der Apfelbaum und schaute stolz auf seine großen, rotbackigen Äpfel.

»Wasserkopf! Aus dir wird ja nur ein geschmackloser Saft gepreßt. Ein ganz billiger Saftladen bist du!«

Doch als der Herbst ins Land zog, redeten die Bäume immer weniger miteinander; denn ihre Früchte waren geerntet, und sie wußten nicht, worüber sie sich noch streiten sollten. Sie langweilten sich den ganzen Tag, bis der Winter den Herbst ablöste, dann fielen sie in tiefen Schlaf. In einem Frühjahr jedoch drängte sich ein kleiner Baum aus dem Boden ans Licht der Welt. Als erster bemerkte ihn der Apfelbaum.

»Dieser Aprikosenschuft hat heimlich einen Kern in den Boden geschlagen, und bald wird der Bauer mich abholen und nur noch Aprikosenbäume auf seinem Land beherbergen. Ich bin alt und trage von Jahr zu Jahr weniger. Der Bauer läßt nicht einen Apfel am Boden verkommen, so daß ich mich an keinem einzigen Ableger erfreuen kann!«

»Guten Morgen!«, grüßte der kleine Baum fröhlich und erschreckte den Aprikosenbaum, der damit beschäftigt war, den Bienen den Hof zu machen.

»Guten Morgen! Wer bist denn du?«, fragte dieser erstaunt zurück. Er dachte dabei im stillen, der Apfelbaum wolle den Bauern auf seine alten Tage mit einem Sproß verführen.

»Iiich? Ein Baum!«

»Ja, gut, aber was für einer?«, fragten die beiden Alten im Chor.

»Das weiß ich nicht. Genügt es nicht, ein Baum zu sein?«

»Nein, du mußt etwas Bestimmtes werden! Schau, Aprikosen sind am fleißigsten. Gefallen sie dir nicht?«, sprach der Aprikosenbaum schmeichelnd.

»Ja, doch«, antwortete der junge Nachbar und bekam sogleich zwei zierliche Aprikosenblätter.

»Laß dich, junger Freund, von dem Marmeladentrottel nicht einmachen. Äpfel sind das Schönste auf der Welt!« Der Apfelbaum sprach so überzeugend, daß der kleine Baum zwei Apfelblätter bekam.

»So geht es nicht! Du mußt dich entscheiden. Apfel oder Aprikose?«, erboste sich wieder der andere Nachbar.

»Ich weiß es noch nicht! Ich brauche doch Zeit!«, wunderte sich der junge Baum.

»Armer Trottel!«, stöhnten die beiden Alten und kümmerten sich wieder um die Bienen. Der kleine Baum beobachtete die Sonne, und sie gefiel ihm, weil sie so rund und leuchtend war. Kurz vor ihrem Untergang bekam er ein rundes Blatt. Es wurde dunkel, aber der junge Baum war so aufgeregt, daß er nicht schlafen konnte. Es war seine erste Nacht. Die Sterne grüßten ihn, und alsbald erkannte er, daß kein Stern dem anderen glich, jeder hatte eine andere Geschichte. Der Mond verzauberte seinen Zuhörer mit seinen Erzählungen, bis er in der Dämmerung in Schlaf fiel.

Am nächsten Morgen staunten die Nachbarn über die vielen neuen Blätter, einige sahen wie Sterne aus, und aus dem Wipfel ragte ein kleiner Stiel, der einen grünen Halbmond trug.

»Das kann ja heiter werden«, spottete der Apfelbaum.

»Du Nichtsnutz, jeder Baum trägt nur eine Art von Blättern und kümmert sich um seine Früchte«, belehrte ihn der Aprikosenbaum.

»Warum denn? Ist es nicht wunderbar, Sterne und Monde zu tragen?«

»Nein, wozu?«

»Sie erzählen doch die schönsten Geschichten!«

»Was nutzt einem Baum das schönste Märchen. Früchte mußt du tragen.«

»Ich finde aber Geschichten sehr schön. Könnt ihr mir auch welche erzählen?«

»Das wird ja immer lustiger! Geschichten, sagst du?«

»Ja! Ihr seid doch alt genug, oder?«, fragte der junge Baum.

»Ich kann keine Geschichten erzählen. Ich kann dir aber die Wahrheit sagen!«, stöhnte der Aprikosenbaum.

»Und was ist die Wahrheit? Ist sie spannend wie ein Märchen?«

»Die Erde ist eine große Aprikose! Das ist die Wahrheit.«

»Er lügt«, unterbrach giftig der Apfelbaum. »Das ist ein Märchen. Die Wahrheit ist, die Erde ist ein runder Apfel.«

Über diesem Streit vergaßen die beiden Nachbarn den kleinen Baum. Eine Schwalbe jagte in graziösem Flug eine Mücke. Plötzlich sah sie den prächtigen Baum.

»Du siehst aber komisch aus. Was bist du denn für einer?«

»Ich weiß es noch nicht. Ich bin ein Baum, genügt das nicht?«

»Doch, doch! Ich finde dich toll«, rief die Schwalbe.

»Kannst du Geschichten erzählen?«

»Na, du bist vielleicht ein komischer Kerl! Aber warte, ich komme gleich mit einer Freundin zurück. Sie erzählt am besten von uns allen!« und flog davon.

Nach kurzer Zeit kam sie mit einer anderen Schwalbe zurück. Die kicherte erst einmal, als sie die wundersame Blätterpracht sah; denn sie hatte gedacht, daß ihre Freundin reichlich übertrieben hätte. Sie ließ sich auf einem wippenden Zweig nieder und kramte ihre schönsten Geschichten aus dem Gedächtnis hervor. Schwalben sind die besten Märchenerzähler. Sie reisen um die ganze Welt und nisten unter den Dächern der Häuser und Ställe. Sie sehen und hören viel und können sich an alles erinnern. Die Schwalbe erzählte dem jungen Baum lange über die bunte Welt, und als er am Schluß fragte, ob die Erde wie eine Schwalbe aussehe, fiel sie vor Heiterkeit fast von ihrem Zweig. Seitdem glaubte der junge Baum nicht, daß die Erde wie ein Apfel oder wie eine Aprikose aussieht.

Als der Herbst kam, verabschiedeten sich die Schwalben schweren Herzens und flogen in den Süden. Der junge Baum dachte traurig die ganze Nacht an seine Freunde, und in der Morgendämmerung entfalteten sich zwei Schwalbenblätter an seinen Ästen.

»Höre endlich auf, neue Blätter in die Welt zu setzen, der Herbst kommt«, riet ihm der Apfelbaum. Doch der kleine Baum wunderte sich nur über die Blässe, die alle Blätter der beiden Nachbarn verfärbte.

»Warum werdet ihr so bleich?«

»Der Herbst will das so, sonst können wir den Winter nicht überleben!«

»Warum?«

»Das war schon immer so!«, rief der Aprikosenbaum, und der Wind fegte viele seiner Blätter hinweg.

»Laß deine Blätter fallen!«, brüllte der Apfelbaum in den tosenden Wind.

»Ich liebe aber meine Blätter!« Der Kleine umklammerte sie trotzig und verteidigte sie verbissen gegen die Wut des Sturmes. Der Winter zog ins Land und verbreitete eisiges Schweigen. Einsam und verlassen fühlte sich der kleine Baum. Er zitterte mehr vor Angst als vor der Kälte. Um seine Angst zu besiegen, fing er an, sich die Geschichten der Schwalben zu erzählen. »Laß uns schlafen!«, schimpfte der Apfelbaum. »Früchte tragen will er nicht, aber eine große Klappe hat der junge Nachbar«, nörgelte der Aprikosenbaum, und die beiden Gegner waren sich zum erstenmal einig.

Es war ein kalter Winter, der Himmel geizte mit Regen. Je kälter es wurde, um so mehr dachte der junge Baum an die Schwalben, träumte von ihnen und ihren Geschichten. Sehnsüchtig erwartete er den ersten Frühlingstag.

Ermüdet und fast verdurstet erwachten die Bäume aus ihrem Winterschlaf. Sie schlugen ihre Wurzeln tief in die ausgedörrte Erde, um etwas Feuchtigkeit aufzuspüren. Ihre Zweige streckten sich weit hinauf, den spärlichen Tau aufzusaugen. Verzweifelt versuchte auch der junge Baum, seinen Durst zu stillen. Seine feinen Wurzeln stießen auf der Suche nach Wasser aber immer wieder auf die kräftigen Wurzeln seiner Nachbarn. Sie versperrten ihm den Weg, und als er sie um etwas Platz bat, riefen sie:

»Tut uns leid, Junge, wir müssen später unsere Früchte ernähren.«

Oft träumte der Baum vom Regen und von den Wolken, und seine jungen Blätter ähnelten den Bildern seiner Träume.

Die Schwalben hörten sich den Kummer ihres Freundes an, der keine Märchen mehr hören wollte. Wenn ein Baum Durst und Hunger hat, mag er keine Geschichten hören.

»Meine Nachbarn haben kaum zu essen und zu trinken und werden von Tag zu Tag schwächer. Könnt ihr mir nicht helfen?«

»Wie denn?«, fragten die Schwalben besorgt.

»Ich will mit euch in den Süden ziehen, denn hier werde ich

den nächsten Winter nicht überleben, und der Bauer wird mich zu Kleinholz machen.«

Als die Schwalben sich im Herbst sammelten, um in den Süden zu fliegen, verabschiedete sich der kleine Baum von seinen Nachbarn.

»Was heißt hier, lebt wohl! Ein Baum reist nirgendwohin!«, empörte sich der Aprikosenbaum.

»Doch! Wenn einer nichts mehr zu essen und zu trinken hat, dann reist er fort, egal ob er ein Baum oder eine Schwalbe ist.«

Der junge Baum packte mit seinen Wurzeln etwas Erde und reckte seine Zweige hoch hinauf. Hunderte von Schwalben zogen ihn aus der staubigen, trockenen Erde und flogen mit ihm davon.

»So einen armen Baum habe ich noch nie gesehen!«, sagte der Aprikosenbaum und gähnte herzhaft, und der Apfelbaum nickte zustimmend.

Die Schwalben flogen immer höher. Sie eilten ohne Rast in den Süden. Der kleine Baum erblickte staunend Berge, Täler und Flüsse. Nach mehreren Tagen erreichten sie gemeinsam ihr Ziel.

»Wo wollt ihr hin?«

»In die Felswand dort drüben«, antworteten die Schwalben.

»Können Bäume in Felsen leben?«

»Nein, das nicht, aber du kannst im Wald am Fuße der Felsen leben!«

Der kleine Baum schaute sich den dichten Wald an.

»Nein! Dort gibt es keinen Platz, tragt mich hinunter zum silbernen Fluß. Dort kann ich leben.«

Die Schwalben glitten hinab und setzten den kleinen Baum sanft auf das Wasser.

»Wir werden dich besuchen!«, riefen sie und flogen zu ihren Nestern in der Felswand.

Das Wasser trug den Baum hinunter bis zu einer ruhigen Flußbiegung. Erfreut über das kühle Wasser begann der Baum, sich den Staub der weiten Reise von seinen Blättern abzuwaschen.

»Was bist du für ein komischer Fisch?«, hörte er plötzlich eine leise Stimme. Ein kleiner roter Fisch starrte ihn verwundert an.

»Der liegt einfach so auf dem Wasser und schwimmt. Meine Güte, wir müssen uns abrackern, damit wir nicht umkippen.«

»Wer bist du?«, drängte sich ein schwarzer Fisch vor.

»Ich bin ein Baum!«

»Ein Baumfisch? So etwas habe ich noch nie gehört!«

»Können Baumfische alle so gut schwimmen?«, fragte neugierig der rote Fisch.

»Weiß ich nicht! Ich kann es!«, antwortete der junge Baum verlegen.

»Bäume müssen ganz tolle Fische sein«, schwärmte der schwarze Fisch, und der junge Baum fühlte sich überglücklich. Er erzählte von seiner Reise, und nach einer Weile hörte ihm ein großer Fischschwarm zu. Viele junge Fische schwärmten davon, eines Tages zu fliegen, aber ältere Fische schüttelten den Kopf über den kleinen redseligen Baum. Ob alt oder jung, einerlei, sie lauschten seinen spannenden Geschichten und freuten sich über den neuen Nachbarn. Fische reden in der Regel wenig und hören gerne zu. Wahrend aber der junge Baum sich wusch und den Fischen erzählte, löste das Wasser die Erdkrumen aus seinen Wurzeln.

»Ich habe Hunger«, rief er.

»Und was essen Baumfische?«, fragte ihn ein kleiner roter Fisch.

»Erde und Sonne schenken mir das Leben, dafür muß ich geradestehen. Wir Bäume können nur aufrecht leben. Helft mir, bitte, meine Wurzeln in den Boden zu schlagen.« Ein großer Fischschwarm packte seine Wurzeln und zog sie in die Tiefe. Eine große Mühe war das, aber nach mehreren Versuchen stand der Baum aufrecht. Er grub seine Wurzeln tief in den weichen Boden. Stolz, doch etwas ermüdet schauten die Fische den

Baum an und staunten über die vielen jungen Blätter, die wie grüne Fische aussahen. An diesem ersten Tag erzählte der Baum den Fischen Märchen bis in die Nacht hinein.

Als er erwachte, stand die Sonne bereits hoch am Zenit. Kein einziger Fisch war weit und breit zu sehen. Er rief nach ihnen, aber sie schienen seine Stimme nicht zu hören.

»Ein Pelikan lauert in der Nähe«, erklärte ihm eine Schwalbe, die vorbeisegelte und seine besorgten Rufe vernahm. »Deshalb flüchten alle Fische.«

Der junge Baum erzitterte, als hätte ihn die Einsamkeit des Nordens eingeholt. Eine arge Wut auf den Pelikan packte ihn.

»Habt keine Angst vor dem Pelikan. Ich bin doch euer Freund!«, rief der junge Baum den Fischen zu. »Solange ich in der Nähe bin, wird kein Pelikan der Welt euch auch nur eine Schuppe ausreißen.«

Erst nach mehreren Rufen wagte sich ein kleiner schwarzer Fisch aus seinem Versteck heraus.

»Hast du keine Angst vor dem Pelikan?«, fragte er den jungen Baum mit dünner Stimme.

»Nein! Ich werde ihm zeigen, was ein Baum ist!« Seine Zweige peitschten das Wasser. Er kannte den Pelikan nicht, und Bäume haben keine Angst vor jemandem, den sie nicht kennen. Fische jedoch kennen den Pelikan. Deshalb wagten sich nur drei kleine Fische heraus und drückten sich eng an den Stamm ihres Freundes.

Plötzlich krachte es. Hoch aufspritzendes Wasser nahm dem jungen Baum die Sicht. Wie durch einen Schleier sah er aus dem Sprudel den Pelikan auftauchen. Die drei Fische waren verschwunden. Wütend streckte der junge Baum seine Zweige aus und packte den Pelikan am Hals. Dieser zappelte wild, konnte sich aber nicht befreien. Der Baum zog den Pelikan zu sich heran und haute ihm mit einem kräftigen Ast über den Kopf.

»Tu das nicht noch einmal! Gib sofort meine Freunde heraus!«, brüllte er den erschrockenen Vogel an.

»Was geht das dich an! Du bist doch nicht ihr Vater!«, krächzte der Pelikan heiser und japste nach Luft, denn die Zweige schnürten ihm fest den Hals zu.

»Ich bin nicht ihr Vater, doch wohl ihr Freund. Spuck sie heraus.« Er schüttelte den Pelikan und gab ihm noch einen Hieb auf den Kopf.

Der Pelikan fürchtete um sein Leben. Er sperrte seinen großen Schnabel auf, und die kleinen Fische konnten ins Wasser springen.

»Kommt alle heraus und schaut euch den Pelikan an«, rief der Baum, und immer mehr Fische kamen aus ihrem Versteck. Sie lachten zum erstenmal über den Pelikan, der gefangen in den Zweigen hing und wütend mit seinen Flügeln schlug.

»Verschwinde und laß dich hier nie wieder blicken!«, befahl der Baum und versetzte dem Pelikan noch einen Schlag auf den Hintern.

Die Fische sahen erfreut zu, wie der Vogel das Weite suchte.

»Es gibt kein größeres Unglück als die Freundschaft der Bäume mit den Fischen«, fluchte der Pelikan und verschwand.

Doch dieses Unglück bereitete den Fischen ein großes Vergnügen. Fröhlich tanzten sie um den Stamm ihres Freundes herum wie leuchtende Ringe. Und wer sie genau belauschte, der konnte die Fische zum erstenmal singen hören.

FRIEDRICH HÖLDERLIN

Die Eichbäume

Aus den Gärten komm ich zu euch, ihr Söhne des Berges!
Aus den Gärten, da lebt die Natur geduldig und häuslich,
Pflegend und wieder gepflegt mit dem fleißigen Menschen zusammen.
Aber ihr, ihr Herrlichen! steht, wie ein Volk von Titanen
In der zahmeren Welt und gehört nur euch und dem Himmel,
Der euch nährt' und erzog, und der Erde, die euch geboren.
Keiner von euch ist noch in die Schule der Menschen gegangen,
Und ihr drängt euch fröhlich und frei, aus der kräftigen Wurzel,
Unter einander herauf und ergreift, wie der Adler die Beute,
Mit gewaltigem Arme den Raum, und gegen die Wolken
Ist euch heiter und groß die sonnige Krone gerichtet.
Eine Welt ist jeder von euch, wie die Sterne des Himmels
Lebt ihr, jeder ein Gott, in freiem Bunde zusammen.
Könnt ich die Knechtschaft nur erdulden, ich neidete nimmer
Diesen Wald und schmiegte mich gern ans gesellige Leben.
Fesselte nur nicht mehr ans gesellige Leben das Herz mich,
Das von Liebe nicht lässt, wie gern würd ich unter euch wohnen!

Blühn und verdorrn ist
uns zugleich bewusst.
Und irgendwo gehn Löwen
noch und wissen,
solang sie herrlich sind,
von keiner Ohnmacht.

Lebens- und Jahreskreislauf

FRIEDRICH SCHILLER

Der Baum, auf dem die Kinder
Der Sterblichen verblühn,
Steinalt, nichts desto minder
Stets wieder jung und grün.
Er kehrt auf einer Seite
Die Blätter zu dem Licht,
Doch kohlschwarz ist die zweite
Und sieht die Sonne nicht.

Er setzet neue Ringe,
Sooft er blühet, an,
Das Alter aller Dinge
Zeigt er den Menschen an.
In seine grüne Rinden
Drückt sich ein Name leicht,
Der nicht mehr ist zu finden,
Wenn sie verdorrt und bleicht.
So sprich, dannst du's ergründen,
Was diesem Baume gleicht? […]

Dieser alte Baum, der immer sich erneut,
auf dem die Menschen wachsen und verblühen,
Und dessen Blätter auf der einen Seite
Die Sonne suchen, auf der andern fliehen,
In dessen Rinde sich so mancher Name schreibt,
Der nur, solang sie grün ist, bleibt,
Er ist – das Jahr mit seinen Tagen und Nächten.

RAINER MARIA RILKE

Duineser Elegien

O Bäume Lebens, o wann winterlich?
Wir sind nicht einig. Sind nicht wie die Zug-
vögel verständigt. Überholt und spät,
so drängen wir uns plötzlich Winden auf
und fallen ein auf teilnahmslosen Teich.
Blühn und verdorrn ist uns zugleich bewußt.
Und irgendwo gehn Löwen noch und wissen,
solang sie herrlich sind, von keiner Ohnmacht.

WILHELM VON HUMBOLDT

Brief an eine Freundin

Tegel, den 12. September 1824

Ich bin seit einigen Tagen aus Schlesien wieder hierher zuzückgekommen, liebe Charlotte, und eine meiner ersten Beschäftigungen ist, Ihnen zu schreiben. Meinen letzten Brief aus Ottmachau werden Sie bereits empfangen haben. Der Herbst verspricht sehr schön zu werden, und ich habe mich darum doppelt gefreut, wieder hier zu sein, die letzten Monate der scheidenden besseren Jahreszeit zu genießen. Ich liebe bei weitem mehr das Ausgehen als das Beginnen des Jahres. Man blickt dann auf so manches, das man getan oder erlebt hat, zurück, man meint sich sicherer, weil der Raum kleiner ist, in dem noch Unfälle begegnen können. Alles das ist freilich eine Täuschung, ein Augenblick reicht hin zu dem Größten. Aber so vieles im Leben, im Glück und im Unglück sogar, ist ja nichts als Täuschung, und so kann man auch dieser stillere Momente verdanken. Ich bin zwar von Besorgnissen für mich sehr frei, nicht gerade, weil ich mich weniger Unfällen ausgesetzt glaubte, oder weil ich mich vor nichts Menschlichem fürchte, sondern schon früh das Gefühl in mir genährt habe, daß man immer vorbereitet sein muß, jedes, wie das Schicksal es gibt, durchzumachen. Man kann sich aber doch nicht entschlagen, das Leben wie ein Gewässer zu betrachten, durch das man sein Schiff mehr oder minder glücklich durchbringt, und da ist es ein natürliches Gefühl, lieber den kürzeren als den längeren Raum vor sich zu haben. Diese Ansicht des Lebens, als eines Ganzen, als einer zu durchmessenden Arbeit, hat mir immer ein mächtiges Mittel geschienen, dem Tode mit Gleichmut entgegen zu gehen. Betrachtet man dagegen das Leben nur stückweise, strebt man nur, einen fröhlichen Tag dem andern beizugesellen, als könne das nun so in alle Ewigkeit fortgehen, so gibt es allerdings nichts Trostloseres, als an der Grenze zu stehen, wo der Faden auf einmal abgebrochen wird.

Das Laub der Bäume fängt schon an, die Buntfarbigkeit anzunehmen, die den Herbst so sehr ziert und gewissermaßen eine Entschädigung für die Frischheit des ersten Grüns ist. Der kleine Ort, den ich hier bewohne, ist vorzüglich gemacht, alle Reize zu zeigen, welche große, schöne und mannigfaltige Bäume durch alle wechselnden Jahreszeiten hindurch gewähren. Um das Haus herum stehen alte und breitschattige, und umziehen es mit einem grünen Fächer. Über das Feld gehen in mehreren Richtungen Alleen, in den Gärten und dem Weinberg stehen einzelne Fruchtbäume, im Park ist ein dichtes und dunkles Gebüsch, und der See ist vom Walde umkränzt, sowie auch alle Inseln darauf mit Bäumen und Büschen eingefaßt. Ich habe eine besondere Liebe zu den Bäumen und lasse nicht gern einen wegnehmen, nicht einmal gern verpflanzen. Es hat so etwas Trauriges, einen armen Baum von der Umgebung, in der er viele Jahre heimisch geworden war, in eine neue und in neuen Boden zu bringen, aus dem er nun, wie unwohl es ihm werden mag, nicht mehr herauskann, sondern langsam schmachtend sein Ausgehen erwarten muß. Überhaupt liegt in den Bäumen ein unglaublicher Charakter der Sehnsucht, wenn sie so fest und beschränkt im Boden stehen und sich mit den Wipfeln, so weit sie können, über die Grenzen der Wurzeln hinausbewegen. Ich kenne nichts in der Natur, was so gemacht wäre, Symbol der Sehnsucht zu sein. Im Grunde geht es dem Menschen mit aller scheinbaren Beweglichkeit aber nicht anders. Er ist, wie weit er herumschweifen möge, doch auch an eine Spanne des Raums gefesselt. Bisweilen kann er sie garnicht verlassen, und das ist oft der Fall der Frauen, derselbe kleine Fleck sieht seine Wiege und sein Grab; oder er entfernt sich, aber es zieht ihn Neigung und Bedürfnis immer von Zeit zu Zeit wieder zurück, oder er bleibt auch fortwährend entfernt, und seine Gedanken und Wünsche sind doch dem ursprünglichen Wohnsitz zugewendet.

Es freut mich, daß Sie, liebe Charlotte, in Ihrem Garten auch in einiger Art wenigstens einen ländlichen Aufenthalt genießen. Ich weiß, wie sehr Sie daran hängen und jede damit verbundene Freude zu schätzen wissen. Für meine Beschäftigungen ist mir das Herannahen des Spätherbstes und Winters sehr unangenehm. Meine Augen sind zwar durch den anhaltenden Gebrauch wirksamer Mittel um vieles besser, sie erfordern indes doch noch viel Schonung, und bei Licht greife ich sie nicht an. Damit zieht sich aber der Tag enge zusammen, und wenn man noch abrechnen muß, was das häusliche Leben, Besuche, Zerstreuungen mancher Art, endlich wirkliche Geschäfte wegnehmen, so bleibt wenig übrig. Und je länger ich fortfahre, ausschließlich meine Zeit den Studien und dem Nachdenken zu widmen, je mehr kann ich sagen, vertiefe ich mich darin und verliere Neigung und Geschmack an allem andern. Die Ereignisse der Welt haben auch nicht das mindeste Interesse für mich. Sie gehen an mir vorüber wie augenblickliche Erscheinungen, die weder dem Geist noch dem Gemüt etwas zu geben vermögen. Den Kreis meiner Bekanntschaften ziehe ich immer enger zusammen; die Männer, mit denen ich früher den anziehendsten Umgang hatte, sind gestorben, und ich habe es immer für Glücksfälle gehalten, die man benutzen, nicht aber Bedürfnisse, die man suchen muß, wenn sich ein solcher Umgang von selbst anknüpfte. Dagegen ist das Feld des Wissens und Forschens unermeßlich und bietet beständig neue Reize dar. Es füllt alle Stunden aus, und man sehnt sich, nur die Zahl dieser vervielfältigen zu können. Ich kann wohl sagen, daß ich in meinem Innern einzig darin lebe, oft Tage lang, ohne diesen Gegenständen mehr als flüchtige Gedanken zu entwenden. Naturwissenschaften haben mich nie angezogen. Es fehlte mir auch der auf die äußeren Gegenstände aufmerksam gerichtete Sinn. Von früh an hat mich das Altertum aber angezogen, und es ist auch eigentlich das, was mein wahres

Studium ausmacht. Wo der Mensch noch seinem Entstehen näher war, zeigte sich mehr Größe, mehr Einfachheit, mehr Tiefe und Natur in seinen Gedanken und Gefühlen, wie in dem Ausdrucke, den er beiden lieh. Zu der vollen und reinen Ansicht davon kommt man freilich nur durch mühevolle und oft in mechanischer Beschäftigung zeitraubende Gelehrsamkeit; aber auch das hat seinen Reiz, oder wird wenigstens leicht überwunden, wenn man sich einmal an geduldiges Arbeiten gewöhnt hat. Zu den kraftvollsten, reinsten und schönsten Stimmen, die aus grauem Altertum zu uns herübergekommen sind, gehören die Bücher des Alten Testaments, und man kann es nie genug unserer Sprache verdanken, daß sie, auch in der Übersetzung, so wenig an Wahrheit und Stärke eingebüßt haben ...

Ich bleibe diesen und den größten Teil des künftigen Monats hier, ehe ich nach Berlin ziehe, und auch dann bringe ich wohl nur einige Wochen dort zu. Sie können darauf für Ihre Briefe mit Sicherheit rechnen. Im November und Dezember werde ich zwar vermutlich wieder, wie im vorigen Herbst, eine Reise machen, die sich mit einem Aufenthalt von einigen Wochen in Burgörner schließen wird; allein es ist an sich noch nicht gewiß, noch weniger der Zeitpunkt, und ich schreibees Ihnen vorher. Ich habe immer Neigung zum Bleiben am nämlichen Ort, und zum Aufsuchen eines andern, wie Gewicht und Gegengewicht, in mir. Doch ist das Reisen und der Wechsel des Aufenthalts meist Notwendigkeit, selten ursprüngliche Lust. Leben Sie wohl, liebe Charlotte. Mit den herzlichsten Gefühlen der Ihrige.

H.

CHRISTIAN MORGENSTERN

Das Weihnachtsbäumlein

Es war einmal ein Tännelein
mit braunen Kuchenherzlein
und Glitzergold und Äpflein fein
und vielen bunten Kerzlein:
Das war am Weihnachtsfest so grün
als fing es eben an zu blühn.

Doch nach nicht gar zu langer Zeit,
da stands im Garten unten,
und seine ganze Herrlichkeit
war, ach, dahingeschwunden.
Die grünen Nadeln warn'n verdorrt,
die Herzlein und die Kerzlein fort.

Bis eines Tags der Gärtner kam,
den fror zu Haus im Dunkeln,
und es in seinen Ofen nahm –
Hei! Tats da sprühn und funkeln!
Und flammte jubelnd himmelwärts
in hundert Flämmlein an Gottes Herz.

HANS CHRISTIAN ANDERSEN

Der Tannenbaum

Draußen im Walde stand ein niedlicher, kleiner Tannenbaum; er hatte einen guten Platz, Sonne konnte er bekommen, Luft war genug da, und ringsumher wuchsen viel größere Kameraden, sowohl Tannen als Fichten. Aber dem kleinen Tannenbaum schien nichts so wichtig als das Wachsen; er achtete nicht der warmen Sonne und der frischen Luft, er kümmerte sich nicht um die Bauerkinder, die da gingen und plauderten, wenn sie herausgekommen waren, um Erdbeeren und Himbeeren zu sammeln. Oft kamen sie mit einem ganzen Topf voll oder hatten Erdbeeren auf einen Strohhalm gezogen, dann setzten sie sich neben den kleinen Tannenbaum und sagten: »Wie niedlich klein ist der!« Das mochte der Baum gar nicht hören.

Im folgenden Jahre war er ein langes Glied größer, und das Jahr darauf war er um noch eins länger, denn bei den Tannenbäumen kann man immer an den vielen Gliedern, die sie haben, sehen, wie viele Jahre sie gewachsen sind.

»O, wäre ich doch so ein großer Baum wie die andern!«, seufzte das kleine Bäumchen. »Dann könnte ich meine Zweige so weit umher ausbreiten und mit der Krone in die weite Welt hinausblicken! Die Vögel würden dann Nester zwischen meinen Zweigen bauen, und wenn der Wind weht, könnte ich so vornehm nicken, gerade wie die andern dort!«

Er hatte gar keine Freude am Sonnenschein, an den Vögeln und den rothen Wolken, die morgens und abends über ihn hinsegelten.

War es nun Winter, und der Schnee lag ringsumher funkelnd weiß, so kam häufig ein Hase angesprungen und setzte gerade über den kleinen Baum weg. O, das war ärgerlich! Aber zwei Winter vergingen und im dritten war das Bäumchen so groß, daß der Hase um dasselbe herumlaufen mußte. »O, wachsen, wachsen, groß und alt werden, das ist doch das einzige Schöne, in dieser Welt!«, dachte der Baum.

Im Herbst kamen immer Holzhauer und fällten einige der größten Bäume; das geschah jedes Jahr, und dem jungen Tannenbaum, der nun ganz gut gewachsen war, schauderte dabei; denn die großen, prächtigen Bäume fielen mit Knacken und Krachen zur Erde, die Zweige wurden abgehauen, die Bäume sahen ganz nackt, lang und schmal aus; sie waren fast nicht zu erkennen. Aber dann wurden sie auf Wagen gelegt und Pferde zogen sie davon, aus dem Walde hinaus.

Wohin sollten sie? Was stand ihnen bevor?

Im Frühjahr, als die Schwalben und Störche kamen, fragte sie der Baum: »Wißt ihr nicht, wohin sie geführt wurden? Seid ihr ihnen begegnet?«

Die Schwalben wußten nichts, aber der Storch sah nachdenkend aus, nickte mit dem Kopfe, und sagte: »Ja, ich glaube wohl; mir begegneten viele neue Schiffe, als ich aus Ägypten flog; auf den Schiffen waren prächtige Mastbäume; ich darf annehmen, daß sie es waren, sie hatten Tannengeruch; ich kann vielmals grüßen, sie prangen, sie prangen!«

»O, wäre ich doch auch groß genug, um über das Meer hinfahren zu können! Was ist das eigentlich, dieses Meer, und wie sieht es aus?«

»Ja, das ist weitläufig zu erklären!«, sagte der Storch und damit ging er.

»Freue dich deiner Jugend!«, sagten die Sonnenstrahlen; »freue dich deines frischen Wachsthums, des jungen Lebens, das in dir ist!«

Und der Wind küßte den Baum, und der Thau weinte Thränen über denselben, aber das verstand der Tannenbaum nicht.

Wenn es gegen die Weihnachtszeit war, wurden ganz junge Bäume gefällt. Bäume, die oft nicht einmal so groß oder gleichen Alters mit diesem Tannenbaume waren, der weder Rast noch Ruhe hatte, sondern immer davon wollte; diese jungen Bäume, und es waren gerade die allerschönsten, behielten immer alle ihre Zweige; sie wurden auf Wagen gelegt und Pferde zogen sie von dannen zum Walde hinaus.

»Wohin sollen diese?«, fragte der Tannenbaum. »Sie sind nicht größer als ich, Einer ist sogar viel kleiner; weswegen behalten sie alle ihre Zweige? Wohin fahren sie?«

»Das wissen wir! Das wissen wir!«, zwitscherten die Sperlinge. »Unten in der Stadt haben wir in die Fenster gesehen! Wir wissen, wohin sie fahren! O, sie gelangen zur größten Pracht und Herrlichkeit, die man sich denken kann! Wir haben in die Fenster gesehen und erblickt, daß sie mitten in der warmen Stube aufgepflanzt und mit den schönsten Sachen, vergoldeten Äpfeln, Honigkuchen, Spielzeug und vielen hundert Lichtern geschmückt werden.«

»Und dann?«, fragte der Tannenbaum und bebte in allen Zweigen. »Und dann? Was geschieht dann?«

»Ja, mehr haben wir nicht gesehen! Das war unvergleichlich schön!«

»Ob ich wohl bestimmt bin, diesen strahlenden Weg zu betreten?«, jubelte der Tannenbaum. »Das ist noch besser, als über das Meer zu ziehen! Wie leide ich an Sehnsucht! Wäre es doch Weihnachten! Nun bin ich hoch und entfaltet wie die andern, die im vorigen Jahre davongeführt wurden! O, wäre ich erst auf dem Wagen, wäre ich doch in der warmen Stube mit all' der Pracht und Herrlichkeit! Und dann? Ja, dann kommt noch etwas Besseres, noch Schöneres, warum würden sie mich sonst so schmücken? Es muß noch etwas Größeres, Herrlicheres kommen! Aber was? O, ich leide, ich sehne mich, ich weiß selbst nicht, wie es mir ist!«

»Freue dich unser!«, sagten die Luft und das Sonnenlicht; »freue dich deiner frischen Jugend im Freien!«

Aber er freute sich durchaus nicht; er wuchs und wuchs, Winter und Sommer stand er grün; dunkelgrün stand er da, die

Leute, die ihn sahen, sagten: »Das ist ein schöner Baum!«, und zur Weihnachtszeit wurde er von allen zuerst gefällt. Die Axt hieb tief durch das Mark; der Baum fiel mit einem Seufzer zu Boden, er fühlte einen Schmerz, eine Ohnmacht, er konnte gar nicht an irgend ein Glück denken, er war betrübt, von der Heimath scheiden zu müssen, von dem Flecke, auf dem er emporgeschossen war; er wußte ja, daß er die lieben, alten Kameraden, die kleinen Büsche und Blumen ringsumher nie mehr sehen werde, ja vielleicht nicht einmal die Vögel. Die Abreise hatte durchaus nichts Behagliches.

Der Baum kam erst wieder zu sich selbst, als er im Hofe, mit andern Bäumen abgeladen, einen Mann sagen hörte: »Dieser hier ist prächtig! Wir brauchen nur diesen!«

Nun kamen zwei Diener im vollen Staat und trugen den Tannenbaum in einen großen, schönen Saal. Ringsherum an den Wänden hingen Bilder, und bei dem großen Kachelofen standen große chinesische Vasen mit Löwen auf den Deckeln; da waren Wiegestühle, seidene Sophas, große Tische voll von Bilderbüchern und Spielzeug für hundertmal hundert Thaler; wenigstens sagten das die Kinder. Der Tannenbaum wurde in ein großes, mit Sand gefülltes Faß gestellt, aber niemand konnte sehen, daß es ein Faß war, denn es wurde rund herum mit grünem Zeug behängt und stand auf einem großen bunten Teppich. O, wie der Baum bebte! Was wird da doch vorgehen? Sowohl die Diener als die Fräulein schmückten ihn. An einen Zweig hängten sie kleine Netze, aus farbigem Papier ausgeschnitten, jedes Netz war mit Zuckerwerk gefüllt; vergoldete Äpfel und Wallnüsse hingen herab, als wären sie fest gewachsen und über hundert rothe, blaue und weiße kleine Lichter wurden in den Zweigen festgesteckt. Puppen, die leibhaft wie die Menschen aussahen – der Baum hatte früher nie solche gesehen –, schwebten im Grünen, und hoch oben in der Spitze wurde ein Stern von Flittergold befestigt. Das war prächtig, ganz außerordentlich prächtig!

»Heute Abend«, sagten Alle, »heute Abend wird es strahlen!«
»O«, dachte der Baum, »wäre es doch Abend! Würden nur die Lichter bald angezündet! Und was dann wohl geschieht? Ob da wohl Bäume aus dem Walde kommen, mich zu sehen? Ob die Sperlinge gegen die Fensterscheiben fliegen? Ob ich hier festwachse und Winter und Sommer geschmückt stehen werde?«

Ja, er wußte gut Bescheid; aber er hatte ordentlich Borkenschmerzen vor lauter Sehnsucht, und Borkenschmerzen sind für einen Baum eben so schlimm wie Kopfschmerzen für uns Anderen.

Nun wurden die Lichter angezündet. Welcher Glanz, welche Pracht! Der Baum bebte in allen Zweigen dabei, so daß eins der Lichter das Grüne anbrannte; es sengte ordentlich.

»Gott bewahre uns!«, schrieen die Fräulein und löschten es hastig aus.

Nun durfte der Baum nicht einmal beben. O, das war ein Grauen! Ihm war bange, etwas von seinem Staate zu verlieren; er war ganz betäubt von all' dem Glanze. Da gingen beide Flügelthüren auf, und eine Menge Kinder stürzten herein, als wollten sie den ganzen Baum umwerfen, die älteren Leute kamen bedächtig nach; die Kleinen standen ganz stumm, aber nur einen Augenblick, dann jubelten sie wieder, daß es laut schallte, sie tanzten um den Baum herum, und ein Geschenk nach dem andern wurde abgepflückt.

»Was machen sie?«, dachte der Baum. »Was soll geschehen?« Die Lichter brannten gerade bis auf die Zweige herunter, und je nachdem sie niederbrannten, wurden sie ausgelöscht, und dann erhielten die Kinder die Erlaubnis, den Baum zu plündern. O, sie stürzten auf denselben ein, daß es in allen Zweigen knackte; wäre er nicht mit der Spitze und mit dem Goldsterne an der Decke festgemacht gewesen, so wäre er umgestürzt.

Die Kinder tanzten mit ihrem prächtigen Spielzeug herum, niemand sah nach dem Baume, ausgenommen das alte Kindermädchen, welches kam und zwischen die Zweige blickte; aber es geschah nur, um zu sehen, ob nicht noch eine Feige oder ein Apfel vergessen sei.

»Eine Geschichte, eine Geschichte!«, riefen die Kinder und zogen einen kleinen, dicken Mann gegen den Baum hin, und er setzte sich gerade unter denselben, »denn so sind wir im Grünen«, sagte er, »und der Baum kann besonders Nutzen davon haben, zuzuhören! Aber ich erzähle nur eine Geschichte. Wollt ihr die von Ivede-Avede oder die von Klumpe-Dumpe hören, der die Treppen hinunterfiel und doch erhöht wurde und die Prinzessin erhielt?«

»Ivede-Avede!« schrieen einige, »Klumpe-Dumpe!« schrieen andere. Das war ein Rufen und Schreien! Nur der Tannenbaum schwieg ganz still und dachte: »Komme ich gar nicht mit, werde ich nichts dabei zu thun haben?« Er war ja mit gewesen, hatte ja geleistet, was er sollte.

Der Mann erzählte von Klumpe-Dumpe, welcher die Treppen hinunterfiel und doch erhöht wurde und die Prinzessin erhielt. Und die Kinder klatschten in die Hände und riefen: »Erzähle, erzähle!« Sie wollten auch die Geschichte von Ivede-Avede hören, aber sie bekamen nur die von Klumpe-Dumpe. Der Tannenbaum stand ganz stumm und gedankenvoll, nie hatten die Vögel im Walde dergleichen erzählt. »Klumpe-Dumpe fiel die Treppen hinunter und bekam doch die Prinzessin! Ja, ja, so geht es in der Welt zu!«, dachte der Tannenbaum und glaubte, daß es wahr sei, weil es ein so netter Mann war, der es erzählte. »Ja, ja! Vielleicht falle ich auch die Treppe hinunter und bekomme eine Prinzessin!« Und er freute sich, den nächsten Tag wieder mit Lichtern und Spielzeug, Gold und Früchten aufgeputzt zu werden.

»Morgen werde ich nicht zittern!«, dachte er. »Ich will mich recht aller meiner Herrlichkeit freuen. Morgen werde ich wieder die Geschichte von Klumpe-Dumpe und vielleicht auch die von Ivede-Avede hören.« Und der Baum stand die ganze Nacht still und gedankenvoll.

Am Morgen kamen die Diener und das Mädchen herein.

»Nun beginnt der Staat auf's Neue!«, dachte der Baum; aber sie schleppten ihn zum Zimmer hinaus, die Treppe hinauf, auf den Boden, und stellten ihn in einen dunkeln Winkel, wohin kein Tageslicht schien. »Was soll das bedeuten?«, dachte der Baum. »Was soll ich hier wohl machen? Was mag ich hier wohl hören sollen?« Er lehnte sich gegen die Mauer und dachte und dachte. Und er hatte Zeit genug, denn es vergingen Tage and Nächte; Niemand kam herauf, und als endlich jemand kam, so geschah es, um einige große Kasten in den Winkel zu stellen; der Baum stand ganz versteckt, man mußte glauben, daß er ganz vergessen war.

»Nun ist es Winter draußen!«, dachte der Baum. »Die Erde ist hart und mit Schnee bedeckt, die Menschen können mich nicht pflanzen; deshalb soll ich wohl bis zum Frühjahr hier im Schutz stehen! Wie wohl bedacht ist das! Wie die Menschen doch so gut sind! Wäre es hier nur nicht so dunkel und schrecklich einsam! Nicht einmal ein kleiner Hase! Das war doch niedlich da draußen im Walde, wenn der Schnee lag und der Hase vorbei sprang, ja selbst als er über mich hinwegsprang; aber damals mochte ich es nicht leiden. Hier oben ist es doch schrecklich einsam!«

»Pip, Pip!«, sagte da eine kleine Maus und huschte hervor; und dann kam noch eine kleine. Sie beschnüffelten den Tannenbaum und dann schlüpften sie zwischen dessen Zweige.

»Es ist eine gräuliche Kälte!«, sagten die kleinen Mäuse. »Sonst ist hier gut sein; nicht wahr, du alter Tannenbaum?«

»Ich bin gar nicht alt!«, sagte der Tannenbaum; »es giebt viele, die weit älter sind denn ich!«

»Woher kommst du«, fragten die Mäuse, »und was weißt du?« Sie waren gewaltig neugierig. »Erzähle uns doch von den schönsten Orten auf Erden! Bist du dort gewesen? Bist du in der Speisekammer gewesen, wo Käse auf den Brettern liegen und Schinken unter der Decke hängen, wo man auf Talglicht tanzt, mager hineingeht und fett herauskommt?«

»Das kenne ich nicht«, sagte der Baum; »aber den Wald kenne ich, wo die Sonne scheint und die Vögel singen!« Und dann erzählte er alles aus seiner Jugend, die kleinen Mäuse hatten früher nie dergleichen gehört, und sie horchten auf und sagten: »Wie viel du gesehen hast! Wie glücklich du gewesen bist!«

»Ich?«, sagte der Tannenbaum und dachte über das, was er selbst erzählte, nach. »Ja, es waren im Grunde ganz fröhliche Zeiten!« Aber dann erzählte er vom Weihnachtsabend, wo er mit Kuchen und Lichtern geschmückt war.

»O«, sagten die kleinen Mäuse, »wie glücklich du gewesen bist, du alter Tannenbaum!«

»Ich bin gar nicht alt!«, sagte der Baum; »erst in diesem Winter bin ich vom Walde gekommen! Ich bin in meinem allerbesten Alter, ich bin nur so aufgeschossen.«

»Wie schön du erzählst!«, sagten die kleinen Mäuse, und in der nächsten Nacht kamen sie mit vier anderen kleinen Mäusen, die den Baum erzählen hören sollten, und je mehr er erzählte, desto deutlicher erinnerte er sich selbst an alles und dachte: »Es waren doch ganz fröhliche Zeiten! Aber sie können wiederkommen, können wiederkommen! Klumpe-Dumpe fiel die Treppe hinunter und erhielt doch die Prinzessin; vielleicht kann ich auch eine Prinzessin bekommen.« Und dann dachte der Tannenbaum an eine kleine niedliche Birke, die draußen im Walde wuchs; das war für den Tannenbaum eine wirkliche schöne Prinzessin.

»Wer ist Klumpe-Dumpe?«, fragten die kleinen Mäuse. Da erzählte der Tannenbaum das ganze Märchen, er konnte sich jedes einzelnen Wortes entsinnen; die kleinen Mäuse waren aus reiner Freude bereit, bis an die Spitze des Baumes zu springen. In der folgenden Nacht kamen weit mehr Mäuse und am Sonntage sogar zwei Ratten, aber die meinten, die Geschichte sei nicht hübsch, und das betrübte die kleinen Mäuse, denn nun hielten sie auch weniger davon.

»Wissen Sie nur die eine Geschichte?«, fragten die Ratten.

»Nur die eine«, antwortete der Baum; »die hörte ich an meinem glücklichsten Abend, aber damals dachte ich nicht daran, wie glücklich ich war.«

»Das ist eine höchst jämmerliche Geschichte! Kennen Sie keine von Speck und Talglicht? Keine Speisekammergeschichte?«

»Nein!«, sagte der Baum.

»Ja, dann danken wir dafür!«, erwiderten die Ratten und gingen zu den Ihrigen zurück.

Die kleinen Mäuse blieben zuletzt auch weg, und da seufzte der Baum: »Es war doch ganz hübsch, als sie um mich herum saßen, die beweglichen kleinen Mäuse, und zuhörten, wie ich erzählte! Nun ist auch das vorbei! Aber ich werde daran denken, mich zu freuen, wenn ich wieder hervorgenommen werde.«

Aber wann geschah das? Ja, es war eines Morgens, da kamen Leute und wirthschafteten auf dem Boden; die Kasten wurden weggesetzt, der Baum wurde hervorgezogen; sie warfen ihn freilich ziemlich hart gegen den Fußboden, aber ein Diener schleppte ihn gleich nach der Treppe hin, wo der Tag leuchtete.

»Nun beginnt das Leben wieder!«, dachte der Baum; er fühlte die frische Luft, die ersten Sonnenstrahlen, und nun war er draußen im Hofe. Alles ging geschwind, der Baum vergaß völlig, sich selbst zu betrachten, da war so vieles ringsumher zu sehen. Der Hof stieß an einen Garten, und alles blüthe darin; die Rosen hingen frisch und duftend über das kleine Gitter hinaus, die Lindenbäume blühten, und die Schwalben flogen umher und sagten: »Quirrevirrevit, mein Mann ist kommen!« Aber es war nicht der Tannenbaum, den sie meinten.

»Nun werde ich leben!«, jubelte dieser und breitete seine Zweige weit aus; aber ach, die waren alle vertrocknet und gelb; und er lag da zwischen Unkraut und Nesseln. Der Stern von Goldpapier saß noch oben in der Spitze und glänzte im hellen Sonnenschein.

Im Hofe selbst spielten ein paar der munteren Kinder, die zur Weihnachtszeit den Baum umtanzt hatten und so froh über denselben gewesen waren. Eins der kleinsten lief hin und riß den Goldstern ab.

»Sieh, was da noch an dem häßlichen, alten Tannenbaum sitzt!«, sagte es und trat auf die Zweige, so daß sie unter seinen Stiefeln knackten.

Der Baum sah auf all' die Blumenpracht und Frische im Garten, er betrachtete sich selbst und wünschte, daß er in seinem dunkeln Winkel auf dem Boden geblieben wäre; er gedachte seiner frischen Jugend im Walde, des lustigen Weihnachtsabends und der kleinen Mäuse, die so munter die Geschichte von Klumpe-Dumpe angehört hatten.

»Vorbei, vorbei!«, sagte der arme Baum. »Hätte ich mich doch gefreut, als ich es noch konnte! Vorbei, vorbei!«

Der Diener kam und hieb den Baum in kleine Stücke, ein ganzes Bund lag da; hell flackerte es auf unter dem großen Braukessel. Der Baum seufzte tief und jeder Seufzer war einem kleinen Schusse gleich; deshalb liefen die Kinder, die da spielten, herbei und setzten sich vor das Feuer, blickten in dasselbe hinein und riefen: »Piff, paff!« Aber bei jedem Knalle, der ein tiefer Seufzer war, dachte der Baum an einen Sommerabend im Walde oder an eine Winternacht da draußen, wenn die Sterne funkelten; er dachte an den Weihnachtsabend und an Klumpe-Dumpe, das einzige Märchen, welches er gehört hatte und zu erzählen wußte – und dann war der Baum verbrannt.

Die Knaben spielten im Garten, und der kleinste hatte den Goldstern auf der Brust, den der Baum an seinem glücklichsten Abend getragen; nun war der vorbei, und mit dem Baum war es auch vorbei und mit der Geschichte auch; vorbei, vorbei, und so geht es mit allen Geschichten!

ELSE LASKER-SCHÜLER

Der leuchtende Baum

Er war mir wie ein Mensch, so lieb – und noch heute. Er hat keine leuchtenden Wangen mehr, ist gelb geworden, gallengelb. Noch im vorigen Monat hingen Granaten an ihm, und seine zarten Blätter waren lauter blühende grüne Spitzenjabots. Wie schnell er dahinsiechte! Über das unausstehliche Krähen der Hähne ärgerte er sich mit mir in taktloser Frühe, denn er war ein kleiner, vornehmer, chevaleresker Baum, ich glaube, er war ein Marquis. Wie oft hörte ich ihn »mais donc« rufen, wenn der Hahn mit seinen watschelnden Frauen auch gerade unter seinen adeligen blutbehangenen Zweigen einherspazierte. Niedere Mauer trennt in den Höfen der Gartenhäuser Hahn von Hahn. Auch Ziegen meckern, was aber eher belustigend auf meinen leuchtenden Baum zu wirken schien, denn seine Zweige bewegten sich erheitert. Ich mag nicht mehr durch mein Fenster auf den Gartenhof sehen. Auch die beiden Freundinnen meines vornehmen Baumes sind nicht mehr. Wohl besteht ihr Gerippe, zwei Gespenster, auf deren dürren Armen ahnungslos die Spatzen sitzen, auf ihr Mannah vom Himmel herab warten. Zwischen den entblößten Bäumen friert der November, der Totengräber, er lauert auf den dritten Baum, »auf meinen zarten Baum«. Täglich vergilbt matter sein mageres Blatt, und die letzten verschrumpften Beeren fielen auf die Erde ins spärliche Gras: Granaten, Blutstropfen, Liebe, Abschied.

ERNST MORITZ ARNDT

Der alte Baum und ich

An Elisa Camphausen.
Antwort auf einen Blumenkranz.
1842.

Alt und dürre steht der Baum
Ohne Zweig und ohne Blatt.
Schau doch, wie ein Frühlingstraum
Ihn so bunt umschlungen hat!
Hier Jelängerundjelieber,
Dort des Epheus grüner Glanz,
Und so deucht es ihm fast lieber
Als der eignen Blätter Kranz.

Solch ein dürrer Baum steh' ich,
Hoffend legten Wind und Fall,
Aber Blumen blühn um mich
Lieb und lustig überall,
Schlingen um zerrissne Schmerzen
Meines Stammes Lenzeslust,
O ihr Blüten, o ihr Herzen!
Liebesduft! und Liebeslust!

Altes Holz, so steh' getrost,
Bis der letzte Wind dich fällt!
Hast ein selig Los erlost,
Reiches Glück in armer Welt:
Süßer Liebe Blumenranken
Decken deine Schäden zu,
Wie ein Traum von Traumgedanken
Ferner Tage stehest du.

ANNA SEGHERS

Die drei Bäume

Der Baum des Ritters

Holzfäller in den Argonnen fanden kürzlich, als sie die Axt an einen uralten Baumschlag legten, in einer hohlen Buche einen Ritter in voller Rüstung, kenntlich an seinem Wappen als ein Gefolgsmann Karls des Kühnen von Burgund. Dieser Ritter hatte sich auf der Flucht vor den Soldaten König Ludwigs des Elften in seiner Todesangst in den Baum gezwängt. Nach dem Abzug seiner Verfolger hatte er nicht mehr herausgefunden und war elend zugrunde gegangen in seiner Zuflucht. Aber der Baum, damals schon alt und mächtig, rauschte und grünte weiter, während der Ritter in ihm keuchte, weinte, betete, starb. Stark und makellos, bis auf die schmale, von dem Toten besetzte Höhlung, wuchs er weiter, setzte Ringe an, breitete sein Geäst, beherbergte Generationen von Vogelschwärmen, und er wäre noch weiter gewachsen, wenn die Holzfäller nicht gekommen wären.

Der Baum des Jesaias

Eine Überlieferung weiß von dem Tod des Propheten, daß er in einer Zeder zersägt wurde.

In seinem Leben hatte er sich vor nichts und niemandem gefürchtet. Weder vor der Drohung der Mächtigen noch vor dem Spott von seinesgleichen. Weder vor den Häschern, die man ihm überall nachschickte, noch vor den Steinwürfen, die ihn gelegentlich aus der Menge trafen. Weder vor den Tränen seiner Familie, als die Stunde gekommen war, sie zu verlassen, noch vor der Leere der Wüste, noch vor dem mannigfachen verwirrenden Lärm der Volksmassen. Er hatte sich nicht gefürchtet, in trägen Zeiten zum Widerstand aufzufordern. Er hatte sich nicht gefürchtet, die Seinen in eine Schlacht zu führen, von der er wußte, daß sie verloren war. Er hatte sich nicht gefürchtet, mit den Seinen in dieser Schlacht zu fallen. Er war aber gar nicht gefallen. Sein Volk war geschlagen, und mit dem Volk verstummt war die erhabene Stimme, von der er gewohnt war, Weisungen zu empfangen. Da fing er an, sich zu fürchten.

Die Hörner der Wachen bliesen am Rand der Schlucht. Sie suchten in den Bergen nach Flüchtlingen. Er kletterte einem Flüßchen nach, bis er an eine Rodung kam. Da lagen Stapel von Zedernstämmen. Die Holzarbeiter waren wohl vor der Schlacht davongegangen. Er kroch in einen Holzstapel. Die Hörner der Schildwachen kamen näher, er fürchtete sich, er kroch in ein hohles Zedernholz. Die Hörner der Schildwachen zogen vorüber, es wurde Nacht, nur das Flüßchen rauschte. Er aber fürchtete sich, sein Versteck zu verlassen. Es wurde Morgen. Die Holzarbeiter kamen zurück, die Fäller und Flößer, mit ihren Sägen, mit Äxten und Stricken. Er hätte jetzt auf seine Füße springen müssen, er hätte die Flößer und Holzfäller ansprechen müssen, wie er gewohnt war, die Menschen anzusprechen. Er aber fürchtete sich vor den Holzarbeitern. Der Aufseher kam und hieß seine Leute das Holz an die Säge tragen. Er hätte jetzt noch herausspringen können, er fürchtete sich aber vor dem Aufseher der Holzarbeiter. Jetzt wurde ein Stamm nach dem anderen vor die Säge gelegt. Ihm blieb jetzt noch ein Augenblick, um sein Versteck zu verlassen. Er fürchtete sich, so daß er, wie man von ihm berichtet, in einer Zeder zersägt wurde.

Der Baum des Odysseus

Sogar dieser Tag war zu Ende gegangen. Die toten Freier waren fortgetragen, die Pfeile eingesammelt, das Blut war aufgewaschen. Mann und Frau sitzen zum erstenmal wieder am Feuer beisammen wie in den alten Zeiten. Noch einmal werfen die Götter auf dieses Paar einen letzten, schon gleichgültigen Blick. Alles ist ausgespielt worden, um diese Wiedervereinigung zu verhindern, alles, um sie endlich herbeizuführen. Alles Erdenkliche ist geschehen für und gegen die Heimkehr des Mannes. Und das Für hat gesiegt. Da ziehen sich die Götter zurück in ihre ewigen Wohnstätten und überlassen die beiden dem Schicksal.

Wie still das Haus ist! Jetzt verhallt alles in seinem Kopf. Die Musik auf der Hochzeit, als Achilleus gezeugt wurde, der auch schon lange vor Troja starb, der Streit der Göttinnen, die Hörner, die zum Krieg bliesen, die Schlachten vor Troja, das Gejammer in den Straßen der eroberten Stadt, der Gesang der Sirenen, das Gebrüll des Zyklopen, das Gegrunze der verzauberten Kameraden, die Saitenspiele der Phäaken und zu alledem in einem fort das bewegte Meer.

Wie schrecklich jetzt die Stille ist! Hat man auch furchtbare Götter gegen sich gehabt, so war man doch immer zusammen in einer Welt mit den Göttern. Jetzt ist alles verstummt. Und der Rauch auf Ithakas heimischen Hügeln ist ein gar blasses Wölkchen. Odysseus wäre nicht, der er ist, wenn er nicht wüßte, was jetzt die Frau denkt: Dieser Mann *kann* Odysseus sein. Er kann es auch nicht sein. Zehn Jahre Irrfahrten, zehn Jahre Troja, das ist eine lange Trennung. Zwar, die Freier hat er erschlagen. Aber vielleicht ist er nur noch frecher als der frechste Freier. Vielleicht gibt er sich nur als der Herr aus. Vielleicht ist er nur ein Pirat, und sein Boot liegt versteckt in einer der Buchten. Was sagt mir denn mein Herz? Gar nichts.

Darauf sagte die Frau: »Du wirst müde sein. Ich will dir jetzt dein Bett ans Feuer tragen lassen.«

Darauf sagte Odysseus: »Dieses Bett wirst du nicht hier aufstellen können. Als ich dich zu lieben begann, als ich um dich freite, damals, als keiner von uns auch nur ahnte, wo Troja liegt, suchte ich auf meiner Insel den Ort, der gut war für mein zukünftiges Haus. Ich fand diesen Platz und rodete. Nur einen einzigen starken Baum ließ ich stehen. Ihn bestimmte ich zum Mittelpunkt meines Hauses. Ich kuppte ihn nur, aber den mächtigen Stumpf ließ ich auf seinen Wurzeln stehen. In diesen Stumpf schnitt ich dann unser Bett. Übrigens weißt du ja das alles selbst.«

FRANZ GRILLPARZER

Jugenderinnerungen im Grünen

Dies ist die Bank, dies sind dieselben Bäume,
Wo einst, das dunkle Schulbuch in der Hand,
Der Prüfung bang, den Kopf voll Frühlingsträume,
Vor manchem Jahr sich oft der Knabe fand.

Wie er da saß, glitt von den finstern Lettern,
Zu manchem fremden Worte schwer gefügt,
Der Blick hinauf zu jenen frischen Blättern,
In denen sich der Westwind spielend wiegt.

Und künftiger Gestalten Geisterreigen
Und künftigen Vollbringens Schöpferlust
Erschienen ihm in jener Wipfel Neigen,
Erklangen ihm in ahnungsvoller Brust.

Es ward erfüllt das kaum gewagte Hoffen,
Die Ahnung hielt, was sie vorhergesagt,
Des Wirkens goldne Tore stehen offen,
Ein Schritt gelang, ein zweiter ward gewagt.

Und nun nach manchen Jahres Zwischenräumen,
Zum Mann gereift, gewogen und erkannt,
Find ich mich wieder unter diesen Bäumen,
Den Blick, wie damals, über mir gewandt,

Und Seufzer, so wie damals, schwellend heben
Die müde Brust, von mancher Sorge schwer,
Bis auf die Träne, die nicht mehr gegeben,
Ist alles so wie damals, ringsumher.

Ungnügsam Herz, warum bist du beklommen?
Was du so heiß ersehnet, stehet da!
Die Stunde der Erfüllung ist gekommen,
Du *hast* es, was dein Wunsch in weiter Ferne sah.

Wie? oder war der bunten Bilder Fülle
Der Inhalt nicht von dem, was du begehrt,
War nur der tiefern Sehnsucht äußre Hülle,
Das Kleid nur dessen, was dir wünschenswert?

Hast Schönes du vielleicht gestrebt zu bilden,
Um schöner dich zu fühlen selber mit?
War Schreiten in des Wissens Lichtgefilden
Im Land des Wollens dir zugleich ein Schritt?

Hast du vielleicht nach Ehr und Ruhm getrachtet,
Vermengend in Gedanken, jugendlich,
Das Aug, mit dem die Welt den Mann betrachtet,
Und das, womit er selbst betrachtet sich?

Schien dir die Welt mit ihren weiten Fernen
Ein Urbild, wert des Nachgebilds zu sein?
Hast, wo sie schimmert, du geträumt von Sternen?
Von Wirklichkeit bei jedem holden Schein?

O Trügerin von Anfang, du, o Leben!
Ein reiner Jüngling trat ich ein bei dir,
Rein war mein Herz und rein war all mein Streben,
Du aber zahltest Trug und Täuschung mir dafür.

Die Freundschaft sprach, mein Innres tönte wieder,
Wir stießen, zwei, kühn schwimmend ab vom Strand.
Er sank, ich hielt ihn noch, er zog mich nieder
Und rettete ermattet sich ans Land.

Gewaltger regten sich geheimre Triebe,
Ein unbekanntes Sehnen wurde wach,
Sie nannten es, ich selber nannt es Liebe,
Und einer Holden ging mein Streben nach.

Kaum nur gesehn, kein Wort von ihr vernommen,
Schien sie entstammt aus höherm Lichtgefild,
Durch Berg und Tal, vom innern Brand entglommen,
Verfolgt ich, das mich floh, ihr holdes Bild.

Da kam der Tag, der Schleier war zerrissen,
Gemeinheit stand, wo erst ein Engel flog.
Sich selber träumte Sehnsucht, gleich Narzissen,
Und starb, wie er, am Quell, der sie betrog.

Ein Vorhang deckt, die darauf folgt, die Stelle;
Ich lüft ihn nicht, Erwähnung schon genügt,
Zwei Sphingen ruhn an der verborgnen Schwelle,
Das Götterhaupt dem Tierleib angefügt.

Der Eintritt scheint zu Hoffnungen berechtigt,
Das Ende wär als Anfang gut genug,
Doch eh der Geist der Folge sich bemächtigt,
Ist auch vorüber schon der grobe Trug.

Da fand ich sie, die nimmer mir entschwinden,
Sich mir ersetzen wird im Leben nie,
Ich glaubte meine Seligkeit zu finden,
Und mein geheimstes Wesen rief: nur sie!

Gefühl, das sich in Herzenswärme sonnte,
Verstand, wenngleich von Güte überragt;
Ans Märchen grenzt, was sie für andre konnte,
An Heilgenschein, was sie sich selbst versagt.

Der Zweifel, der mir schwarz oft nachgestrebt:
Ob Güte *sei?* durch sie ward er erhellt;
Der Mensch ist gut, ich weiß es, denn sie lebt,
Ihr Herz ist Bürge mir für eine Welt.

In Glutumfassen stürzten wir zusammen,
Ein jeder Schlag gab Funken und gab Licht;
Doch unzerstörbar fanden uns die Flammen,
Wir glühten, aber ach, wir schmolzen nicht.

Denn *Hälften* kann man aneinanderpassen,
Ich war ein Ganzes und auch sie war ganz,
Sie wollte gern ihr tiefstes Wesen lassen,
Doch allzufest geschlungen war der Kranz.

So standen beide, suchten sich zu einen,
Das andre aufzunehmen ganz in sich,
Doch all umsonst, trotz Ringen, Stürmen, Weinen,
Sie blieb ein Weib, und ich war immer ich.

Ja, bis zum Grimme ward erhöht das Mühen,
Gesucht im Einzeln, was im Ganzen lag,
Kein Fehler ward, kein Wort ward mehr verziehen,
Und neues Quälen brachte jeder Tag.

Da ward ich hart. Im ewgen Spiel der Winde,
Im Wettersturm, von Sonne nie durchblickt,
Umzog das stärkre Bäumchen sich mit Rinde,
Das schwächre neigte sich und war zerknickt.

O seliges Gefühl der ersten Tage,
Warum mußt du ein Traum gewesen sein?
Lebt denn das Schöne nur in Bild und Sage,
Und schlürfts die Wirklichkeit wie Nebel ein?

Auch dort nicht heimatlos in Bild und Worte,
Floh ich, dem meerbedrängten Schiffer gleich,
Sooft den Stürmen aufgetan die Pforte,
In jenes Hafens schützenden Bereich.

Gelagert in dem Dufte fremder Kräuter,
Umspielt von fremder Wipfel leisem Wehn,
Sah ich im Traum die hohe Himmelsleiter,
An der die Geister ab- und aufwärts gehn.

Und angeregt, sie selber zu besteigen,
Umherzuschauen in dem weiten Raum,
Versucht ich, rückgekehrt, es anzuzeigen,
Was ich gesehn, halb Wahrheit und halb Traum.

»Den Armen, dem sich ab ein Gott gewendet,
Des Dichters blendend, trauriges Geschick,
Wie das Gemüt im eignen Abgrund endet,
Der Erdengröße schnellverwelktes Glück.«

Und flammend gab ich das Geschaute wieder,
Der Hörer, ob auch kalt, entging mir nicht,
Denn Lebenspulsschlag zog durch meine Lieder,
Und wahr, wie mein Gefühl, war mein Gedicht.

Vorahnend durft ich zu den Großen sagen,
Die längst umwallt der Ruhm wie Opferrauch:
So hoch als euch mag mich kein Flügel tragen,
Doch, Meister, schaut! ein Maler bin ich auch.

Da kam die Nüchternheit in ihrer Blöße,
Die groß sich dünkt, weil hohl sie zwar, doch weit;
Nach Ellen maß sie meiner Menschen Größe,
Nach Pfund und Lot der Stoffe Hältigkeit.

Doch kann die Formel Leben je bereiten?
Was ungeheuer, ist darum nicht groß.
Ein Mögliches ragt über alle Weiten,
Das Wirkliche zeigt sich im Raume bloß.

Wo tausend Tinten meine Blicke spürten,
Da sah der Stumpfsinn schroffes Grün und Blau,
Wo Rätsel mich zu neuen Rätseln führten,
Da wußten sie die Lösung ganz genau.

War eine Wiese, wo ich Blumen pflückte,
Die Rinderzucht drauf hingetrieben frisch!
Wo nur ihr Fußtritt in den Boden drückte,
Lag Schlamm und Gras in ekligem Gemisch.

Was nicht zu sagen, davon ging die Rede,
Was auszusprechen nicht, das sprach ihr Wort;
Verschmähst du ihre Waffen auch zur Fehde,
Schon Unsinn ists, zu wählen ihren Ort.

Gestalten, die mein Geist in Glut umfangen,
Die Roheit legte dran die schmutzge Hand,
Ich sah die Spur auf den entweihten Wangen,
Und mein Gemüt, es fühlte sich entwandt.

Und wie der Mensch den Ort, den schönsten, werten,
Nicht mehr betritt, wenn Gräulichs ihn betrat,
So floh mein Geist aus meiner Jugend Gärten,
Empört von seines Heiligsten Verrat.

Hart hinterher der Mißgunst lange Zeile,
Der Neid, der Haß, bewaffnet anzusehn,
Mit dopplem Eindruck trafen ihre Pfeile,
Denn, ach, wer singt, kann nicht im Harnisch gehn;

Und stellt er ihnen sich, die nach ihm zielen,
Ergreift des Streites zorniges Gerät,
Der schwere Panzer drücket harte Schwielen,
Drob des Empfindens weicher Sinn entgeht.

So floh ich aus des Kampfes Glutbeschwerde
Hin zur Natur, wo Leben neu sich schafft,
Den Busen drückt ich an die Mutter Erde,
Um, wie Antäus, zu erstehn in Kraft.

Doch sie, die oft geführt schon meine Sache,
Getröstet mich so oft und gern zuvor,
Verloren hatte sie für mich die Sprache,
Die Sprache, oder ich für sie das Ohr.

Gelehrig sonst an ihrer frommen Seite,
Schien jetzt nur trotzig Schaffen mir Gewinn,
Ihr Wort verklang in meines Busens Weite,
Ihr Wink verschwand vor meinem stumpfen Sinn.

Und schaudernd vor der Welt und ihrem Treiben,
Ein jedes Band verschmähend, das sie flicht,
Mocht ichs nicht leben, konnt ichs nicht beschreiben,
Und selbst den Anblick fast ertragen nicht.

Ja, horchend auf des Innern leise Zungen,
Erschaudert mein Gemüt, wenn es ihm däucht,
Es kling ein Ton, den Tönen nachgeklungen,
Mit denen das Gemeine mich verscheucht.

Und also sitz ich an derselben Stätte,
Wo schon der Knabe träumte, saß und sann.
Wenn erst ich das Verlorne wieder hätte,
Wie gäb ich gern, was ich seitdem gewann.

Und seine Zweige rauschten,
Als riefen sie mir zu:
Komm her zu mir, Geselle,
Hier find'st du deine Ruh'!

Zufluchtsorte

OVID

Daphne

Phöbus liebte zuerst die peneïsche Daphne:
wofür nicht
Blindes Geschick ihn entflammt, nein wütender Zorn
des Kupido.
Delios schaut' ihn neulich, noch stolz von der
Schlange Besiegung,
Als er das schnellende Horn einbog mit gestrengeter
Senne;
Und: Was soll, mutwilliger Knab', ein so tapfres Gerät
dir?
Spottet' er: das zu tragen geziemt nur unseren
Schultern,
Die wir scharf das Gewild und scharf die Feinde
verwunden!
Die wir ihn, der Hufen mit gräßlichem Bauche
belastet,
Jüngst mit unzählbaren Pfeilen gestreckt, den ge-
schwollenen Python!
Wenn dein Fackelchen dir, ich weiß nicht, welcherlei
Liebe
Aufreizt, sei du vergnügt, ohn' unseren Ruhm zu
begehren!

Drauf der Cypria Sohn: Und trifft dein Bogen,
o Phöbus,
Alles; der meinige dich! So weit dir alles, was lebet,
Nachsteht, ebensoweit verschwindet dein Ruhm vor
dem unsern!

Amor sprach's; und die Luft mit geschwungenen
Fittichen schlagend,
Kam er in Eil', und stand auf dem schattigen Haupt
des Parnassus.
Und er enthob zween Pfeile dem schmerzbeladenen
Köcher,
Beide verschiedener Kraft: der scheucht, und jener
erregt Glut.
Der sie erregt, ist golden, und blinkt mit spitziger
Schärfe;
Der sie verscheucht, ist stumpf, und enthält Blei unter
dem Rohre.
Diesen entsandte der Gott der peneïschen Nymphe;
doch jenen
Schnellet' er durch die Gebein' in das innerste Mark
dem Apollo.
Stracks ist einer verliebt; und den Liebenden meidet
die andre,
Nur an Gehölz, und an Jagd, und an prangender
Beute des Wildes,
Labend ihr Herz, nacheifernd der stets unbräutlichen
Phöbe.
Jüngferlich fesselt ein Band die gesetzlos hängenden
Haare.
Viel zwar warben um jene; doch sie, den Werbenden
abhold,
Flüchtig und scheu vor dem Manne, durchstreift
Einöden der Wälder;
Und nicht Hymen noch Amor bekümmert sie, noch
die Vermählung.
Oftmal sagte der Vater: Gewähre mir, Tochter, den
Eidam!
Oftmal sagte der Vater: Mein Kind, gewähre mir
Enkel!

Jene, die gleich dem Verbrechen die ehliche Fackel
verabscheut,
Färbt ihr schönes Gesicht mit schamhaft glühender
Röte;
Und um den Hals dem Vater die schmeichelnden
Arme geschlungen:
Gib mir, sprach sie, beständig, Geliebtester unter den
Vätern,
Mädchen zu sein! Dies gab ihr Vater vordem der
Diana!

Zwar willfährt dir jener; doch hemmt dir, Mädchen,
die Anmut
Deinen Wunsch, und es strebt dem Gelübd' entgegen
die Schönheit.

Phöbus liebt, und begehrt der gesehenen Daphne
Vereinung;
Was er begehrt, das hofft er; ihn täuscht sein eignes
Orakel.
Wie nach genommener Ähre die nichtige Stoppel
verbrannt wird;
Wie von der Fackel der Zaun aufflammt, die der
Wanderer sorglos
Näherte, oder vielleicht in dämmernder Frühe
hinwegwarf:
Also entbrannt' in Flamme der Gott; durch Mark und
Gebeine
Lodert er auf, und nährt unfruchtbare Liebe mit
Hoffnung.

Kunstlos schaut er das Haar um den Hals ihr schweben: O was erst,

Rufet er, wär' es gelockt! Er sieht, voll strahlenden Feuers,
Äugelein, hell wie Gestirn; er sieht das rosige Mündlein,
Was nicht genüget zu sehn; er lobt die Finger und Hände,
Lobt die gerundeten Arm', und die halb vorscheinende Achsel.
Besser scheint das Verborgene noch. Sie entflieht, wie des Windes
Hauche dahin, nicht achtend des Flehenden, der sie zurückruft:

Bleib, peneïsche Göttin, o bleib! nicht feindlich verfolg' ich!
Göttliche, bleib! So fliehet das Lamm vor dem Wolfe, die Hindin
So vor dem Leun, und die Taube mit zitterndem Flug vor dem Adler;
Jedes dem Feind zu entgehn: mich nötiget Liebe zu folgen.
Wehe mir! falle doch nicht; und die Füß', unwürdig der Kränkung,
Ritze kein Dorn! nicht sei ich dir selbst Ursache des Schmerzes!
Rauh sind dort, wo du eilest, die Gegenden: mäßiger, fleh' ich,
Lauf', und hemme die Flucht; dann mäßiger folg' ich dir selber.
Wem du gefällst, erkundige doch! Nicht haus' ich in Berghöhn,
Nicht hier schalt' ich als Hirt, nicht weidende Rinder und Schafe

Hüt' ich in wüster Gestalt! Nicht weißt du es, Törin, du weißt nicht,
Welchen du fliehst: das macht dich entfliehn! Mir huldiget Delphos,
Klaros und Tenedos mir, und die pataräische Hauptstadt!
Jupiter zeugete mich! Was war, was ist, und was sein wird,
Weissag' ich, und heiße das Lied einstimmen den Saiten!
Treffend ist unser Geschoß; nur war ein einziger Pfeil noch
Treffender, welcher die Wund' in das ruhige Herz mir gebohret!
Ich erfand die heilende Kunst; Heilbringer und Retter
Nennt mich die Welt; und die Kraft der Genesungskräuter gehorcht mir!
Ach, kein linderndes Kraut erwächst für die Gluten der Liebe,
Und nichts frommt dem Besitzer die Kunst, die allen umher frommt!

Mehreres strebt' er zu reden; da ängstlichen Laufs die Penidin
Floh, und mit jenem verließ die unvollendeten Worte.
Hold erschien sie auch jetzt; es enthülleten Winde die Glieder,
Vor dem begegnenden Hauch entflatterten ihre Gewande,
Und ihr wallte das Haar rückwärts in dem leisen Gesäusel.
Eile vermehrte den Reiz. Nicht trug's der unsterbliche Jüngling,

Daß er noch länger umsonst liebkosete; sondern wie Amor
Antrieb, folgt' er den Spuren mit angestrengterem Schritte.
Wie wenn der gallische Hund im freieren Felde den Hasen
Sah, und jener um Raub sich beschleuniget, dieser um Rettung;
Immer erscheint anhaftend der Hund, nun, nun zu erhaschen
Hofft er, und streitet die Spur mit weit vorragendem Maule;
Jener dünkt sich beinah ein Gefangener, aber er reißt sich
Selbst aus den Bissen hinweg, und verläßt den berührenden Rachen:
Also der Gott und das Weib, die vor Angst hinstürmen und Sehnsucht.
Doch der Verfolgende rennt, wie mit Amors Fittichen fliegend,
Schneller daher, und versaget ihr Ruh; schon nahe dem Rücken
Hängt er, und atmet den Hauch in die fliegenden Haare des Nackens.

Jetzt, nach geschwundener Kraft, erblaßte sie, matt von der Arbeit
Jenes geflügelten Laufs, und schauend die Flut des Peneos:
Rette mich, rief sie, o Vater, wenn Macht euch Ströme beseelet!
Du, wo zu sehr ich gefiel, zerspalte dich unter mir, Erde!

Oder verwandele diese Gestalt, die mir Kränkungen bringet!

Kaum war geendet das Flehn; und gelähmt erstarren die Glieder.
Zarter Bast umwindet die wallende Weiche des Busens;
Grün schon wachsen die Haare zu Laub', und die Arme zu Ästen;
Auch der so flüchtige Fuß klebt jetzt am trägen Gewurzel;
Und ihr umhüllt der Wipfel das Haupt: nur bleibt ihr die Schönheit.
Phöbus liebt auch den Baum; und mit angelegeter Rechte
Fühlet er noch aufheben in junger Rinde den Busen.
Und mit zärtlichen Armen die Äst', als Glieder, umschlingend,
Reicht er Küsse dem Holz; doch entflieht vor den Küssen das Holz auch.

Jetzo sagte der Gott: Da du mein als Gattin nicht sein kannst,
Wenigstens sei als Baum du die Meinige! Immer umwind' uns
Du das Haar, und die Leier, und du den Köcher, o Lorbeer!
Du sei dem latischen Führer gesellt, wann froh der Triumphton
Hallt, und ein langer Zug hochfeierlich zum Kapitol steigt!
Selbst augustischen Pfosten hinfort der treueste Hüter,
Sollst an der Pforte du stehn, die umschlossene Eiche beschützend!

DAPHNE

Und, wie jugendlich blüht mein ungeschorenes
Haupthaar,
Trag' auch du beständig die dauernde Ehre des
Laubes!

Päan endigte so; der jüngst entsprossene Lorbeer
Nickte dazu, und schien wie ein Haupt zu bewegen
den Wipfel.

PAUL VALÉRY

Gespräch über den Baum

Tityrus: ... Ich liebe dich, Baum, gewaltiger, ich bin vernarrt in deine Glieder. Da ist keine Blume, da ist keine Frau, großes vielarmiges Wesen, die mich inniger rührt als du und meinem Herzen eine zärtlichere Raserei entlockte ... Du weißt es wohl, mein Baum, mit dem ersten Licht schon komme ich, dich zu umarmen; ich küsse mit meinen Lippen die bittre und glatte Rinde, und ich fühle mich ein Kind unserer selben Erde. An den untersten deiner Zweige hänge ich meinen Gürtel und meine Tasche. Aus dem Dickicht deines Dunkels bricht lärmend jäh ein plumper Vogel und entflieht zwischen deinen Blättern, aufgeschreckt mich erschreckend. Doch furchtlos steigt das Eichhorn nieder und eilt auf mich zu: Es hat mich erkannt. Zärtlich rötet der Himmel sich, und alles ringsum tritt hervor. Jedes Ding sagt seinen Namen, denn das Feuer des neuen Tages weckt sie, eines um das andere. Ein Wind erhebt sich und rauscht in deinem hohen Astwerk. Er ruft dort eine Quelle auf, und ich lausche der lebhaften Luft. Aber du bist es, den ich vernehme. O wirres Sprechen, erregtes Gespräch, all deine Stimmen wollte ich in eins verschmelzen! Hunderttausende bewegte Blätter sind wie das Gemurmel eines traumüberwältigten Schläfers. Ich antworte dir, mein Baum, ich rede mit dir und sage dir meine geheimen Gedanken. All meine Wahrheit, all meine ländlichen Wünsche: Du kennst sie ganz und die arglosen Qualen des einfachsten, des dir nächsten Lebens. Ich blicke um mich, ob wir auch recht allein sind, und ich mache dich zum Vertrauten dessen, was ich bin. Bald beichte ich dir, daß ich Galatea hasse; bald, wenn eine Erinnerung mich hinreißt, halte ich dich für sie, und eine Wahn überfällt mich, haschen will ich, und greifen und beißen, was ich mir einbilde, als wäre es mehr als ein Traum:

ein lebendes Wesen ... Ein andermal wieder mache ich dich zu einem Gott. Und ich bete, o Buche, zu dem Götterbild, das du bist. Warum nicht? Es gibt viele Götter in unsern Gefilden. Und so geringere sind darunter. Du aber, wenn der Wind sich legt, und wenn die Hoheit der Sonne alles ringsum zu leuchtender Stille überwältigt, dann trägst du auf deinen auseinanderstrebenden Gliedern, deinem unzähligen Laubwerk die glühende Last des Mittags-Geheimnisses; und ganz in der entschlafen, dauert die Zeit nur noch durch das aufreizende Surren des Insektenvölkchens ... Dann scheinst du mir eine Art Tempel, und weder Leid noch Freude widerfährt mir, die ich nicht deiner erhabenen Einfalt weihe.

JOANNE K. ROWLING

Harry Potter und
die Kammer des Schreckens

Bald beginnt das neue Schuljahr, und Harry und Ron, zwei junge Zauberer, wollen zurück in ihr Internat, Hogwarts. Doch der Zugang zum geheimen Gleis 9 ¾ am Londoner Bahnhof King's Cross bleibt aus irgendeinem Grund versperrt, und so verpassen die beiden Freunde den Zug, der sie zur Schule bringen sollte. Kurzentschlossen nehmen sie den fliegenden Ford Anglia von Rons Vater und machen sich verbotenerweise auf den Weg durch die Lüfte ...

Ron drückte auf einen kleinen silbernen Knopf am Armaturenbrett. Der Wagen um sie her verschwand – und sie mit ihm. Harry spürte den Sitz unter sich erzittern, hörte den Motor, fühlte seine Hände auf den Knien und seine Brille auf der Nase, doch nach allem, was er sehen konnte, war er nur noch ein Augenpaar, das in einer schäbigen Straße voll geparkter Autos einen Meter über dem Boden schwebte.

»Los geht's«, sagte Rons Stimme zu seiner Rechten.

Und die Straße und die schmutzigen Gebäude versanken zu beiden Seiten, als der Wagen sich in die Lüfte erhob; ein paar Sekunden später lag die große Stadt London rauchig und glitzernd unter ihnen.

Dann hörten sie ein Knallen und der Wagen, Harry und Ron tauchten wieder auf.

»O nein«, sagte Ron und hämmerte auf den Knopf für den Unsichtbarkeits-Servoantrieb ein, »er ist kaputt!«

Beide fummelten an dem Knopf herum. Der Wagen verschwand und kam gleich wieder flackernd zum Vorschein.

»Halt dich fest!«, rief Ron und drückte das Gaspedal durch; sie schossen hinein in die tief hängende flaumige Wolkendecke, und um sie her war nun alles trübe und feucht.

»Was nun?«, fragte Harry und spähte verdutzt durch die dichte Wolkenmasse.

»Wir müssen den Zug finden, damit wir wissen, in welche Richtung wir fliegen sollen«, sagte Ron.

»Wieder runter, schnell!«

Sie tauchten hinab unter die Wolkendecke und schauten durch die Fenster auf die Erde.

»Ich kann ihn sehen!«, rief Harry, »dort – direkt vor uns!«

Der Hogwarts-Express glitt vor ihnen dahin wie eine scharlachrote Schlange.

»Richtung Norden«, sagte Ron mit einem Blick auf den Kompass am Armaturenbrett. »Gut – wir müssen nur jede halbe Stunde nachsehen – halt dich fest –«

Und wieder schossen sie hoch in die Wolken; eine Minute später stießen sie durch die Wolkendecke ins gleißende Sonnenlicht.

Dies war eine andere Welt. Die Wagenräder glitten durch das flaumige Wolkenmeer, der Himmel war ein helles, endloses Blau unter der blendend weißen Sonne.

»Jetzt müssen wir nur noch auf Flugzeuge aufpassen«, sagte Ron.

Sie sahen sich an und prusteten los; es dauerte einige Zeit, bis sie sich wieder beruhigt hatten.

Sie fühlten sich wie inmitten eines phantastischen Traums. Das ist die einzig wahre Art zu reisen, dachte Harry: vorbei an schneeigen Wolkenwirbeln und -türmchen, in einem von heißem, hellem Sonnenlicht durchfluteten Wagen, mit einer großen Packung Sahnebonbons im Handschuhfach und der Aussicht auf die neidischen Gesichter von Fred und George, wenn sie vor aller Augen sanft auf dem üppigen Rasen vor Schloss Hogwarts landen würden.

Immer weiter nach Norden flogen sie und schauten dabei regelmäßig nach dem Zug und jedes Mal, wenn sie unter die Wolken abtauchten, bot sich ihnen ein anderer Blick. London lag nun weit hinter ihnen, stattdessen sahen sie anmutige grüne Felder, die allmählich weitläufigen, purpurn schimmernden Mooren wichen, Weilern mit kleinen Spielzeugkirchen und einer großen Stadt, in der es von Autos nur so wimmelte, die an bunte Ameisen erinnerten.

Mehrere ereignislose Stunden später jedoch musste sich Harry eingestehen, dass er allmählich die Lust verlor. Die Sahnebonbons hatten ihnen höllisch Durst gemacht und sie hatten nichts zu trinken dabei. Er und Ron hatten die Pullis ausgezogen, doch Harrys T-Shirt klebte an seinem Sitz und die Brille rutschte ihm ständig auf die schweißfeuchte Nasenspitze. Die phantastischen Wolkenformen beachtete er schon gar nicht mehr, und sehnsüchtig dachte er an den Zug meilenweit unter ihnen, wo man von einer kugelrunden Hexe mit einem Imbisswägelchen eiskalten Kürbissaft kaufen konnte. Warum waren sie eigentlich nicht zu Gleis neundreiviertel durchgekommen?

»Weit kann es nicht mehr sein, oder?«, krächzte Ron wieder ein paar Stunden später, als die Sonne schon im Wolkenteppich versank und den Himmel tiefrosa einfärbte. »Wollen wir noch mal nach dem Zug schauen?«

Er war immer noch direkt unter ihnen und schlängelte sich an einem schneebedeckten Berg vorbei. Unter dem Wolken-Baldachin war es jetzt schon recht dunkel.

Ron drückte aufs Gaspedal und flog den Wagen wieder nach oben, doch auf einmal begann der Motor zu wimmern. Harry und Ron tauschten nervöse Blicke.

»Wahrscheinlich ist er bloß müde«, sagte Ron. »So weit ist er noch nie geflogen ... «

Und während der Himmel immer dunkler wurde, taten sie so, als ob sie das lauter werdende Wimmern nicht hörten. In der Schwärze um sie her blühten Sterne auf. Harry zog den Pulli wieder an und versuchte die wie aus Protest inzwischen schwächlich arbeitenden Scheibenwischer zu ignorieren.

»Nicht mehr weit«, sagte Ron, mehr zum Wagen als zu Harry, »wir sind bald da«, und er tätschelte mit zitternder Hand das Armaturenbrett.

Als sie eine Weile später wieder durch die Wolken hinabtauchten, mussten sie in der Dunkelheit nach einem Punkt in der Landschaft Ausschau halten, den sie kannten.

»*Dort!*«, rief Harry, und Ron und Hedwig schraken zusammen. »Direkt vor uns!«

Hoch oben auf einer Klippe über dem See, abgehoben gegen den dunklen Horizont, ragten die vielen Zinnen und Türme von Hogwarts empor.

Der Wagen begann zu stottern und wurde langsamer.

»Na komm schon«, flehte Ron und rüttelte ein wenig am Steuer, »wir sind doch fast da, los –«

Der Motor stöhnte auf. Unter der Kühlerhaube pfiffen feine Dampfstrahlen hervor. Harry klammerte sich zu beiden Seiten seines Sitzes fest, während sie auf den See zuflogen.

Der Wagen begann heftig zu ruckeln. Harry spähte aus dem Fenster und sah ein gutes Stück unter ihnen das ruhige, gläsernschwarze Wasser. Rons Handknöchel auf dem Lenkrad waren weiß geworden. Wieder machte der Wagen einen Ruck.

»Ich bitte dich«, murmelte Ron.

Sie waren über dem See ... Hogwarts lag direkt vor ihnen ... Ron drückte das Gaspedal durch.

Sie hörten ein lautes metallisches Klirren und mit einem Stottern erstarb der Motor.

»Uh, aah«, sagte Ron in die Stille hinein.

Der Wagen neigte sich vornüber in die Tiefe. Sie sanken, immer schneller, geradewegs auf die Schlossmauer zu.

»*Neiiiiin!*«, schrie Ron und kurbelte am Steuer; um Zentimeter verfehlten sie die dunkle Steinmauer, und der Wagen beschrieb einen ausladenden Bogen; sie surrten über die dunklen Gewächshäuser hinweg, über den Gemüsegarten und dann über die dunklen Parkanlagen, dabei verloren sie stetig an Höhe.

Ron ließ das Steuer ganz los und zog seinen Zauberstab aus der hinteren Tasche.

»HALT! STOPP!«, rief er und schlug auf das Armaturenbrett und die Windschutzscheibe ein, doch immer noch sanken sie tiefer, und der Erdboden flog ihnen entgegen ...

»PASS AUF DEN BAUM AUF!«, schrie Harry und stürzte sich auf das Lenkrad, doch zu spät –

SPLITTER.

Mit ohrenbetäubendem Lärm schlug Metall auf Holz; sie krachten gegen den dicken Baumstamm und landeten mit einem schmerzhaften Aufprall auf der Erde. Unter der zusammengeschrumpelten Kühlerhaube paffte Dampf hervor; Hedwig kreischte in panischer Angst, und auf Harrys Kopf pochte da, wo er gegen die Windschutzscheibe geknallt war, eine golfballgroße Beule. Von Ron zu seiner Rechten kam ein lautes, verzweifeltes Stöhnen.

»Bist du okay?«, fragte Harry besorgt.

»Mein Zauberstab«, sagte Ron mit zittriger Stimme. »Sieh dir meinen Zauberstab an.«

Er war durchgeknackst und fast entzweigebrochen; die Spitze hing lahm herab und wurde nur noch von ein paar Splittern gehalten.

Harry öffnete den Mund, um zu sagen, das würden sie in der Schule sicher wieder hinbekommen, doch er brachte kein Wort heraus. In genau diesem Moment schlug etwas mit der Kraft eines rasenden Stiers gegen seine Wagentür und schmetterte ihn gegen Ron, während zugleich ein ebenso heftiger Schlag das Dach traf.

»Was ist –«

Ron keuchte, als er durch die Scheibe starrte, und Harry folgte seinem Blick gerade noch rechtzeitig, um zu sehen, wie ein Ast, so dick wie eine Pythonschlange, auf sie einschlug. Der Baum, gegen den sie gekracht waren, fiel über sie her. Seine Krone hatte sich fast zum Erdboden hinuntergebogen, und seine knorrigen Zweige trommelten auf jeden Zentimeter des Wagens ein, den sie erreichen konnten.

»Aaarh!«, sagte Ron, als ein weiterer Ast sich zurückbog und eine tiefe Delle in die Fahrertür schlug; die Windschutzscheibe zitterte nun unter einem Hagel von Schlägen knöchelartiger Zweiglein, und ein Ast, so dick wie ein Rammbock, hämmerte wild auf das Dach ein, das sich immer tiefer eindellte –

»Raus hier, schnell!«, schrie Ron und warf sich mit aller Kraft gegen die Tür, doch schon schleuderte ihn ein teuflischer Aufwärtshaken in Harrys Schoß.

»Wir sind erledigt«, stöhnte er, als das Dach einbrach, doch plötzlich erzitterte der Wagenboden – der Motor war wieder angesprungen.

»*Rückwärts!*«, schrie Harry, und der Wagen sauste zurück. Noch immer schlug der Baum nach ihnen aus; mit knarzenden Wurzeln riss er sich fast aus der Erde, um sie noch einmal mit seinen Peitschenhieben zu treffen, bevor sie davonfuhren.

»Das war knapp«, keuchte Ron. »Gut gemacht, Auto.«

Der Wagen freilich war nun am Ende seiner Kräfte. Mit einem trockenen Geräusch flogen die Türen auf und Harry spürte seinen Sitz zur Seite kippen; schon lag er, alle Viere von sich gestreckt, auf dem feuchten Erdboden. Laute dumpfe Aufschläge sagten ihm, dass der Wagen nun ihr Gepäck aus dem Kofferraum warf; Hedwigs Käfig segelte durch die Luft, die Käfigtür flog auf und mit einem wütenden Kreischen flatterte sie, ohne die beiden noch eines Blickes zu würdigen, rasch in Richtung Schloss davon. Nun zuckelte der zerbeulte und zerkratzte Wagen, zornig mit den Rücklichtern blinkend, in die Dunkelheit davon.

»Komm zurück!«, rief Ron ihm nach und fuchtelte mit seinem durchgeknacksten Zauberstab durch die Luft. »Dad bringt mich um!«

Doch mit einem letzten Ächzer des Auspuffs verschwand der Wagen in der Nacht.

»Wie kann man nur so viel Pech haben«, sagte Ron niedergeschlagen und bückte sich, um Krätze, die Ratte, aufzuheben. »Von allen Bäumen, gegen die wir hätten fliegen können, haben wir einen getroffen, der zurückschlägt.«

Er blickte über die Schulter zurück zu dem alten Baum, der immer noch drohend mit den Zweigen ausschlug.

»Los komm«, sagte Harry erschöpft, »wir gehen besser rauf zur Schule ... «

Später erfahren Harry und Ron, dass die Peitschende Weide, die ihnen hier einen so abweisenden Empfang bereitet hat, ursprünglich gepflanzt wurde, um den Eingang zur Heulenden Hütte zu bewachen. Diese alte Holzhütte diente dem Werwolf Remus Lupin früher als Zufluchtsort während seiner gefährlichen Verwandlungen.

WILHELM MÜLLER

Der Lindenbaum

Am Brunnen vor dem Tore
Da steht ein Lindenbaum;
Ich träumt in seinem Schatten
So manchen süßen Traum.

Ich schnitt in seine Rinde
So manches liebe Wort;
Es zog in Freud' und Leide
Zu ihm mich immer fort.

Ich mußt' auch heute wandern
Vorbei in tiefer Nacht,
Da hab' ich noch im Dunkel
Die Augen zugemacht.

Und seine Zweige rauschten,
Als riefen sie mir zu:
Komm her zu mir, Geselle,
Hier find'st du deine Ruh'!

Die kalten Winde bliesen
Mir grad ins Angesicht;
Der Hut flog mir vom Kopfe,
Ich wendete mich nicht.

Nun bin ich manche Stunde
Entfernt von jenem Ort,
Und immer hör' ich's rauschen:
Du fändest Ruhe dort!

TRUMAN CAPOTE

Die Grasharfe

Einmal in der Woche, gewöhnlich am Samstag, gingen wir in die Flußwälder. Für diese Ausflüge, die den ganzen Tag beanspruchten, richtete Catherine ein Brathuhn und ein Dutzend Pfeffereier, und Dolly nahm eine Schokoladeschichttorte mit und einen Vorrat von Bonbons. Derart ausgerüstet und mit drei leeren Getreidesäcken wanderten wir den Kirchweg entlang hinter dem Friedhof durch das Präriegras. Gleich nachdem man den Wald betrat, kam man an einen doppelstämmigen Paternosterbaum, eigentlich waren es zwei Bäume mit so ineinander verschlungenen Zweigen, daß man von dem einen in den anderen klettern konnte; und sie waren tatsächlich durch ein Baumhaus verbunden, ein geräumiges, handfestes, vorbildliches Baumhaus; es glich einem Floß, das im Blättermeer dahintrieb. Die Knaben, die es erbaut hatten – vorausgesetzt, daß sie noch am Leben waren – müßten heute sehr alte Männer sein; denn das Baumhaus war gewiß schon fünfzehn oder zwanzig Jahre alt, als Dolly es zum erstenmal entdeckte, und das war ein Vierteljahrhundert vor dem Tag, an dem sie es mir zeigte.

Man konnte es mühelos wie über eine Treppe erklimmen; Knorren in der Rinde stützten den Fuß, und es gab ein Geländer aus derben Weinranken. Selbst Catherine, die fette Hüften hatte und über Rheuma klagte, machte es keine Mühe. Aber Catherine liebte das Baumhaus nicht; sie wußte nicht, was Dolly wußte, und was sie auch mich wissen ließ: es war ein Schiff, und wenn man darin saß, konnte man die wolkengesäumten Gestade aller Träume entlangsegeln. »Merk auf mein Wort«, sagte Catherine, »Fußbodenlatten da sein zu alt, Nägel da sein schlüpfrig wie Würmer, gehen alles krach entzwei, gehen fallen und Köpfe zerschlagen – hab ich's nicht gesagt.«

Nachdem wir unsere Vorräte im Baumhaus eingelagert hatten, gingen wir getrennt in den Wäldern, jeder mit einem Getreidesack, den wir mit Kräutern, Blättern und wunderlichen Wurzeln füllten. Keiner von uns, nicht einmal Catherine, wußte genau, was alles in die Arznei kam, denn das war ein Geheimnis, das Dolly für sich behielt, und niemals erlaubte sie uns, das anzusehen, was sie in ihrem eigenen Sack sammelte. Sie band ihn so fest zu, als hielt sie darin einen verzauberten Prinzen oder ein blauhaariges Kind gefangen. Dies war ihre Geschichte: »Einmal, lang ist's her, als wir noch Kinder waren (Verena noch mit ihren Milchzähnen und Catherine nicht größer als ein Zaunpfahl), gab es hier so viel Zigeuner wie Vögel auf einem Fleck mit Blaubeeren – nicht wie jetzt, wo man im Jahr nur ganz wenige umherziehen sieht. Sie kamen mit dem Frühling, und plötzlich, wie das Kornelkirschenrosa, waren sie da, straßenauf und -abwärts und in den Wäldern ringsum. Aber ihr Anblick war unseren Männern verhaßt, und Daddy – das war unser Großonkel Uriah – sagte, er würde jeden, den er auf unserem Grund erwischte, erschießen. Also hab ich es nie verraten, wenn die Zigeuner Wasser aus dem Bach schöpften oder die alten Winterpekannüsse stahlen. Eines Abends dann, es war im April und es regnete, ging ich zum Kuhstall, denn Fairybell hatte ein neues Kälbchen; in dem Kuhstall waren drei Zigeunerinnen, zwei alte und eine junge, und die junge war nackt und wand sich auf dem Kornstroh. Als sie sahen, daß ich keine Angst hatte und daß ich nicht weglaufen würde, um zu petzen, bat eine von den Alten, ich solle ein Licht bringen. Also, ich ging ins Haus und holte eine Kerze, und als ich zurückkam, hielt die Alte, die mich danach geschickt hatte, ein rotes, brüllendes Baby kopfunter an den Füßen und die andere Frau molk Fairybell. Ich half ihnen, das Baby in der warmen Milch zu waschen und in einen Schal einzuhüllen. Dann nahm die eine von den Alten meine Hand und sagte: ›Jetzt mach ich dir ein Geschenk und lehre dich einen Vers.‹ Es war ein Vers auf immergrüne Rinde, auf den Drachenkopffarn und all die anderen Sachen, die wir hier in den Wäldern suchen:

›Brau das Tränklein braun und klar,

Tropfenkur hilft immerdar.‹

Am Morgen waren sie fort; ich suchte sie in den Feldern und auf der Straße. Doch alles, was von ihnen zurückblieb, war der Reim in meinem Kopf.«

Unter lauten Zurufen, heulend wie Eulen, die am Tage unsicher sind, arbeiteten wir den ganzen Morgen in entgegengesetzten Waldstrecken. Gegen Nachmittag kletterten wir, unsere Säcke schwellend gefüllt mit abgeschälter Rinde und ausgestochenen zarten Wurzeln, zurück in das grüne Gewebe des Paternosterbaums und breiteten unser Mahl aus. Wir hatten gutes Bachwasser in einem irdenen Krug oder bei kaltem Wetter eine Thermosflasche mit heißem Kaffee, und wir reinigten unsere zuckerverklebten, hühnerfettigen Finger an einem Polster von Blättern. Und später, nachdem wir Blumenorakel befragt und über einschläfernde Dinge gesprochen hatten, trieb unser Floß im Baum durch den Nachmittag dahin; wir gehörten zu ihm wie die in der Sonne silbrigen Blätter und die dort nistenden Nachtschwalben [...]

Später, im Bett, wartete ich auf Dollys Gutenachtkuß. Mein Zimmer, über dem Vorbau, in einer entlegenen Ecke des Hauses, war das Zimmer gewesen, wo ihr Vater, Mr. Uriah Talbo, gelebt hatte. Alt und schon etwas geistesgestört hatte ihn Verena von der Farm hierhergebracht, und hier war er gestorben, ohne zu wissen, wo er war. Obwohl er schon zehn oder fünfzehn Jahre tot war, durchtränkte der Altmännergeruch von Tabak und Wein noch immer die Matratze und das Kämmerchen; auf einem Sims lag das einzige Besitztum, das er von der Farm mitgenommen hatte, eine kleine gelbe Trommel. Als Junge in meinem Alter war er mit einem Südstaatenregiment marschiert und hatte singend die kleine gelbe Trommel geschlagen. Dolly sagte, als kleines Mädchen sei sie an den Wintermorgen gern früh aufgewacht, um den Vater singen zu hören, wenn er reihum im Haus die Kaminfeuer schürte; als er alt geworden und dann gestorben war, hörte sie manchmal sein Singen in dem Präriegras. Wind war das, meinte Catherine, und Dolly entgegnete ihr: »Wir sind doch der Wind – er sammelt, sich erinnernd, unsere Stimmen und schickt sie wispernd und raunend durch das Laub und durch die Felder. Ich habe Papa ganz deutlich gehört.« In solcher Nacht, nun da es September war, beugte der Herbstwind das dichte rote Gras und ließ all die verklungenen Stimmen wieder aufleben, und ich lauschte, ob auch er dort im Gras sang, der alte Mann, in dessen Bett ich lag und einschlief.

Dann auf einmal dachte ich, Dolly sei endlich zum Gutenachtkuß gekommen, denn ich wachte auf und fühlte sie im Zimmer und nahe bei mir. Aber es war schon Morgen. Das beginnende Licht sprühte wie goldenes Laubwerk in den Fenstern auf, und von ferne prahlten die Hähne: »Schsch, Collin«, wisperte Dolly und beugte sich über mich. Sie trug ein wollenes Winterkleid und einen Hut mit einem Reiseschleier, der vor ihrem Gesicht hing wie ein feiner Nebel. »Ich wollte nur, daß du weißt, wohin wir gehen.«

»In das Baumhaus?« fragte ich und glaubte, ich rede im Schlaf. Dolly nickte. »Einstweilen. Bis wir genauer wissen, was wir vorhaben.« Sie merkte, daß ich mich fürchtete, und legte ihre Hand auf meine Stirn.

»Du und Catherine – – und ich nicht?« Ein Kälteschauer schüttelte mich. »Ihr dürft nicht gehen ohne mich.«

Die Turmglocke schlug; Dolly schien den letzten Ton abwarten zu wollen, ehe sie sich entschied. Es dröhnte fünf Uhr, und als der letzte Schlag erstarb, war ich schon aus dem Bett gesprungen und fuhr in meine Kleider. Es blieb Dolly nichts anderes übrig als zu sagen: »Vergiß deinen Kamm nicht.«

Wir trafen Catherine im Hof; sie krümmte sich unter dem Gewicht einer übervollen Wachstuchtasche; ihre Augen waren geschwollen, sie hatte geweint, und Dolly, die in dem, was sie tat, sonderbar sicher und zuversichtlich war, beruhigte sie: »Es macht nichts, Catherine – wir werden deine Goldfische kommen lassen, wenn wir wissen, wo wir bleiben.« Verenas friedlich geschlossene Fenster glänzten über uns auf; vorsichtig schlichen wir unter ihnen vorbei, durchschritten lautlos das Gartentor. Ein Foxterrier bellte uns an; aber niemand war auf den Straßen, und niemand sah uns auf dem Weg durch die Stadt, außer einem schlaflosen Gefangenen, der durch die Gitter seiner Zelle schaute. Wir erreichten das Feld mit dem Präriegras gerade, als die Sonne aufging. Dollys Schleier flatterte im Morgenwind, und ein Fasanenpärchen, das an unserem Weg nistete, strich stracks mit metallischen Schwingen aus dem scharlachfarbenen Gras auf, das wie ein Hahnenkamm glühte. Der Paternosterbaum war jetzt, im September, eine Höhle, voll von Grün und grünlichem Gold. »Gehen fallen, gehen Köpfe zerschlagen«, raunte Catherine, als der Tau von den Blättern auf uns tropfte.

HARPER LEE

Wer die Nachtigall stört ...

Im ersten Jahr kam ich dreißig Minuten früher aus der Schule als Jem, der bis drei Uhr bleiben musste. Ich rannte dann so schnell wie möglich am Radley-Grundstück vorbei und machte erst halt, wenn ich mich auf unserer Veranda in Sicherheit wusste. Eines Nachmittags jedoch, als ich wieder einmal vorbeiraste, erregte etwas meine Aufmerksamkeit, und zwar so zwingend, dass ich jäh bremste, tief Luft holte, mich nach allen Seiten umschaute und dann zurückging. Dicht an Radleys Zaun standen zwei Eichen, deren Wurzeln bis auf die Straße reichten, sodass der Boden dort uneben war. Und an dem Baum war mir etwas aufgefallen.

Das Silberpapier, das in Scheitelhöhe in einem Astloch steckte, schien mir in der Nachmittagssonne zuzublinzeln. Ich stellte mich auf die Zehenspitzen, sah mich noch einmal hastig um, griff in das Loch und brachte zwei Streifen Kaugummi ohne äußeres Einwickelpapier zum Vorschein.

Meine erste Regung war, sie so rasch wie möglich in den Mund zu befördern, doch dann fiel mir ein, wo ich mich befand. Ich rannte nach Hause und prüfte auf der Veranda meine Beute. Der Kaugummi sah frisch aus. Ich beschnupperte ihn und fand, dass er gut roch. Schließlich leckte ich daran, wartete eine Weile, ob ich etwa sterben würde, und stopfte ihn dann in den Mund: Wrigleys Doublemint.

Als Jem nach Hause kam, erkundigte er sich, wo ich den dicken Klumpen herhätte.

»Den habe ich gefunden«, sagte ich.

»Du sollst nichts essen, was du auf der Straße findest, Scout.«

»Das hier lag nicht auf der Straße, sondern in einem Astloch.«

Jem ließ ein ungläubiges Knurren hören.

»Wirklich wahr«, beteuerte ich. »Es hat in dem Baum da drüben gesteckt, in dem auf unserem Schulweg.«

»Spuck das Zeug sofort aus!«

Ich gehorchte. Von dem Aroma war ohnehin nicht mehr viel übrig. »Ich hab's den ganzen Nachmittag gekaut und bin noch nicht tot, nicht mal krank.«

Jem stampfte mit dem Fuß auf. »Weißt du nicht, dass du die Bäume da drüben nicht anfassen darfst? Du stirbst, wenn du's doch tust!«

»Du hast ja sogar das Haus angefasst!«

»Das ist ganz was anderes. Los, geh gurgeln, sofort, verstanden?«

»Nein, ich will den Geschmack im Mund behalten.«

»Wenn du nicht gurgelst, sage ich's Calpurnia.«

Ich fügte mich, denn eine Auseinandersetzung mit Calpurnia wollte ich nicht riskieren. Irgendwie hatte mein erstes Schuljahr unsere Beziehung zueinander verändert. Calpurnias Tyrannei, ihre Ungerechtigkeit, ihre ständige Einmischung in meine Angelegenheiten waren einem sanften Grollen allgemeiner Missbilligung gewichen, und was mich betraf, so gab ich mir manchmal große Mühe, sie nicht zu reizen.

Der Sommer rückte näher, Jem und ich erwarteten ihn mit Ungeduld. Der Sommer, unsere beste Jahreszeit, bedeutete, dass wir in Feldbetten auf der durch Fliegengitter geschützten Hinterveranda schlafen und gelegentlich sogar versuchen durften, im Baumhaus zu übernachten. Der Sommer brachte alles, was gut schmeckte, er brachte Tausende von Farben in einer sonnenversengten Landschaft, und vor allem brachte er uns Dill.

Am letzten Schultag wurden wir frühzeitig entlassen, und Jem und ich gingen gemeinsam nach Hause.

»Bestimmt kommt morgen der alte Dill«, sagte ich.

»Wahrscheinlich erst übermorgen. Mississippi macht einen Tag später Schluss.«

Als wir an Radleys Eichen vorbeikamen, hob ich zum hundertsten Mal die Hand und zeigte auf das Astloch, in dem ich den Kaugummi gefunden hatte. Ich wollte nur glaubhaft machen, dass er tatsächlich dort gelegen hatte, aber zu meiner Überraschung deutete ich auf ein neues Silberpapier.

»Ich sehe es, Scout. Ich sehe es ...«

Jem blickte sich um, langte hoch und steckte behutsam ein glänzendes Päckchen in seine Tasche. Wir rannten nach Hause und besichtigten auf der Veranda die kleine Schachtel, die mit Silberpapierstückchen von Kaugummipackungen beklebt war. Es war ein Kästchen wie für Eheringe – purpurner Samt und ein winziger Verschluss. Jem ließ es aufspringen. Drinnen lagen zwei blitzblanke Pennystücke, eines auf dem anderen. Jem untersuchte sie.

»Indianerköpfe«, sagte er. »Neunzehnhundertsechs und – du, Scout, stell dir vor, der andere ist von neunzehnhundert. Die sind ja richtig alt.«

»Neunzehnhundert«, wiederholte ich. »Hör mal ...«

»Sei mal eben ruhig, ich muss nachdenken.«

»Jem, ob das ein Versteck von jemandem ist?«

»Nein. Außer uns kommt da ja keiner hin. Höchstens Erwachsene ...«

»Erwachsene haben keine Verstecke. Meinst du, wir dürfen die Münzen behalten?«

»Ja, wenn ich das wüsste, Scout. Wem sollten wir sie denn zurückgeben? Ich weiß genau, dass da keiner vorbeigeht. Cecil macht doch immer den großen Umweg durch die Seitenstraße und dann durch die Stadt.«

Cecil Jacobs, der ganz am Ende unserer Straße neben dem Postamt wohnte, marschierte an jedem Schultag mehr als eine halbe Meile im Bogen um das Radley-Grundstück und das Haus der alten Mrs. Henry Lafayette Dubose herum. Mrs. Dubose wohnte zwei Türen von uns entfernt und war nach dem einstimmigen Urteil der Nachbarschaft das gemeinste alte Weib, das je gelebt hatte. Jem ging nur in Atticus' Begleitung an ihrer Wohnung vorbei.

»Was sollen wir tun, Jem?«

Wer etwas fand, durfte es behalten, wenn sich der rechtmäßige Eigentümer nicht ermitteln ließ. Unser ethisches Bewusstsein vertrug sich auch durchaus mit gelegentlich gepflückten Kamelien, mit einem Strahl warmer Milch von Miss Maudie Atkinsons Kuh an heißen Sommertagen und mit Weintrauben aus fremden Gärten. Aber Geld war etwas anderes.

»Weißt du was? Wir behalten sie, bis die Schule wieder anfängt«, sagte Jem. »Dann gehen wir rum und fragen jeden, ob sie ihm gehören. Vielleicht hat eins von den Buskindern sie dort hingelegt und heute in der Aufregung nicht mehr dran gedacht. Irgendwem müssen sie gehören. Sieh nur, wie blankgeputzt sie sind. Die hat sich einer aufgespart.«

»Ja, aber wozu hat er den Kaugummi versteckt? Jeder weiß doch, dass der sich nicht hält.«

»Keine Ahnung, Scout. Aber die hier sind jemandem wichtig...«

»Wieso?«

»Na, Indianerköpfe – die kommen von den Indianern und haben ganz starke Zauberkraft. Sie bringen Glück. Nicht so, dass es abends Brathuhn gibt, wenn man's nicht erwartet, sondern solche Sachen wie langes Leben und Gesundheit und Prüfungen bestehen ... Die Münzen sind für irgendjemand sehr wertvoll. Ich werde sie in meine Truhe tun.«

Bevor Jem in sein Zimmer ging, sah er noch einmal lange zum Radley-Grundstück hinüber. Er schien nachzudenken.

[...]

In Südalabama sind die jahreszeitlichen Unterschiede gering. Der Sommer geht unmerklich in den Herbst über, und bisweilen folgt kein Winter, sondern der Herbst verwandelt sich in einen kurzen Frühling, der wiederum in einen Sommer mündet. In jenem Jahr hatten wir einen langen Herbst, und es wurde kaum kühl genug für eine leichte Jacke. An einem milden Oktobernachmittag trabten Jem und ich auf gewohnter Bahn, als das Astloch erneut unsere Blicke anzog. Diesmal war etwas Weißes darin. Jem überließ es mir, zwei kleine aus Seife geschnitzte Figuren hervorzuholen. Die eine stellte einen Jungen dar, die andere ein Mädchen in einem groben Kleid.

Ich vergaß, dass es keine Galgenmännchen gab, kreischte auf und ließ die Püppchen fallen.

Jem bückte sich hastig nach ihnen. »Was ist denn los mit dir?«, brüllte er mich an. Er pustete den roten Staub von den Figuren. »Du, die sind gut«, sagte er. »So gute hab ich noch nie gesehen.«

Er hielt sie mir hin: zwei Kinder in Miniaturformat, nahezu vollendet nachgebildet. Der Junge trug kurze Hosen, und ein Büschel Seifenhaar fiel über die linke Augenbraue. Ich sah zu Jem auf: Eine braune Haarsträhne hing ihm vom Scheitel in die Stirn. Nie zuvor war mir das aufgefallen.

Jem blickte von der Mädchenfigur auf mich. Die Puppe hatte Ponyfransen – genau wie ich.

»Du, das sind wir«, sagte Jem.

»Was meinst du wohl, wer die gemacht hat?«

»Wer schnitzt denn hier in der Nachbarschaft?«, fragte er.

»Mr. Avery.«

»Der schnitzt doch keine Figuren. Er schnitzt bloß.« Mr. Avery verbrauchte durchschnittlich einen Scheit Feuerholz in der Woche, um ihn zu einem Zahnstocher kleinzuschnitzen, auf dem er dann herumkaute.

»Da ist noch der Freund von der alten Miss Stephanie Crawford«, sagte ich.

»Ja, der schnitzt, aber er lebt doch auf dem Land. Wann soll denn der uns beobachten?«

»Vielleicht sitzt er auf der Veranda und sieht gar nicht nach

Miss Stephanie, sondern nach uns. Ich an seiner Stelle würde das tun.«

Jem starrte mich so lange an, dass ich fragte, was los sei. Ich erhielt nur ein »Nichts, Scout« zur Antwort. Zu Hause legte er die Puppen in seine Truhe.

Knapp zwei Wochen später fanden wir eine ganze Packung Kaugummi, den wir uns gut schmecken ließen, da Jem völlig vergessen hatte, dass alles auf dem Radley-Grundstück vergiftet war.

In der folgenden Woche bescherte uns das Astloch eine alte Medaille. Jem zeigte sie Atticus, und der sagte, es sei eine Rechtschreibmedaille. Vor unserer Geburt hätten die Schulen in Maycomb County Rechtschreibungswettbewerbe abgehalten und die Sieger mit Medaillen belohnt. Die hier hätte bestimmt jemand verloren, und wir sollten uns mal in der Nachbarschaft erkundigen. Als ich erzählen wollte, woher sie stammte, gab mir Jem verstohlen einen Fußtritt. Er fragte, ob sich Atticus an irgendeinen Sieger erinnern könne, und Atticus sagte nein.

Das wertvollste Geschenk lag vier Tage später im Astloch: eine Taschenuhr, die nicht ging, mit einer Kette, an der ein Aluminiummesser befestigt war.

»Meinst du, die ist aus Weißgold, Jem?«

»Keine Ahnung. Ich werde sie mal Atticus zeigen.«

Atticus meinte, die Uhr mit Zubehör sei neu wohl zehn Dollar wert gewesen. »Habt ihr sie etwa gegen irgendwas eingetauscht?«

»O nein, Vater.« Jem zog die Uhr seines Großvaters hervor. Atticus hatte ihm erlaubt, sie einmal in der Woche zu tragen – schonende Behandlung vorausgesetzt. An den Tagen, an denen Jem die Uhr trug, ging er wie auf Eiern. »Wenn es dir recht ist, Atticus, möchte ich lieber die andere nehmen. Vielleicht kann ich sie reparieren.«

Großvaters Uhr hatte für Jem den Reiz der Neuheit eingebüßt. Sie zu tragen war ihm nur noch eine lästige Pflicht, und er verspürte nicht länger das Bedürfnis, alle fünf Minuten die genaue Zeit festzustellen.

Er leistete ganze Arbeit: Nur eine Feder und zwei winzige Teilchen blieben übrig. Aber die Uhr wollte trotzdem nicht gehen. »Oh«, seufzte er, »ich kriege sie einfach nicht hin. Hör mal, Scout ...«

»Ja?«

»Was hältst du davon, wenn wir einen Brief an den schreiben, der die Sachen für uns hinlegt?«

»Ja, das wäre nett. Wir könnten uns bedanken und ... was ist los?«

Jem presste die Fäuste an die Ohren und schüttelte heftig den Kopf. »Ich begreife das nicht, wirklich, ich begreife das nicht ... Wenn ich nur wüsste, warum, Scout ...« Er sah zum Wohnzimmer hinüber. »Ich hätte Lust, es Atticus zu erzählen – oder nein, lieber doch nicht.«

»Ich kann's ja für dich tun.«

»Nein, lass das bleiben ... Du, Scout?«

»Was denn?«

Schon den ganzen Abend war Jem drauf und dran gewesen, mir etwas zu sagen. Mehrmals hatte sich seine Miene aufgehellt, und er war näher an mich herangerückt, doch dann hatte er es sich offenbar anders überlegt. So auch diesmal. »Och, gar nichts.«

»Los, wir wollen den Brief schreiben.« Ich schob ihm einen linierten Bogen und einen Bleistift hin.

»Schön. Also: Lieber Mister ...«

»Woher weißt du denn, dass es ein Mann ist? Ich wette, es ist Miss Maudie – auf die habe ich schon lange gewettet.«

»Ach was. Miss Maudie kann doch keinen Gummi kauen.« Jem grinste. »Weißt du, manchmal sagt sie richtig drollige Sachen. Ich habe ihr mal 'nen Kaugummi angeboten, und da hat sie gesagt, nein danke, Kaugummi würde ihr am Gaumen kleben und sie sprachlos machen. Klingt das nicht nett?«

»Ja, manchmal drückt sie sich wirklich nett aus. Übrigens hat sie auch bestimmt keine Taschenuhr mit Kette.«

»Lieber Mister«, wiederholte Jem. »Wir danken Ihnen vielmals für die – nein, wir danken Ihnen vielmals für alles, was Sie uns in das Astloch gesteckt haben. Hochachtungsvoll Jeremy Atticus Finch.«

»Wenn du so unterschreibst, weiß er vielleicht gar nicht, wer du bist.«

Jem radierte den Namen aus und schrieb dafür »Jem Finch« hin. Ich unterzeichnete mit »Jean Louise Finch (Scout)«, und Jem steckte das Blatt in einen Umschlag.

Am nächsten Morgen lief Jem auf dem Schulweg voraus. Vor dem Baum blieb er stehen, und ich sah, dass er kreideweiß wurde.

»Scout!«

Ich rannte zu ihm.

Jemand hatte unser Astloch mit Mörtel ausgefüllt.

»Wein doch nicht, Scout … Wein doch nicht. Sei nicht traurig …«, tröstete er mich auf dem ganzen Weg zur Schule.

Mittags schlang Jem sein Essen hinunter, stürzte auf die Veranda und bezog auf der Treppe Posten. Ich folgte ihm. »Er ist noch nicht vorbeigekommen«, sagte er.

Am nächsten Tag stand Jem wieder Wache, und diesmal wurde er belohnt.

»Guten Tag, Mr. Nathan«, grüßte er.

»Tag, Jem und Scout«, erwiderte Mr. Radley im Vorbeigehen.

»Mr. Radley«, rief Jem.

Mr. Radley wandte sich um.

»Bitte, Mr. Radley, haben Sie – äh, haben Sie bei dem Baum da drüben das Astloch verstopft?«

»Ja«, sagte er, »mit Mörtel.«

»Warum denn?«

»Der Baum stirbt ab. Wenn Bäume krank sind, dichtet man sie mit Mörtel ab. Das solltest du doch wissen, Jem.«

Bis zum späten Nachmittag sprach Jem nicht mehr darüber. Auf dem Weg zur Schule machte er vor dem Baum halt und tätschelte nachdenklich die Mörtelstelle. Er schien sich mit irgendwelchen Problemen herumzuschlagen, denn seine Stimmung wurde immer trüber. Ich ließ ihn wohlweislich in Frieden.

Am Abend liefen wir wie üblich Atticus entgegen, der aus dem Büro zurückkehrte. Als wir drei unsere Treppe erreicht hatten, sagte Jem: »Du, Atticus, schau dir doch mal den Baum da drüben an.«

»Welchen Baum, mein Junge?«

»Den an der Ecke von Radleys Grundstück. Auf unserem Schulweg.«

»Ja, und?«

»Stirbt der Baum ab?«

»Nein, Jem, das glaube ich nicht. Sieh nur, das Laub ist ganz grün und dicht, es hat nirgends braune Flecken ...«

»Aber vielleicht ist er krank?«

»Der Baum da ist so gesund wie du, Jem. Warum fragst du?«

»Mr. Nathan Radley sagt, der Baum stirbt ab.«

»Na, kann ja sein. Mr. Radley weiß sicherlich besser Bescheid über seine Bäume als wir.« Atticus ging ins Haus. Jem lehnte sich an einen Verandapfosten und rieb seine Schultern daran. »Juckt es dich, Jem?«, fragte ich so höflich, wie ich nur konnte. Er antwortete nicht. »Komm doch rein, Jem«, bat ich.

»Nachher.«

Er stand draußen, bis es dunkel wurde, und ich blieb bei ihm. Als wir schließlich hineingingen, sah ich, dass er geweint hatte, denn sein Gesicht war an bestimmten Stellen fleckig geworden. Ich fand es nur sonderbar, dass ich nichts gehört hatte.

Nie hat ein Schreck
grausamer mich
geschüttelt
– Mein Traum, mein gold-
ner Traum entschwand!

Baumfrevel

BRÜDER GRIMM

Die Zwerge auf dem Baum

Des Sommers kam die Schar der Zwerge häufig aus den Flühen herab ins Thal und gesellte sich entweder hülfreich oder doch zuschauend den arbeitenden Menschen, namentlich zu den Mähdern im Heuet (der Heuernte). Da setzten sie sich denn wohl vergnügt auf den langen und dicken Ast eines Ahorns ins schattige Laub. Einmal aber kamen boshafte Leute und sägten bei Nacht den Ast durch, daß er bloß noch schwach am Stamme hielt, und als die arglosen Geschöpfe sich am Morgen darauf niederließen, krachte der Ast vollends entzwei, die Zwerge stürzten auf den Grund, wurden ausgelacht, erzürnten sich heftig und schrien:

> O wie ist der Himmel so hoch
> und die Untreu' so groß!
> heut hierher und nimmermehr!

Sie hielten Wort und ließen sich im Lande niemals wiedersehen.

FRIEDRICH NIETZSCHE

Baum im Herbste

Was habt ihr plumpen Tölpel mich gerüttelt
Als ich in seliger Blindheit stand:
Nie hat ein Schreck grausamer mich geschüttelt
– Mein Traum, mein goldner Traum entschwand!

Nashörner ihr mit Elephanten-Rüsseln
Macht man nicht höflich erst: Klopf! Klopf?
Vor Schrecken warf ich euch die Schüsseln
Goldreifer Früchte – an den Kopf.

ESTNISCHES MÄRCHEN

Die sprechenden Bäume

Ein Bauer ging in den Wald Holz schlagen. Er trat zuerst an eine Fichte heran und gedachte sie zu fällen. Aber aus der Fichte klang ihm eine Stimme entgegen: Fälle mich nicht! Siehst du nicht, wie mir schon die Tränen zäh aus dem Stamme dringen? Du wirst's erfahren, welchen Schaden du leidest, wenn du mir das Leben nimmst! – Da trat der Mann zu einer Tanne und gedachte die zu fällen, aber die Seele der Tanne rief ihm entgegen: Strecke mich nicht nieder, von mir hast du nur geringen Nutzen, denn mein Holz ist knorrig und ästig! – Verdrießlich ging der Mann zu einem dritten Baume und wollte jetzt die Erle fällen. Der Baumgeist aber schrie: Hüte dich, mich zu berühren! Mit jedem Schlage strömt Blut aus meinem Herzen und Blut wird meinen Stamm und deine Axt färben! – Auf diese Gegenreden ward der Mann ganz bekümmert, ließ ab von seinen Versuchen, einen Baum zu fällen, und schickte sich zum Heimweg an. Als er aus dem Walde trat, kam ihm Jesus entgegen und fragte ihn, warum er so bekümmert wäre? Er erzählte sein Erlebnis im Walde. Da antwortete ihm der Herr: Kehre nur um und schlage nieder, was dir vorkommt, denn von heute an will ich den Bäumen alle Sprache und Gegenrede nehmen! – Also geschah es, und seitdem erkühnt sich kein Baum, seine Stimme wider des Menschen Axt zu erheben. Dennoch vernimmt man im Walde noch ein leises Säuseln und Blättergerausche, wenn die Bäume still miteinander flüstern.

Als nun die erste Tanne niedergehauen ward, vergoss sie bittere Zähren, die hernach zu Harz erstarrten. Der Schmerz der Mutter ging aber ihren Kindern, den Tannenzapfen, tief zu Herzen und sie sprachen zu ihr: Weine nicht, liebe Mutter, wir wollen es dem Menschen, der dich so erbarmungslos getötet, bös

DIE SPRECHENDEN BÄUME

vergelten! Da verwandelten sich die Schuppen der Zapfen in Wanzen und krochen in die Häuser der Menschen, wo sie die Menschen noch heutzutage quälen und plagen.

ANNA LOUISA KARSCH

Vorbitte wegen eines Nußbaums

an Palemon
(Zu Magdeburg den 18ten des Herbstmonats 1761.)

Erheitre nicht des Garten-Hauses Wände,
Und fälle nicht, um einer Handbreit Raum,
Durch Eisen und durch zwey gedungne Hände,
Den schattigten Baum.

Selbst der Prophet, der Ninivens Verderben
Hartnäckig foderte, ganz Menschenfeind,
Hat einst, gerührt von einer Pflanze Sterben,
Den Kürbis beweint.

Und du, ganz Menschenfreund, du willst die Hiebe
Im hohen Baum? auf dessen Zweigen oft
Ein Vogel singt, der lockend, seiner Liebe
Befriedigung hofft?

Das willst du nicht. Denn wann auf weichem Sitze
Du wie ein Fürst, in selbst geschaffner Ruh
Dich hier verbirgst, dann decket vor der Hitze
Sein Schatten dich zu.

Er ist ein Herzog im Bezirk des Gartens.
Die Pyramiden-Bäume wuchsen nur
So durch die Kunst. Er spottete des Wartens,
Ihn zog die Natur!

O welch ein Leib! mit was für starken Gliedern
Versah sie ihn! So stand in Priams Stadt
Einst Hector unter allen seinen Brüdern,
Von Kampfe nicht matt.

Dein Baum, der Held, steht, wann der Frost dem
Leben
Des Weinstocks und des Pfirsich-Baumes droht,
Dann steht er von Pomonens Schutz umgeben,
Nicht fürchtend den Tod.

Mit andern Trauben als der Weinstock träget
Prangt er im Herbst; und liefert seinem Herrn
Indem ein Holz ihn unbarmherzig schläget
Den lieblichen Kern,

Gewachsen in dem Umfang harter Schalen.
So liegt im schlechten Cörper oft versteckt
Ein Herz, nicht mit dem Glanze zu bezahlen
Der Mißgunst erweckt.

So hart wie sie, soll gegen fremde Lüste
Dein Mädchen seyn, für dich allein nur schön.
Weyh ihr den Baum, und sag einst: du Geküßte!
Dir ließ ich ihn stehn!

Was soll ich armes Mädchen nun anfangen, ich weiss mich nicht aus dem Wald heraus zu finden, keine Menschenseele wohnt darin, so muss ich gewiss verhungern.

Waldgeschichten

CHRISTIAN MORGENSTERN

Worauf beruht z. B. der Zauber des Waldes, die tiefe Beruhigung, die er dem Menschen gibt? Darauf wohl zumeist, daß uns in ihm eine unübersehbare Anzahl pflanzlicher Individuen einer bestimmten Art entgegentritt, die Lebensfrieden und Lebensmacht zugleich mit äußerster Zweckmäßigkeit vereinen. Der Stamm einer Bergfichte ist das Urbild ruhiger, in sich gefestigter Kraft; ein gewaltiger Lebenswille, den so bald nichts zu stören oder gar zu brechen vermag, offenbart sich in ihm. Ihre Äste, Zweige und Nadeln aber strahlen mit solch äußerster Zweckmäßigkeit rings von ihm aus, stellen im Verein mit dem Stamm und den Wurzeln einen so weise der Außen- und Umwelt eingepassten Körper dar, daß man begreift: hier liegt die *Lösung eines Problems* vor, an der vielleicht unermeßliche Zeiten gearbeitet haben.

MAX DAUTHENDEY

Stets sind Gespräche im Wald

Stets sind Gespräche im Wald:
Bald winkt dir ein Blatt,
Das dir etwas zu deuten hat.
Bald sitzt ein Käfer an deinem Ärmel und blinkt.
Sein Flügelein blitzt wie ein Liebesgedanke,
Der augenblicklich wieder versinkt.
Die Mücke singend ums Ohr dir schwebt,
Wie Sehnsucht, die vom Blute lebt
Und dir von deinen Poren trinkt.
Wo der Wald sich lichtet,
Steht ungeschlachten Scheitholz geschichtet,
Weht Rindengeruch, der von Bränden dichtet.
Bleibt in den Kleidern dir lang noch hocken,
Als will es dich in ein Feuer locken.

BRÜDER GRIMM

Die Alte im Wald

Es fuhr einmal ein armes Dienstmädchen mit seiner Herrschaft durch einen großen Wald, und als sie mitten darin waren, kamen Räuber aus dem Dickicht hervor und ermordeten wen sie fanden. Da kamen alle miteinander um bis auf das Mädchen, das war in der Angst aus dem Wagen gesprungen und hatte sich hinter einen Baum verborgen. Wie die Räuber mit ihrer Beute fort waren, trat es herbei und sah das große Unglück. Da fing es an bitterlich zu weinen und sagte: »Was soll ich armes Mädchen nun anfangen, ich weiß mich nicht aus dem Wald heraus zu finden, keine Menschenseele wohnt darin, so muß ich gewiß verhungern.« Es ging herum, suchte einen Weg, konnte aber keinen finden. Als es Abend war, setzte es sich unter einen Baum, befahl sich Gott, und wollte da sitzen bleiben und nicht weggehen, möchte geschehen was immer wollte. Als es aber eine Weile da gesessen hatte, kam ein weiß Täubchen zu ihm geflogen und hatte ein kleines goldenes Schlüsselchen im Schnabel. Das Schlüsselchen legte es ihm in die Hand und sprach: »Siehst du dort den großen Baum, daran ist ein kleines Schloß, das schließ mit dem Schlüsselchen auf, so wirst du Speise genug finden und keinen Hunger mehr leiden.« Da ging es zu dem Baum und schloß ihn auf und fand Milch in einem kleinen Schüsselchen und Weißbrot zum Einbrocken dabei, daß es sich satt essen konnte. Als es satt war, sprach es: »Jetzt ist es Zeit, wo die Hühner daheim auffliegen, ich bin so müde, könnt ich mich doch auch in mein Bett legen.« Da kam das Täubchen wieder geflogen und brachte ein anderes goldenes Schlüsselchen im Schnabel und sagte: »Schließ dort den Baum auf, so wirst du ein Bett finden.« Da schloß es auf und fand ein schönes weiches Bettchen: Da betete es zum lieben Gott, er möchte es behüten in der

Nacht, legte sich und schlief ein. Am Morgen kam das Täubchen zum drittenmal, brachte wieder ein Schlüsselchen und sprach: »Schließ dort den Baum auf, da wirst du Kleider finden«, und wie es aufschloß, fand es Kleider mit Gold und Edelsteinen besetzt, so herrlich, wie sie keine Königstochter hat. Also lebte es da eine Zeit lang und kam das Täubchen alle Tage und sorgte für alles, was es bedurfte, und war das ein stilles, gutes Leben.

Einmal aber kam das Täubchen und sprach: »Willst du mir etwas zu Liebe thun?« »Von Herzen gerne«, sagte das Mädchen. Da sprach das Täubchen: »Ich will dich zu einem kleinen Häuschen führen, da geh hinein, mittendrein am Herd wird eine alte Frau sitzen und »guten Tag« sagen. Aber gieb ihr bei Leibe keine Antwort, sie mag auch anfangen, was sie will, sondern geh zu ihrer rechten Hand weiter, da ist eine Türe, die mach auf, so wirst du in eine Stube kommen, wo eine Menge von Ringen allerlei Art auf dem Tisch liegt, darunter sind prächtige mit glitzerigen Steinen, die laß aber liegen und suche einen schlichten heraus, der auch darunter sein muß, und bring ihn zu mir her, so geschwind du kannst.« Das Mädchen ging zu dem Häuschen und trat zu der Türe ein: Da saß eine Alte, die machte große Augen wie sie es erblickte und sprach: »Guten Tag mein Kind.« Es gab ihr aber keine Antwort und ging auf die Türe zu. »Wo hinaus?«, rief sie und faßte es beim Rock und wollte es festhalten, »das ist mein Haus, da darf niemand herein, wenn ichs nicht haben will.« Aber das Mädchen schwieg still, machte sich von ihr los und ging gerade in die Stube hinein. Da lag nun auf dem Tisch eine übergroße Menge von Ringen, die glitzten und glimmerten ihm vor den Augen: Es warf sie herum und suchte nach dem schlichten, konnte ihn aber nicht finden. Wie es so suchte, sah es die Alte, wie sie daher schlich und einen Vogelkäfig in der Hand hatte und damit fort wollte. Da ging es auf sie zu und nahm ihr den Käfig aus der Hand, und wie es ihn aufhob und hinein sah, saß ein Vogel darin, der hatte den schlichten Ring im Schnabel. Da nahm es den Ring und lief ganz froh damit zum

Haus hinaus und dachte, das weiße Täubchen würde kommen und den Ring holen, aber es kam nicht. Da lehnte es sich an einen Baum und wollte auf das Täubchen warten, und wie es so stand, da war es als wäre der Baum weich und biegsam und senkte seine Zweige herab. Und auf einmal schlangen sich die Zweige um es herum, und waren zwei Arme, und wie es sich umsah, war der Baum ein schöner Mann, der es umfaßte und herzlich küßte und sagte: »Du hast mich erlöst und aus der Gewalt der Alten befreit, die eine böse Hexe ist. Sie hatte mich in einen Baum verwandelt, und alle Tage ein paar Stunden war ich eine weiße Taube, und so lang sie den Ring besaß, konnte ich meine menschliche Gestalt nicht wieder erhalten.« Da waren auch seine Bedienten und Pferde von dem Zauber frei, die sie auch in Bäume verwandelt hatte, und standen neben ihm. Da fuhren sie fort in sein Reich, denn er war eines Königs Sohn, und sie heirateten sich und lebten glücklich.

JOHANN GOTTFRIED HERDER

Der Wald und der Wanderer

Der Wald.

Komm, o komm in meine Schatten,
In der Ruhe Aufenthalt,
Wanderer der heißen Straße,
Wo Dein Herz unruhig wallt.

Meine frischen Zweige wehen
Lebenskraft dem Matten zu,
Und mein Athem duftet Balsam,
Neuen Muth und süße Ruh.

Schöner geht die Sonne nieder
Hinter meiner grünen Nacht;
Schöner kommt der Morgen wieder,
Wenn der Vögel Chor erwacht.

Schöner blinkt in mir die Quelle
Und der einsam stille See,
Wo die treue Turteltaube
Girret Deines Herzens Weh.

Der Wanderer.

Rauschen Geister in den Lüften?
Spricht die Nymphe mir im Quell?
Oder steigen Götter nieder?
Denn mein Blick wird rein und hell.

Mit der Fichte Gipfel steiget
Meine Seele himmelwärts;
Mit der Birke Zweigen neiget
Sanft zur Ruhe sich mein Herz.

Und die grüne Fußtapete
Wiegt mich ein auf seidnem Moos;
Neben dieser goldnen Blume
Bin ich selig, und wie groß!

Horch! aus jener alten Eiche
Tönt ein Bardenton hervor,
Und der Fichten Gipfel sausen
Himmlischer; der Wald wird Chor:

»Wir, des Paradieses Geister,
In der Ruhe Aufenthalt,
Segnen Dich. Genieße fröhlich
Unsern heil'gen stillen Wald!«

CHRISTIAN MORGENSTERN

Die zwei Wurzeln

Zwei Tannenwurzeln groß und alt
unterhalten sich im Wald.

Was droben in den Wipfeln rauscht,
das wird hier unten ausgetauscht.

Ein altes Eichhorn sitzt dabei
und strickt wohl Strümpfe für die zwei.

Die eine sagt: knig. Die andre sagt: knag.
Das ist genug für einen Tag.

RUDYARD KIPLING

Das Dschungelbuch

Was Baloo von den Affen erzählte, war durchaus richtig. Sie hausten in den Baumwipfeln, und da Tiere selten ihren Blick nach oben erheben, lag keine Notwendigkeit für die Dschungelvölker vor, mit den Affen in Berührung zu kommen. Aber sobald die Affen einmal einen kranken Wolf oder einen verwundeten Tiger aufspüren, kommen sie sogleich in Scharen herbeigesprungen und quälen den Wehrlosen. Und auf alles Getier im Dschungel werfen sie Nüsse und Zweige herab, nur um sich zu belustigen oder um sich bemerkbar zu machen. Dann heulen und kreischen sie sinnlose Gesänge und fordern die Dschungelvölker spöttisch auf, zu ihnen auf die Bäume zu kommen und mit ihnen zu kämpfen. Oder sie beginnen um nichts und wieder nichts wütende Schlachten untereinander, und ihre Toten lassen sie offen liegen, damit die Völker des Dschungels sie sehen können. Immer haben sie die Absicht, sich einen Führer zu wählen und sich eigene Gesetze und Sitten zu schaffen – aber niemals kommt es so weit, denn ihr Gedächtnis reicht nicht über den Tag hinaus. So täuschen sie sich darüber hinweg und versichern sich gegenseitig: »Was die Bandar-log heute denken, wird der ganze Dschungel morgen nachbeten!«, und das tröstet sie sehr. Kein anderes Tier vermag sie in ihren Behausungen zu erreichen, aber dafür schenkt ihnen auch niemand die geringste Beachtung, und deshalb waren sie so erfreut, als Mowgli sie aufsuchte, um mit ihnen zu spielen.

Mehr wollten sie nicht, wie sie überhaupt nie etwas Bestimmtes wollten. Aber diesmal kam einer von ihnen auf eine, wie er meinte, glänzende Idee und verkündete sie gleich allen, daß nämlich Mowgli sehr nützlich für den Stamm werden könnte, denn er verstünde Zweige zusammenzuflechten als Schutz gegen den Wind, und wenn man ihn einfinge und behielte, dann könnte er sie darin unterrichten.

Mowgli besaß als Sohn eines Holzfällers vererbte Instinkte aller Art, und er hatte sich oft damit vergnügt, aus Zweigen und Buschwerk kleine Hütten aufzubauen, ohne zu wissen, warum er das tat und woher er diese Fertigkeit besaß. Die Affen hatten seinem kindlichen Spiel von den Bäumen aus zugesehen und hielten es für etwas ganz Wunderbares. Diesmal – so sagten sie – wollten sie sich wirklich einen Führer wählen, und dann würden sie das klügste Volk im Dschungel werden, von allen beachtet und beneidet. Daher folgten sie vorsichtig und geräuschlos Baloo, Bagheera und dem Knaben durch den Dschungel, bis die Zeit der Mittagsruhe herankam. Mowgli hatte sich sehr geschämt und beschlossen, sich nie mehr mit dem Affenvolk abzugeben, und nun legte er sich zwischen Bär und Panther schlafen.

Tief war sein Schlaf. Da fühlte er sich plötzlich an Armen und Beinen von kleinen harten Händen ergriffen; er glaubte zu träumen – aber schon fuhren ihm die Zweige ins Gesicht, und die Blätter schlugen ihm rauschend um die Ohren. Erschrocken starrte er hinab durch die schwingenden Äste auf die Erde und sah, wie Bagheera mit gefletschten Zähnen an dem Baumstamm hochkletterte, während Baloo den schlaftrunkenen Dschungel mit lautem Gebrüll weckte. Die Bandar-log heulten triumphierend und eilten hinauf in die höchsten Kronen, wohin Bagheera nicht zu folgen wagte. Von dort krähten sie hernieder: »Er hat uns bemerkt! Bagheera hat uns beachtet! Alles Dschungelvolk bewundert uns ob unserer Schläue und Geschicklichkeit!« Dann machten sie sich auf die Flucht, und so eine Flucht der Affenvölker durch das Baumland ist einfach nicht zu beschreiben. Sie haben ihre regelrechten Straßen und Kreuzwege, wipfelauf und wipfelab, immer fünfzig bis hundert Fuß über der Erde, und auch bei Nacht können sie über die Hochwege wandern. Zwei der stärksten Affen griffen Mowgli unter die Arme, und fort ging es in mächtigen Sprüngen über zwanzig Fuß breite Abgründe. Wären sie unbehindert gewesen, so hätten sie zweimal so schnell davoneilen können, doch das Gewicht des Knaben hielt sie zurück. Mowgli schwindelte der Kopf, und dennoch genoß er unwillkürlich den rasenden Flug durch die Baumwipfel – er hatte bisher das Gefühl der Furcht nicht gekannt, als er aber jetzt die Erde tief unter sich liegen sah und als die Äste nach jedem Satz mit furchtbarer Gewalt schwankten und ausschlugen, da wurde ihm seltsam zumute, und das Herz pochte ihm, als wolle es aus der Brust herausspringen. Hinauf zur Baumkrone ging es, bis die dünnen Zweige sich ächzend bogen, dann warfen sich seine Begleiter in den leeren Raum unter ihnen und hingen im nächsten Augenblick an den stärkeren Zweigen des nächsten Baumes. Manchmal konnte Mowgli meilen- und meilenweit den ruhig daliegenden grünen Dschungel überblicken, als ob er mitten im Ozean auf dem höchsten Mast eines Schiffes säße, dann aber schlugen ihm wieder die Zweige ins Gesicht, und wieder war er mit seinen beiden Begleitern fast auf dem Boden angelangt. Springend, rutschend, bellend und heulend – so stürzte der ganze Stamm der Bandar-log vorwärts durch die Baumstraßen mit Mowgli, ihrem Gefangenen.

Zuerst hatte er Angst, daß er fallen würde – dann wurde er zornig, war aber zu klug, um sich während dieser schwindelnden Flucht zu wehren. Schließlich begann er über seine Lage nachzudenken. Vor allen Dingen mußte er Baloo und Bagheera Nachricht senden, denn bei der ungeheuren Schnelligkeit der Flucht waren diese weit zurückgeblieben. Mowgli sah zuerst zur Erde nieder, als ob er von dort Hilfe erwartete – aber Bäume, Sträucher, ganze Landschaften glitten wie im Fluge an seinen Augen vorüber, so daß er nichts Bestimmtes zu unterscheiden vermochte. Wie er dann aber aufblickte, sah er hoch oben im Äther Rann, den Geier, der in der Luft schwebte und sich wiegte und Wache hielt über den Dschungel, lauernd auf den Tod der Geschöpfe da unten. Rann bemerkte, daß die Affen etwas davontrugen, und ließ sich ein paar hundert Meter niederfallen, um zu sehen, ob es etwas für ihn gäbe. Vor Überraschung stieß er einen langen Pfiff aus, als er sah, wie Mowgli in die höchste Spitze einer Palme gezerrt wurde. Da tönte Mowglis Hilferuf zu ihm auf: »Du und ich und ich und du, wir sind vom gleichen Blut!« Im nächsten Augenblick schlossen sich die dichten Zweige wie Meereswogen über den Flüchtlingen. Rann schoß mit ein paar Schlägen der mächtigen Flügel vorwärts und stand über dem nächsten Baumwipfel, gerade als das kleine braune Gesicht wieder auftauchte.

»Halte meine Fährte«, rief Mowgli ihm zu. »Berichte Baloo vom Seeonee-Rudel und Bagheera, dem Panther.«

»Und von wem kommt die Botschaft, Bruder?«

Rann hatte Mowgli noch nie gesehen, obgleich er natürlich viel von ihm gehört hatte.

»Ich bin Mowgli, der Frosch. Menschenjunges nennt man mich. Folge meiner Fährte!«

Er gellte diese letzten Worte mitten in einem ungeheuren Sprung durch den leeren Raum. Rann nickte und flog auf und stieg, bis er nicht größer aussah als ein schwarzer Punkt. Dort hing er im Äther und beobachtete mit seinen scharfen Augen das Wogen der Bäume, in denen Mowglis Begleiter dahinjagten.

[...]

»Es ist eine alte Geschichte«, sagte Hathi, »eine Geschichte, älter als der Dschungel. Haltet Ruhe an den Ufern, und ich will euch die Geschichte erzählen.«

Unter den Schweinen und Büffeln entstand ein kurzes Schieben und Drängen, und dann riefen die Leittiere eins nach dem anderen: »Wir hören.« Hathi schritt vor, bis er knietief im Wasser bei dem Friedensfelsen stand. Faltig, abgemagert, mit gelblichen Stoßzähnen blieb er doch, wofür das Volk des Dschungels ihn hielt, ihr Meister.

»Ihr wißt, Kinder«, begann er, »daß ihr am meisten von allen den Menschen fürchtet.«

Hierauf erklang zustimmendes Gemurmel.

»Dich geht diese Geschichte an, kleiner Bruder«, sagte Bagheera zu Mowgli.

»Mich? Ich gehöre zum Rudel, bin Jäger eines freien Volkes. Was habe ich mit den Menschen zu tun?«

»Unbekannt ist euch, warum ihr den Menschen fürchtet«, fuhr Hathi fort. »Dies ist der Grund: Ganz im Anfang, als der Dschungel entstand – und keiner weiß, wann das war –, lebten wir vom Dschungel alle friedlich beisammen, und keiner hatte Furcht vor dem anderen. Keine Trockenheit gab es in jenen Tagen, und Blätter, Blüten und Frucht wuchsen auf gleichem Baum, und wir aßen gar nichts als Frucht und Blätter und Blüten und Gras und Rinde.«

»Gut, daß ich nicht in jenen Tagen geboren wurde«, meinte Bagheera. »Rinde ist nur gut, um sich die Klauen daran zu schärfen.«

»Und der Herr der Dschungel war Tha, der Urvater der Elefanten. Mit seinem Rüssel zog er aus tiefen Wassern den Dschungel, und wo er mit den Hauern Furchen in die Erdrinde grub, da rannen Flüsse, und wo er aufstampfte mit seinem Fuß, da entstanden Teiche mit gutem Wasser, und blies er durch den Rüssel – so, dann fielen die Bäume um. Also schuf Tha den Dschungel, und so wurde mir die Geschichte überliefert.«

»An Fett hat sie in der langen Zeit nichts verloren«, flüsterte Bagheera, und Mowgli lachte hinter seiner Hand.

»In jenen Tagen gab es weder Getreide noch Melonen, noch Pfeffer oder Zuckerrohr, auch nicht jene kleinen Hütten, wie ihr sie alle schon gesehen habt. Und das Dschungelvolk wußte nichts vom Menschen und lebte einträchtig beisammen als ein Volk. Doch bald hoben sie an, über das Futter zu streiten, obgleich Nahrung genug für alle war. Träge wurden sie. Jeder wünschte da zu fressen, wo er gerade lag, wie wir es noch heute zuweilen können, wenn die Frühlingsregen reichlich fallen. Tha, der erste Elefant, war eifrig beschäftigt, neue Dschungel zu schaffen und das Wasser in die Flußbetten zu leiten. Er konnte nicht überall sein, und so ernannte er den ersten Tiger zum Meister und Richter über den Dschungel; vor ihn sollte das Dschungelvolk seine Streitigkeiten bringen. In jenen Tagen fraß der Stammvater der Tiger nur Früchte und Gras gleich den anderen. Er war so groß wie ich und sehr schön und glich in der Farbe am ganzen Körper der gelben Lianenblüte. Keinen Streifen oder Flecken hatte sein Fell in jenen guten Tagen, als der Dschungel eben erst erschaffen war. Alle Bewohner des Dschungels kamen zu ihm ohne Furcht, und sein Wort war das Gesetz der unendlichen Wälder. Denn, denkt daran, damals waren wir ein einziges Volk.

In einer Nacht aber entbrannte ein Streit zwischen zwei Böcken – ein Futterstreit, wie ihr ihn jetzt mit Kopf und Vorderläufen austragt –, und als nun die beiden mit ihrem Streit vor den Stammvater der Tiger kamen, der unter Blumen ruhte, da stieß ihn einer der Böcke mit dem Gehörn, und der erste Tiger vergaß, daß er der Herr und Richter des Dschungels war, er warf sich über den Bock und brach ihm den Nacken.

Bis zu dieser Nacht war niemals einer von uns gestorben; und als der erste Tiger sah, was er getan hatte, und der Geruch des Blutes ihm die Sinne verwirrte, da entwich er nach den Sümpfen des Nordens; und wir, das Dschungelvolk, waren nun ohne Richter und begannen untereinander zu kämpfen. Tha vernahm das Getöse und kam zurück. Einige von uns sagten dies, einige das; aber Tha sah den toten Bock zwischen den Blumen liegen und fragte nach dem Mörder. Aber wir aus dem Dschungel wollten es nicht sagen, weil der Geruch des Blutes uns verwirrte. Wir rannten im Kreise umher, machten Luftsprünge, schrien und warfen die Köpfe. Da gab Tha den Bäumen mit tiefhängenden Zweigen und den rankenden Schlingpflanzen des Dschungels den Befehl, den Mörder des Bockes zu zeichnen, so daß er ihn wiedererkennen könne, und sagte dann: ›Wer will nun Herr sein über das Dschungelvolk?‹ Da sprang der graue Affe, der in den Bäumen lebt, auf und sagte: ›Ich will jetzt Herr des Dschungels sein!‹ Tha lachte und sagte: ›So sei es denn‹, und ging zornig von dannen.

Ihr kennt, meine Kinder, den grauen Affen. Wie er heute ist, so war er damals. Zu Anfang machte er ein weises Gesicht, bald aber begann er sich zu kratzen und auf und ab zu hüpfen. Als Tha zurückkehrte, fand er den grauen Affen mit dem Kopf nach unten an einem Ast baumeln und die Untenstehenden nachäffen, die ihn wiederum verspotteten. Und so gab es kein Gesetz im Dschungel, nur dummes Geschwätz und Worte ohne Sinn.

Da rief Tha uns alle zusammen und sagte: ›Der erste eurer Meister brachte den Tod in den Dschungel und der zweite die Schande. Nun ist es an der Zeit, ein Gesetz zu schaffen, ein Gesetz, das ihr nicht brechen könnt. Jetzt sollt ihr Angst kennenlernen, und wenn ihr ihn gefunden habt, so wisset, daß er euer Meister ist – und das andere wird folgen.‹ Da fragten wir vom Dschungel: ›Was ist Angst?‹ Und Tha sagte: ›Suchet, bis ihr findet!‹ So eilten wir kreuz und quer durch den Dschungel und suchten Angst, und da kamen auf einmal die Büffel ...«

»Uff«, schnaubte Mysa, der Leitstier der Büffel, von deren Sandbank her.

»Ja, Mysa, es waren die Büffel. Sie kamen zurück mit der Nachricht, in einer Höhle im Dschungel säße Angst, und er sei unbehaart und liefe auf den Hinterbeinen. Wir vom Dschungel aber folgten der Herde, bis wir zur Höhle kamen, und Angst stand am Eingang, und er war, wie die Büffel gemeldet, haarlos und lief auf den Hinterbeinen. Als er uns sah, schrie er laut, und seine Stimme erfüllte uns mit der Angst, die wir jetzt empfinden, wenn wir sie hören, und fort stoben wir, uns tretend und stoßend, weil wir uns fürchteten. In jener Nacht nun, so wird erzählt, lagen wir aus dem Dschungel nicht alle zusammen, wie es sonst unser Brauch war, sondern jeder Stamm zog allein für sich davon – Schwein mit Schwein, Wild mit Wild; Horn gesellte sich zu Horn und Huf zu Huf –, Art hielt sich an Art und lag so zitternd im Dschungel. Nur der Stammvater der Tiger war nicht unter uns, denn er hielt sich noch in den Sümpfen des Nordens verborgen. Als ihm nun Kunde kam von dem Ding, das wir in der Höhle gesehen hatten, da sagte er: ›Ich werde hingehen zu dem Ding und ihm das Genick brechen.‹

Also lief er die ganze Nacht durch, bis er zu der Höhle kam; aber die Bäume und Schlingpflanzen auf seinem Weg gedachten des Befehls, den Tha gegeben hatte, und senkten ihre Zweige, als er vorüberkam, und zeichneten ihn über Rücken und Flanken, über Kopf und Lefzen. Wo immer sie ihn berührten, da entstanden Streifen und Flecken auf seinem gelben Fell. Und diese Streifen tragen seine Kinder noch heute. Als er nun zu der Höhle kam, streckte Angst, der Haarlose, die Hand aus und nannte ihn: ›Der Gestreifte, der nächtens hier herumstreift‹, und der erste der Tiger fürchtete sich vor dem Haarlosen und lief heulend zurück nach den Sümpfen.«

Hier lachte Mowgli leise, mit dem Kinn unter Wasser.

»So laut heulte er, daß Tha ihn hörte und fragte: ›Was hast du für Kummer?‹ Und der Stammvater der Tiger hob seinen Kopf zu dem eben erst geschaffenen Himmel, der jetzt so alt ist, und rief: ›Gib mir meine Macht zurück, o Tha. Geschändet stehe ich vor allem Volk im Dschungel, geflohen bin ich vor dem Haarlosen, und er gab mir einen schmachvollen Namen.‹ – ›Und weshalb?‹ fragte Tha. ›Weil ich beschmutzt bin mit dem Schlamm der Moräste‹, sagte der erste Tiger. ›Dann geh schwimmen‹, sagte Tha, ›und rolle dich im nassen Gras; wenn es Schlamm ist, wird es abgehen.‹ Und der erste der Tiger schwamm umher im Wasser und rollte und rollte sich im Gras, bis der Dschungel sich vor seinen Augen drehte, aber nicht der kleinste Streifen auf seiner Haut verschwand, und Tha, der ihm zugesehen hatte, lachte. Da sagte der erste der Tiger: ›Was habe ich getan, daß dies über mich kommen mußte?‹

Tha aber sprach: ›Du hast den Bock gemordet und hast so den Tod in den Dschungel gebracht. Mit dem Tod kam die Angst, so daß die Völker im Dschungel einander fürchten, wie du dich vor dem Haarlosen fürchtest.‹ Der Stammvater der Tiger sagte darauf: ›Mich werden sie niemals fürchten; denn ich kannte sie von Anfang an.‹ Tha antwortete: ›Geh und überzeuge dich!‹

Und der erste Tiger rannte umher, laut nach dem Wild, dem Sambhur rufend, dem Stachelschwein und allen Dschungelbewohnern; aber sie flüchteten vor ihm, der ihr Richter gewesen war – denn sie fürchteten sich.

Da kam der Stammvater der Tiger zurück. Sein Stolz war gebrochen, er schlug seinen Kopf gegen den Boden, riß die Erde mit seinen Tatzen auf und sagte: ›Bedenke, o Tha, daß ich einst Herr war über den Dschungel! Vergiß mich nicht! Halte in meinen Kindern die Erinnerung wach, daß ich einst ohne Angst war und ohne Schande.‹ Und Tha sagte: ›Dies eine will ich für dich tun, weil wir beide, du und ich, gesehen haben, wie der Dschungel entstand. Für eine Nacht in jedem Jahr soll es sein wie vordem, ehe du den Bock getötet hast. In dieser einen Nacht aber, so du den Haarlosen triffst – und sein Name ist Mensch –, sollst du ihn nicht fürchten, sondern er soll sich fürchten vor dir und deinem Geschlecht, als wäret ihr noch Richter des Dschungels und Meister über alle Dinge. Aber zeige ihm Gnade in dieser Nacht seiner Angst, denn du weißt nun, was Angst ist.‹

Darauf erwiderte der Stammvater der Tiger: ›Ich bin zufrieden.‹ Aber als er das nächste Mal trank, sah er im Wasser die schwärzlichen Streifen auf seinen Flanken; und er gedachte des Namens, den der Haarlose ihm gegeben hatte, und war zornig. Ein Jahr lebte er in den Sümpfen und wartete, ob Tha sein Versprechen halten würde. Und in einer Nacht, da der Schakal des Mondes, der Abendstern, hell über dem Dschungel stand, fühlte er, daß seine Nacht gekommen war, und er ging zu der Höhle, den Haarlosen zu treffen. Da geschah, wie Tha versprochen, denn der Haarlose fiel nieder vor ihm und lag hingestreckt am

Boden, und der erste Tiger schlug ihn und zerbrach ihm das Rückgrat, denn er glaubte, daß es nur ein einziges solches Ding im Dschungel gäbe und daß er Angst getötet habe. Als er aber, über dem Opfer stehend, witterte, hörte er Tha von den Wäldern des Nordens herabsteigen, und dann hörte er die Stimme des Urvaters der Elefanten, welches die Stimme ist, die wir jetzt vernehmen ...«

Hier rollte der Donner zwischen den zerfurchten, kahlen Hügeln auf und ab; aber er brachte keinen Regen, nur grelles Wetterleuchten zuckte über das Felsgezack hin, und Hathi fuhr fort:

»Das war die Stimme, die der Tiger hörte; und sie sprach: ›Ist das dein Mitleid?‹ Der erste Tiger aber leckte sich die Lefzen und sagte: ›Was tut's? Ich habe Angst getötet!‹

Und Tha sagte: ›Oh, du blinder Tor, du! Die Füße des Todes hast du entfesselt, und folgen wird er deiner Spur, bis du stirbst. Den Menschen hast du das Töten gelehrt.‹

Der erste Tiger aber stand zu seinem Mord und sprach: ›Nun ist er dem Bock gleich. Angst gibt es nicht. Nun will ich wieder Richter sein über das Volk des Dschungels!‹

Und Tha sagte: ›Niemals wird das Dschungelvolk wieder zu dir kommen. Sie werden nie deine Spur kreuzen noch neben dir ruhen, noch dir folgen, noch weiden bei deinem Lager. Nur Angst wird dir folgen, und mit dem Schlag, den du nicht sehen kannst, wird er dich zwingen nach seinem Willen. Er wird bewirken, daß der Boden sich unter dir öffnet und daß sich dir die Schlingpflanzen um den Hals legen und die Baumstämme um dich zusammenwachsen, höher als du springen kannst, und zuletzt wird er dir dein Fell nehmen, um seine Jungen darein zu hüllen, wenn sie frieren. Du hattest kein Mitleid mit ihm, und so wird er keines mit dir haben.‹

Der erste der Tiger war aber sehr kühn, denn noch war seine Nacht über ihm, und er sagte: ›Thas Wort ist Thas Wort! Meine Nacht wird er mir nicht nehmen!‹

Und Tha antwortete: ›Diese eine Nacht bleibt dein, wie ich dir gesagt habe; doch ein Preis ist dafür zu zahlen. Du hast den Menschen das Töten gelehrt, und der Mensch ist kein langsamer Schüler.‹

Darauf sagte der erste der Tiger: ›Hier liegt er unter meiner Tatze mit gebrochenem Rücken. Verkünde dem Dschungel, daß ich Angst getötet habe.‹

Da lachte Tha und sagte: ›Getötet hast du nur einen unter vielen; aber du magst es selbst dem Dschungel verkünden – denn deine Nacht ist um.‹

So dämmerte der Tag, und aus der Tiefe der Höhle trat wiederum ein Haarloser hervor, und er sah den Ermordeten auf dem Weg und den ersten der Tiger über ihm. Da ergriff er einen spitzen Stab ...«

»Jetzt werfen sie ein Ding, das schneidet«, sagte Ikki, das Stachelschwein, und rasselte an der Uferbank. Denn Ikki galt als außerordentlich wohlschmeckend bei den Gonds – HoIgoo nennen sie es –, und er konnte daher einiges erzählen von den kleinen Gond-Äxten, die durch die Luft wirbeln wie eine Libelle.

»Ein spitzer Stab war es«, fuhr Hathi fort, »so wie sie ihn in den Boden der Grubenfalle stecken, und der Haarlose schleuderte ihn tief in die Flanke des ersten der Tiger. So kam es, wie Tha gesagt hatte, denn der erste Tiger lief heulend umher im Dschungel, bis er den Stab herausgezerrt hatte; und das ganze Dschungelvolk wußte nun, daß der Haarlose aus der Ferne treffen konnte, und Angst ergriff sie mehr denn zuvor. So also kam es, daß der Stammvater der Tiger den Menschen das Töten lehrte, und ihr alle wißt, wieviel Leid dadurch über unser Volk kam – durch die Schlinge, die Grube, die verborgene Falle, den schwirrenden Stab und die stechende Fliege, die aus dem weißen Rauch hervorkommt« (Hathi meinte die Flinte), »und die rote Blume, die uns hinaustreibt ins offene Land. Doch in einer Nacht in jedem Jahr fürchtet der Haarlose den Tiger, wie Tha es versprochen, und stets hat der Tiger diese Furcht wachgehalten.

Wo er den Haarlosen findet, tötet er ihn, eingedenk der Schande, die über den Stammvater der Tiger kam. Sonst aber geht Angst um im Dschungel bei Tag und bei Nacht.«

»Ahi! Auuh!« seufzte das Wild in Gedanken daran, was das für alle bedeutete.

»Und nur, wenn eine große Angst über uns allen liegt, wie jetzt, dann können wir vom Dschungel unsere kleinen Ängste abwerfen und alle an einem Ort zusammenkommen, wie wir es heute tun.«

»Nur für eine Nacht fürchtet der Mensch den Tiger?« fragte Mowgli.

»Nur für eine Nacht«, antwortete Hathi.

ERICH KÄSTNER

Die Wälder schweigen

Die Jahreszeiten wandern durch die Wälder.
Man sieht es nicht. Man liest es nur im Blatt.
Die Jahreszeiten strolchen durch die Felder.
Man zählt die Tage. Und man zählt die Gelder.
Man sehnt sich fort aus dem Geschrei der Stadt.

Das Dächermeer schlägt ziegelrote Wellen.
Die Luft ist dick und wie aus grauem Tuch.
Man träumt von Äckern und von Pferdeställen.
Man träumt von grünen Teichen und Forellen
und möchte in die Stille zu Besuch.

Die Seele wird vom Pflastertreten krumm.
Mit Bäumen kann man wie mit Brüdern reden
und tauscht bei ihnen seine Seele um.
Die Wälder schweigen. Doch sie sind nicht stumm.
Und wer auch kommen mag, sie trösten jeden.

Man flieht aus den Büros und den Fabriken.
Wohin, ist gleich! Die Erde ist ja rund!
Dort, wo die Gräser wie Bekannte nicken
und wo die Spinnen seidne Strümpfe stricken,
wird man gesund.

ROBERT WALSER

Der Wald

Wir hatten in der Schule einen alten Lehrer mit großem Kopf, der sagte uns, daß in verhältnismäßig sehr kurzer Zeit das mittlere Europa ein einziger großer Wald wäre, wenn die Zivilisation zurückginge. Wenn nicht Menschen da wären, die gegen das Wachsen des Waldes ankämpften, träte der Wald frei, als herrschendes Ganzes auf. Das gab uns zu denken. Schon das ganze Deutschland allein als ein Wald, ununterbrochen von Städten und Menschenwohnungen und Beschäftigungen der Menschen, weder von Straßen durchschnitten, noch von einem Hauch Bildung angefeindet, dieser Gedanke war geheimnisvoll genug. Wir zerbrachen uns vielfach gegenseitig die jungen, träumenden Köpfe, indem wir sie wieder anderseits mit phantastischen Bildern von großen, unendlichen Waldwelten anfüllten, und kamen wenig klug aus der Sache. Eines war sicher, die Worte des alten Lehrers gaben unserer Einbildungskraft zu tun, sie sprudelte lebhaft, sie zog träumend und tanzend Linien, zerbrach wieder, was sie mühsam gezogen, setzte wieder fort, wo sie müde aufhörte, und hatte zu tun jede freie Minute. Die Intelligenteren unter uns brachten allerhand lustige und feine Bilder von unauflöslichem, unausrottbarem Wald zustande, erfüllten die geschaffene Welt mit seltsamen Pflanzen und Tieren, bis ein Punkt kam, wo auch ihre Phantasie sich als zu schwach erwies. Dann kam anderes, was uns hinriß und zum Nachdenken bewegte, der Wald trat zurück, so wie er in der Welt wirklich zurücktritt oder zurückgetreten ist, es reizten uns jetzt vielleicht Dichter oder Athleten, genug, das Geheimnisvolle des Waldes wurde übersehen, es starb, die trockene Knabenvernunft kassierte es. – Lehrer sterben, Knaben wachsen, und die Wälder bleiben, denn sie wachsen viel spurloser und stiller als Menschen. Sie sterben auch nicht so schnell. Sie haben nicht ein solches jäh emporschießendes Wachstum; dafür ertragen sie die Luft der Welt länger, sind kräftiger, dehnen sich nachhaltiger und weiter aus, und fallen nicht so schnell um, wenn sie ihre stolze gemessene Höhe erreicht haben. Der Mensch kann dafür denken, und Denken, das ruiniert. So denkt er über den Wald nach, der, so scheint es, ein ganz totes unempfindliches Ding ist. Er findet es zum Beispiel wunderbar, daß die Welt so voll Wälder ist, und daß die Wälder grün sind, von so allmächtig herrschendem Grün, daß sie dem Menschenleben einen so wichtigen Zauber geben, daß sie so nah an sein Tun und Empfinden streifen, ja, darin hineingreifen. Er ist solch ein Grübler, der Mensch, und um Liebes herum grübelt er auch mit ganz besonderer Energie. Nun, so will ich es denn versuchen!

Unser Land ist voll rauschender Wälder. Das gibt, in Verbindung mit Flüssen, Seen und Bergzügen, eine liebe Heimat. Unsere Gegenden bezeichnen Wälder von verschiedener Art. Eine Art Wald hat ihr besonderes, sich dem Gedächtnis einprägendes Aussehen. Manchmal, sogar sehr oft, sind alle Arten Waldstücke zu einem großen Stück vereinigt. Aber sehr große Wälder haben wir nicht, denn wir haben zu häufige Unterbrechungen. Eine reizende Unterbrechung ist ein Fluß, eine wildere: Schluchten. Aber hängt nicht das alles doch wieder zusammen? Unterbrechungen stören nur kleinwenig das Ganze, aber sie können doch das schöne, rauschende, rollende Ganze nicht wegnehmen. Dazu ist ihnen das Ganze viel zu überlegen. Wald herrscht also in unserem Land doch als ein breites, wohlwollendes, wollüstiges Ganzes. Waldlose Ebenen haben wir kaum; Seen ohne Waldränder sind ebenso fraglich, und Berge ohne die Luft des sie krönenden Waldes sind uns ein fast Fremdes. Freilich, wo die höheren Berge anfangen, da hört selbstverständlich der Wald auf. Da wo Fels ist, stirbt der Wald. Oder das, was, wenn es tiefer und wärmer und breiter läge, Wald wäre, ist eben dann Fels.

Fels, das ist toter, gestorbener, erdrückter Wald. Wald ist so holdes, reizendes Leben! Was Fels ist, das möchte gern das fressen, was so beweglich und reizend Wald ist. Der Fels starrt, der Wald lebt, er atmet, saugt, strömt, ist See, der tiefströmend liegt, ist Fluß, der aufatmend fließt, ist Wesen, ist fast mehr Wesen als Element, denn er ist zu weich, um Element zu sein. Er ist weich! Weiches hat Aussicht, daß es hart wird. Was mit Härte beginnt, kann das hart werden? Nein, so wie nur Gutes schlimm werden kann, nur Bestes schlecht, so wird auch nur Weichstes hart, eben, weil es die Gabe hat, zu verhärten, wenn ihm Härte naht. Auf diese Weise, meine ich, haben unsere Wälder Aussicht, zu sterben, sich zu verwandeln, Fels zu werden, das zu werden, was sie ja wären, wenn sie höher und dünner lägen. Was breit liegt, das atmet in der Regel auch tief und ruhig, hat einen gesunden Schlummer, hat Leben in seinem tiefen Schlaf. Wälder schlafen, und so schön! Ihr Atem ist warm und wohlriechend, macht Kranke gesund, erfrischt erschlaffte Gesunde, ist so reich, daß er auch dann strömte und umherflösse, wenn auch nicht ein Wesen da wäre, das genösse, was so herrlich zum Genießen und Kosten ist. Wälder sind herrlich, und daß unser Land so voll Wald und Wälder ist, ist das nicht herrlich? Wäre es unsere Heimat, wenn es ein Land wäre, das ohne Wald läge? So läge es bloß, erstreckte sich bloß, wäre zum Messen, hätte gewiß auch seine Grenzen, aber lebte es? Und lebten wir in ihm, wie wir jetzt leben, da es voll Wald ist? Ein Wald ist ein Bild der Heimat, und Wälder sind Länder und die Länder sind eine Heimat. Unsere Städte, selbst die größten, stoßen direkt an Wälder, und es gibt kleine, vergessene Städtchen, die ganz und eng von Wald umschlossen sind. Die schönen breiten Landstraßen, laufen sie nicht alle durch große Wälder? Gibt es eine einzige Straße, die sich, nachdem sie einige Stunden durch freies Land gelaufen, nicht in einem schattigen und dichten Wald verlöre? Wohl gibt es solche Straßen, aber sie stellen zum mindesten immer einen nahenden Wald in Aussicht, oder sie bieten, was doch auch zu schätzen ist, einen Nachbarwald als erfrischende Aussicht dar. Am schönsten sind gewiß die Waldstellen auf den Rücken der mäßig hohen, aber breiten Berge. Es sind dies meist Tannenwälder, die einen wunderbaren Geruch voll kühler, heilender Öle ausströmen. Buchenwälder sind seltener, aber es gibt kleine, wenig in die Höhe springende Hügel, die ganz von solchen bekleidet sind. Ich nenne nur den süßen Anblick eines Buchenwaldes im Frühling, um zwei Drittel meiner geehrten Leser als Mitergriffene auf meiner Seite zu haben. Wie herrlich sind wieder Eichen, und ganze Wälder von Eichen! Sie sind bei uns wohl die seltenste Art Wald. Ihre Haltung und Form als einzelner Baum ist schon erhebend und groß, wie viel wuchtiger und mächtiger tritt uns ein ganzer Eichenwald entgegen! Das ist dann mehr ein schäumender, brüllender, windgejagter See als ein Wald. Die meisten unserer Wälder laufen ganz wild und ungestüm bis hart an den Rand von stillen, blauen Seen. Eichen sind wunderbar schön an Seen: lieblich und zum Träumen verlockend bei ruhigem Wetter, grandios und beängstigend aber bei stürmischem. Wälder sind nur ganz selten düster. Unsere Seele muß schon düster gestimmt sein, um vom Wald einen traurigen Eindruck zu bekommen. Selbst anhaltender Regen verdüstert Wälder gerade nicht, oder er verdüstert dann überhaupt alles. Am Abend, o wie wundervoll sind da die Wälder! Wenn über dem Dunkelgrün der Bäume und Waldwiesen hochrote und tiefrote Wolken schweben und das Blau des Himmels von so eigentümlicher Tiefe ist! Alsdann ist Träumen für den Schauenden und Ankommenden eine längst vorbestimmte Sache. Alsdann findet der Mensch nichts mehr schön, weil es viel zu schön ist für seine Sinne. Er läßt sich dann, ohnmächtig und ergriffen, wie er ist, mehr von dem Tiefschönen anblicken, als daß er es selbst anschaut. Schauen ist dann eine umgekehrte, vertauschte Rolle. – Aber am herrlichsten sind doch die Wälder am ganz frühen Morgen, lange bevor die Sonne kommt, wenn im Raum alles noch Nacht ist und nur ein bleiches, lebloses Licht von oben herunterfällt, kein Licht eigentlich, bloß müdes und totes Dunkel. Da redet der Wald eine Sprache ohne Laut, ohne Atem, ohne Bildung, und alles ist süße kalte Verständnislosigkeit.

Im Sommer sind natürlich die Wälder am schönsten, weil ihnen vom ganzen reichen ungestümen Schmuck nichts fehlt. Der Herbst gibt den Wäldern einen letzten kurzen, aber unbeschreiblich schönen Reiz. Der Winter endlich ist den Wäldern gewiß nicht hold, aber auch winterliche Wälder sind noch schön. Ist überhaupt in der Natur etwas unschön? Menschen, die die Natur lieben, lächeln zu dieser Frage; solchen sind alle Jahreszeiten gleich lieb und bedeutend, denn sie gehen eben im Bild einer jeden Jahreszeit fühlend und genießend auf. Wie prachtvoll sind Tannenwälder im Winter, wo die hohen, schlanken Tannen überschwer mit dem weichen dicken Schnee beladen sind, so daß sie ihre Äste lang und weich herabsenken, zu der Erde, die ebenfalls vor lauter dickem Schnee nicht sichtbar ist!

Ich, der Verfasser, bin viel durch Wintertannenwälder gewandert und habe immer den schönsten Waldsommer dabei vergessen können. So ist es nun einmal: entweder man muß alles in der Natur lieb haben, oder es wird einem gewehrt, überhaupt etwas zu lieben und anzuerkennen. Aber Sommerwälder prägen sich doch dem Gedächtnis am schnellsten und schärfsten ein, und es ist nicht zum Verwundern. Farbe prägt sich uns besser ein, als Form, oder als bloß solche eintönige Farbe, wie das Grau oder das Weiß ist. Und im Sommer ist der Wald eine einzige, schwere, übermütige Farbe. Grün ist dann alles, Grün ist dann überall, Grün herrscht und befiehlt, läßt andere Farben, die auch hervorstechen möchten, nur als in Beziehung auf sich erscheinen. Grün leuchtet über alle Formen, so daß Formen verschwinden und verschwimmen! Man achtet auf gar keine Form mehr im Sommer, man sieht nur die eine große, fließende, gedankenvolle Farbe. Die Welt hat nun ihr Aussehen, ihren

Charakter, so sieht sie aus; in unsern schönen Jugendjahren hat sie so ausgesehen, wir glauben daran, denn wir kennen nichts anderes. Mit welchem Glück denken die meisten Menschen an ihre Jugend: die Jugend schimmert ihnen grün entgegen, denn sie wurde im Wald am köstlichsten und spannendsten verbracht. Dann ist man groß geworden, und die Wälder sind auch älter geworden, aber ist nicht alles, was bedeutend ist, gleich geblieben? Wer ein Schlingel war in der Jugend, der wird immer eine kleine Note, ein kleines Abzeichen vom Schlingel durchs ganze Leben tragen, und so, wer schon damals ein Streber, oder ein Feigling war. Das Grün, das allmächtige Sommerwaldgrün vergißt weder der eine noch der andere; allen Lebenden, Sterbenden, Wachsenden ist es durch das ganze Leben unvergeßlich. Und wie schön ist das, daß etwas so Liebes, Freundliches so unvergeßlich bleibt! Vater und Mutter und Geschwister und Schläge und Liebkosungen und Flegeleien, alles mit dem einen innigen Grün umwunden!

Wie viele fremde Handwerksburschen sind nicht schon singend und pfeifend und mundharfenspielend durch unsere Wälder gelaufen! Vor ihnen fuhr vielleicht so ein schweres, langes Fuhrwerk, und sie überholten es, weil es wahrscheinlich sehr langsam ging; dann begegnete ihnen vielleicht ein Milchwagen und später eine Gesellschaft von vornehmen Damen und Herren, und die fremden Burschen, vielleicht Norweger, grüßten leicht und freundlich, wurden gar wieder gegrüßt, weil sie stramme, hübsche Burschen waren, und gingen weiter. Was läuft nicht alles auf den Landstraßen, die durch große Wälder führen! Wie mancher Gendarm mag schon mit großer Mühe einen Landstreicher im dichten Wald voll Gestrüpp umsonst gesucht haben! Wälder lieben die Freiheit, und Freiheit, alles, was Freiheit heißt, das liebt den Wald! In früheren Zeiten mögen unsere Reisigen durch die Wälder gegangen sein, mit der Absicht im Herzen, nicht wieder, oder mit Ruhm und Reichtum beladen, zurückzukehren. Auch Frevel geschieht in Wäldern leicht, weil jegliche Freiheit und Ungezwungenheit im Walde ihren geschützten Platz findet. Aber ist der Wald schuld, daß Menschen im Walde Unrecht begehen? Der Wald verführt viel mehr zu unschuldiger Lust, als zu böswilligem, dunkelm Tun, das möge man nie vergessen. – Im Winter, wo die meisten Waldbäume kahl sind, wo die kalte Luft mit den dünnen Zweigen und Ästen spielt, empfindet man recht deutlich, was eigentlich ein Wald ist, was er darstellt, und worauf er beruht. Im Sommer, in dem Tumult von Farbe und Form, vergißt man sich und selbst ihn, in dem man doch wandelt! Man genießt, und der Genießende ist ein schlechter Beobachter, weil seine Sinne durch den Genuß befangen sind.

Was ist das, ein Wald? Jedermann weiß es! Was ist es, was den Wald schön macht? Jedermann weiß es eigentlich nicht zu sagen. Jedermann sagt, es ist schön da, es gefällt mir, es läßt mich viel Leid vergessen, ich begehre gar nicht zu wissen, worauf des Schönen Schönheit beruht, auf was sich das Liebe des so Lieblichen stützt! – Der Wald weckt nur die Empfindung im Menschen, nicht den Verstand, keineswegs aber die Neigung zum Rechnen! Man kann aber auf schöne gedankenvolle Weise rechnen; ja, aber dieses Rechnen ist sogleich wiederum nichts als Empfinden, als Fühlen. Es ist ein dunkles Begreifen in jedermanns Herzen, warum der Wald so berauschend schön ist, und es will niemand, namentlich kein Empfindlicher, gern mit der lauttönenden exakten Sprache herausrücken. Wälder, durch die man gegangen ist, hinterlassen dem Herzen ein namenloses Gefühl der Hoheit und Heiligkeit, und solches Gefühl gebietet zu schweigen. »War es schön im Wald?« »Ja, o«, sagt man, »es war schön«, aber das ist auch alles.

Menschen, die leiden, besuchen gerne den Wald. Es ist ihnen, als litte und schwiege er mit ihnen, als verstehe er sehr, zu leiden und ruhig und stolz im Leiden zu sein. Der Leidende besucht gern das, was ihn mit der stolzen und freien Haltung des Leidens umfängt. Jedenfalls lernt er vom Wald die Ruhe, und er überträgt sie dann seinem Leiden. Leid will so gern schreien, sich ungebärdig benehmen. Der Wald ist den Leidenden ein Beispiel, eine Lehre, sofern er als ein ebenfalls Leidender kann empfunden werden. Und dies ist leicht; denn was schweigt und in seinem Schweigen doch Farbe und Bewegung zeigt, das leidet nach unseren Begriffen. Alles, was stolz und frei ist, das leidet, sagen wir uns. Was fühlt, oder zum mindesten: was lebhaft fühlt, das muß leiden! Der Wald fühlt, in ihm wohnt feine, tieflaufende Empfindung, er zeigt sich stolz, denn wenn er spricht, ist es nur freundlich und wohltuend. Der Leidende kann von ihm lernen, wie unschön es ist, durch seine grämlich-klagende Gegenwart andern früh das Leben zu verbittern, sie mit unnützen Ahnungen voll Trauer zu belasten. Dann wird dem, der leidet, so wohl im Wald. Er sieht und fühlt sich umrauscht von ruhiger sanfter Freundlichkeit, er bittet der Welt sein unschönes, selbstsüchtiges Klagen ab, und weiß zu lächeln mit seinem Leib. Ist sein Leiden ein tiefes, nun, um so tiefer und bedeutender und zarter wird auch sein Lächeln. Er meint, freundlich sterben zu können, hier, wo ihm alles Schnöde, Treulose, Wüste davonstirbt. Süße, süße Wonne des Vergessens umfängt ihn, lächelt mit ihm, weist ihn auf ein noch tieferes, edlergeborenes Lächeln! Und er wendet es an, und es will fast von selber kommen, es ist mehr im Herzen als auf den Lippen, und er empfindet plötzlich eine Art Glück, die mit der Art seines Leidens wunderbar schön übereinstimmt. Sein Glück küßt sein Leiden. Dann sagt er sich: »Siehe da, mein Leiden, das ist ja mein Glück; das lerne ich vom Walde, wie lieb, wie lieb bist du, Wald!« Der Wald leidet mit den Leidenden, das bilden sich alle, die leiden, gern ein, und sie finden, daß ihre Einbildung sie nicht betrogen hat. Im Wald rauscht Wahrheit und Offenheit, und diese beiden leiden. Dann hat der Leidende im Wald noch das schöne Gefühl, das vielleicht das schönste und zehrendste ist von allen, die er haben kann: der

Wald fließt, er ist ein grünes, tiefes Davonfließen, Davonlaufen, seine Zweige sind seine Wellen, das Grün ist das liebe feuchte Naß, ich sterbe und fliehe mit dem Naß, mit den Wellen. Ich bin jetzt Welle und Naß, bin Fließen, bin Wald, bin Wald selber, bin alles, bin alles, was ich je sein und erreichen kann. Nun ist mein Glück groß. Glück und Leid, das sind innige Freunde. Ich werde nun nie mehr eines Leides wegen unfreundlich oder gar zornig sein. Es gibt so viele Anwandlungen, die so gut zu vermeiden wären, und Zorn vermeidet der wahrhaft Leidende. Nur der Wald hat mich wahrhaft leiden gelehrt.

Knabe und Sängerin! – Die Sängerin fragte den Knaben: Liebst du den Wald? Der Knabe antwortete: Ich gehe oft zum Wald hinauf. Er liegt auf dem Berge. Zuerst kommen Wiesen, und auf den Wiesen stehen vereinzelte Bäume. Das war wohl auch einmal Wald. Es muß alles, alles einmal Wald gewesen sein, ich fühle und sehe es lebhaft. Ich komme zum Wald, aber er will mich ja nicht, er flieht mich. Warum liebt er mich nicht? Ich, ich liebe ihn so sehr. Ich will in ihn hineindringen, will ihn haben, will, daß er mich habe, ganz, so wie ich bin. Aber er stößt mich zurück, ich sehe es ja. Ich darf nicht mehr vorwärts, ich habe so Angst. Warum muß ich Angst haben? Warum muß er mich fortstoßen? Ich habe so Sehnsucht nach ihm, so sehr Sehnsucht. Warum ist das so? Warum muß es mich zu ihm hindrängen, hineindrängen, und warum treibt es ihn von mir fort? Warum? O er schlägt mich, wenn ich ankomme. Darum gehe ich selten, denn die Streiche tun weh. Aber es tut noch viel mehr weh, nicht gehen zu dürfen. Ich muß immer denken, er sei doch lieb, sei es doch noch am Ende, und ich täusche mich bloß. Dann gehe ich wieder, und dann peitscht er mich wieder zurück, dann springe ich wieder den Berg hinunter. Ich habe geglaubt, er sei lieb am ganz frühen Morgen, noch bevor eine Sonne da sei, aber es war nicht so. Er tat nur noch wütender. Meine Sehnsucht nach ihm wird immer größer. Könnte ich sterben. Meine Sehnsucht, die wächst immer, die wird groß, sie ist bald stärker als ich. Alsdann kann ich vielleicht sterben! Ich wünsche es nicht, und doch möchte ich es, aber ich möchte noch viel lieber das Andere: ihm nahe kommen. Ihm, der so bös ist, der mich fortjagt, mich, der ihm doch nur schmeicheln möchte. So grausam, so grausam ist er, und so lieb muß ich ihn haben! Einmal, es war Nacht, und er schlief, da kam ich hinein, da sang ich vor Freude! Da erwachte er und schlug mich schrecklich mit seinen Ästen. Seitdem bin ich nur noch draußen gestanden. Ich sehe ihn von weitem an, und er mich, mit so drohenden Augen. Was habe ich ihm getan? Was sieht er an mir? Ich will sterben mit meiner Liebe zu ihm. Ich will ihn nun nicht mehr sehen. Ich gehe nie mehr. Das tötet mich schon, wenn ich nie mehr zu ihm gehe. Vielleicht bin ich ja nachher bei ihm und bei ihm drinnen. Ich glaube es. O wie ich mich darauf freue! Ich habe jetzt fast keine Sehnsucht mehr. Warum auch noch welche haben? Ich mag mich weiter nicht grämen. – Der Knabe hatte die Augen voll Tränen. Die Sängerin, die mitweinte, legte den Kopf des unglücklichen Knaben sanft in ihren Schoß, schloß ihn fest mit den schönen Händen und weinte auf ihre Hände. Der Knabe weinte in der Sängerin Schoß hinein. Dann beugte sich die liebe Sängerin herab und küßte den Knaben. Sie nahm seinen Kopf zwischen ihre Hände und küßte ihn so.

Ist der Wald poetisch? Ja, das ist er, aber nicht mehr, als alles andere Lebendige auf der Welt. Besonders poetisch ist er nicht, er ist nur besonders schön! Von Dichtern wird er gern aufgesucht, weil es still ist darin, und man wohl in seinem Schatten mit einem guten Gedicht fertig werden kann. Er ist viel in Gedichten, der Wald, deshalb glauben gewisse, sonst gänzlich poesielose Menschen, ihn als etwas besonders Poesievolles verehren und beachten zu müssen. Beachtet und notiert ihn euch immerhin! Der Wald bleibt deshalb ganz ebenso unbekümmert und frisch Wald. Nichts auf der Erde hat besondern poetischen Wert, man liebt nur vielleicht das eine mehr als das andere, gibt diesem im Herzen einen kleinen Vorzug vor dem andern, ohne dabei ernstlich etwas denken zu wollen. Die Poeten, das ist sicher, lieben den Wald, die Maler auch, das ist ebenso sicher, und alle braven Menschen, besonders aber Liebende! Den Wald liebt man am Wald, nicht das Poetische daran. Sagt doch, wo, an welchem Punkt oder Zipfel fände man es? Es ist gar nicht da, dieses dumme Ungeheuer! Schön ist nichts von vorneherein! Jeder muß selbst gehen, und es als schön und köstlich empfinden lernen. Kommt er mit einem Schädel voll grinsender Poesie hinein, nämlich in das Schöne, so registriert er vielleicht etwas in sein klassisches Notizbuch, aber er geht als ein alberner, fühlloser Tropf am Süßen und Angenehmen vorbei. Sinne haben und Sinne aufzutun wagen, das dichtet schöne Waldlieder, malt herrliche Waldbilder. – Ich wende mich besonders an hochlöbliche Künstler- und Dichterkreise, wenn ich folgende kleine Geschichte knapp erzähle: Es waren einmal zwei junge Maler, die frisch in der Welt herumwanderten, mit der Absicht, ihre Skizzenbücher voll nach Hause zu tragen, um zeigen zu können, daß sie fleißige Kerle seien. Gut, soweit sind wir! Da kamen sie eines Abends an einen schönen Wald. Am Waldrand blieb der eine, nämlich der Klügere, behutsam und ergriffen stehen, staunte das Schöne an, während der andere, mehr ein Streber und Schaffer, als ein Fühler, mitten ins Waldesdunkel hineinsprang, nicht gerade, um es zu essen, sondern, um es zu studieren. Es ging ihm aber schlecht. Denn als er nun dem Dunkel so ins direkte Antlitz schaute, selber eigentlich schon vom Dunkel aufgefressen, fand und sah er es gar nicht! Natürlich, denn im Dunkel selber hat man keinen Eindruck mehr eben des Dunkels. Da stand nun der Kerl und konnte die Poesie, nämlich das Waldesdunkel, nicht erschnappen! Schöne Schlappe! Als er ganz blöde und dumm herauskam, hatte ihn der Kluge bereits tüchtig ausgelacht und überdies mit einer vortrefflichen Studie, die er vom Wald klar und einfach entworfen hatte, überholt, was den naseweisen Dickkopf nicht wenig ärgerte. Da weinte er vor Neid über des andern schöne Studie, die ihm entgangen war, und wird wohl noch immer weinen, denn solche Tränen trocknen nicht schnell. Das ist die Geschichte. Ich hoffe, sie bewirkt Gutes.

Ich führe meinen Leser, wenn er es gestattet, noch in ein Zimmer. Die Lampe ist angezündet, die Vorhänge sind vorgezogen, und um den kleinen runden Tisch sitzen drei junge Menschen: zwei Jünglinge und ein Mädchen. Einer der Jünglinge, der Fröhlichere, sitzt eng an das Mädchen gedrängt, die seine Geliebte scheint und auch ist. Der andere sitzt gedankenvoll, eine Zigarette rauchend, allein, den beiden gegenüber. Das Mädchen, ein hübsches lebhaftes Kind, hat das kleine geistreiche Köpfchen träumerisch der Brust des Geliebten entgegengesenkt. Nun spricht es: Wie wundervoll war es im Wald. Ich habe noch die Augen voll von dem flimmernden, tanzenden Grün. Ich kann es nicht weg bringen. Was ist doch Grün für eine herrische, unvergeßliche Farbe. Warum sind die Wälder grün, warum gibt es Wälder? Es sollte alles ein rauschender Wald sein, ja die ganze Welt, der ganze Raum, das Höchste, das Tiefste, das Weiteste, alles, alles, das sollte ein Wald sein, oder (hier senkt es die helle Stimme) dann Nichts! – Nun schweigt es, und der Fröhliche sucht die Erregte zu beschwichtigen. Er tut es nicht zart genug. Das Mädchen, ganz von seinem Gedanken ergriffen, sagt: O so sollte es sein! Warum denn nicht so? Muß es verschiedene Dinge geben? Warum kann denn nicht alles nur eins sein? Ein Strom, ja, sagt jetzt plötzlich der Gedankenvolle, der bis dahin geschwiegen hat. Sage es, o sage es, sprich es aus, fleht die Neugierige, sprich, was meinst du? – Ich meine, sagt der Schweigsame, daß, ohne daß es zu scheinen braucht, oder daß es deutlich zu sehen ist, alles ein Strom ist, ein fortfließender, ewig wiederkommender Strom. Und dann ein nie wiederkommender! Wald, was ist das? Das streckt sich über Ebenen, geht Berge hinauf, springt über Ströme, springt Berge hinunter, füllt Täler aus, und das sollte keine Herrschaft haben? Es geht tief in die blauliegenden Seen, es spielt mit den Wolken, es liebt die Lüfte, und es flieht vor uns Menschen. Es kann den Zug und Atem der Menschen nicht aushalten. Wir denken, und das frei Schwebende haßt und verachtet das Denken. Dann wieder ist es uns nah, wir dürfen es lieben. Wir sehen, wie es sich in den Spiegel der Seen hinabwirft, wie es spielt mit dem Himmel, wie es Meer, Sturm, Wirbel und Strom wird. Dann werden wir selber so etwas Fortströmendes. Nun sind wir im Gange, und keine ruhige Stelle ist mehr in unserem Herzen. Jetzt lieben wir auf einmal, und es ist eine Liebe, die in alles hineinwühlt, die alles niederreißt, um alles neu, neu aufzutürmen. Wir werden Baumeister, und wir nehmen die Wälder zum Muster für künftige Bauten. Das soll so stolz und herrlich stehen wie ein Bergwald – da zerfällt es. Denn es ist etwas Kleines, ganz Kleines da, über das das Gigantische hat stolpern müssen. Da liegt es, und schön, schön ist es im Liegen. Da stirbt es, gute Nacht! – Er schweigt und weint. Das Mädchen reicht ihm über dem Tisch die schmale, zitternde Hand. Er drückt sie innig an seine Lippen. Das Mädchen sieht den andern, den Fröhlichen, der es davon hat abhalten wollen, groß und merkwürdig an.

Es ist mir, wenn ich diese Blätter überdenke, als sei ich noch zu keinem eigentlichen Schluß gekommen, als fehle noch sehr viel, als hätte ich mehr in wenigeren Worten sagen sollen. Es quält mich, und wahrhaftig, wäre der quälende Gegenstand nicht etwas so Schönes, ich ließe mich kaum abhalten, dem Lästigen stramm den Rücken zu kehren. Über etwas Schönes exakt und bestimmt schreiben, ist schwer. Gedanken fliegen um das Schöne wie trunkene Schmetterlinge, ohne zum Ziel und festen Punkt zu kommen. Ich wollte mich ausschütten, aber da habe ich einsehen gelernt, daß Ausschütten in der Kunst des Schreibens ein fortwährendes Ansichhalten verlangt. Ich wollte den Wald sich mächtig ausbreiten sehen, wollte ihn, einem Riesen gleich, die Glieder spreizen und dehnen lassen, um ihn dann, sanft ablaufend, bis zu dem Punkt zu verfolgen, wo er wieder hätte die liebe, einfache Gestalt annehmen müssen, die wir an ihm kennen und schätzen. Da verflatterte er sich, trat bald groß und herrisch und bald klein und gemütlich auf, schimmerte bloß, anstatt zu bestimmen, machte nichts weiter aus sich, enttäuschte mich sehr, der ich ihn gern als ein wildes, einflußreiches und umgestaltendes Ding erblickt hätte. Wald ist nun wieder ein einfacher Wald, hat seine Waldwege und Waldbäche, ist erfüllt mit Gesträuchen, mit allerhand Geflitter, Netzen und Tieren und Geschrei von Kindern und Lachen von Herren und Damen, welche ihn zum Spazieren erwählt haben. Er ist sanft und geduldig und lieb mit den Menschen. Er ist ein sehr stiller Geselle, dessen Farbe allerdings den Eindruck des Übermütigen erweckt, aber er selber ist fern von Überhebung. Phantasten lieben es bloß, sein Bild zuweilen etwas zu verzerren, vielleicht nur, um es liebend nachher wieder zusammensetzen zu können. Der Phantast, o was für ein Kerl ist er! Dem will gleich alles als ein anderes und viel Wilderes erscheinen. Der schweift ab, nur um überhaupt die Genugtuung zu haben, abgeschweift zu sein. Ich liebe ihn nicht, und wenn er selber in mir sitzt, dann noch viel weniger, denn dann könnte ich ihn sogar hassen. Er übertreibt alles, und er macht Lücken, wo er in eine Sache liebevoll und innig eingehen sollte. Er besitzt keine Ruhe, also auch nicht die Aussicht, jemals zur Ruhe und zur Reife zu gelangen. Nein, ihn liebe ich nicht, aber ihn, den Wald, den liebe ich von ganzer Seele. Liebe ist immer in ihren Schritten und Zeichnungen unsicher. Ich kann nicht so ganz ruhig beschreiben, wie es nötig ist, was ich liebe. Vielleicht lerne ich diesen Streit der Empfindungen noch bändigen. Ruhe, o wie schön ist sie; Ruhe und Wald sind ja eins! Das habe ich gewußt, und ich habe vielleicht gefehlt, wenn ich es dennoch unternommen habe, mit solcher Unruhe die Ruhe, den Wald zu beschreiben. Nun sage ich dem Wald aus dem Versteck aller meiner besten Gedanken lebewohl.

Ich muß es. Daß der Wald so fest, so groß, so weitverbreitet, so mächtig, so stark und so voll Pracht ist, freut mich; ich wünsche den Menschen das gleiche.

SÁNDOR PETŐFI

Heiter strömt es nach dem Wald ...

Heiter strömt es nach dem grünen Wald,
Untergehen wird die Sonne bald,
Und schon sieht man ihre letzten Strahlen
Rote Rosen in die Wipfel malen.

Goldnes Leuchten durch die Zweige bricht,
Doch die Menge achtet dessen nicht,
Horch, da girren Tauben just und kosen,
Das ist lustiger als jene Rosen.

Ach, des Waldes grüne Herrlichkeit,
Seine würz'ge Pracht auch mich erfreut,
Gern seh' ich der Abendsonne Strahlen
Wilde Rosen in das Laubwerk malen.

Girrten nur die Tauben nicht so sehr!
Leiden macht's mich immer gar so schwer:
Seh' ich, wie so glücklich sie gemeinsam,
Muß ich weinen, daß ich gar so einsam!

HEINRICH HEINE

Der Herbstwind rüttelt die Bäume,
Die Nacht ist feucht und kalt;
Gehüllt im grauen Mantel,
Reite ich einsam im Wald!

Und wie ich reite, so reiten
Mir die Gedanken voraus;
Sie tragen mich leicht und luftig
Nach meiner Liebsten Haus.

Die Hunde bellen, die Diener
Erscheinen mit Kerzengeflirr;
Die Wendeltreppe stürm' ich
Hinauf mit Sporengeklirr.

Im leuchtenden Teppichgemache,
Da ist es so duftig und warm,
Da harret meiner die Holde –
Ich fliege in ihren Arm.

Es säuselt der Wind in den Blättern,
Es spricht der Eichenbaum:
Was willst du, thörichter Reiter,
Mit deinem thörichten Traum?

J. R. R. TOLKIEN

Der Herr der Ringe. Die zwei Türme

Es war weiter, als sie gedacht hatten. Das Gelände stieg immer noch kräftig an und wurde felsiger. Der Lichtfleck wuchs, während sie darauf zugingen, und bald sahen sie eine Felswand vor sich: die Flanke eines Hügels oder das abrupte Ende eines langen Arms, den das ferne Hochgebirge bis hierher ausstreckte. Keine Bäume wuchsen auf ihr, und die Sonne schien mit voller Kraft auf die steinerne Fläche. Die Zweige der Bäume zu ihren Füßen standen steif und reglos empor, als streckten sie sich der Wärme entgegen. Wo bisher alles grau und stumpf ausgesehen hatte, da glänzte der Wald nun in vollen Brauntönen, und die glatte schwarzgraue Baumrinde schimmerte wie Lackleder. Um die jüngeren Stämme leuchtete ein zartes Grün wie von neuem Gras: Vorfrühling oder ein leises Vorgefühl des Frühlings hüllte sie ein.

In der Felswand war etwas wie eine Treppe: eine natürliche vermutlich, durch Verwittern und Absplittern entstanden, denn sie war schief und holprig. Weit oben, fast auf gleicher Höhe mit den Wipfeln der Bäume, war eine Felsplatte unter einer steilen Wand. An ihrem Rand wuchsen ein bisschen Gras und Kraut, doch weiter stand dort nichts als ein alter Baumstumpf, der nur noch zwei krumme Äste hatte. Fast sah es aus, als stünde dort ein knorriger alter Mann und blinzelte in die Morgensonne.

»Gehn wir mal da rauf!«, sagte Merry vergnügt. »Da gibt es mehr Luft und einen Blick übers Land.«

Sie stiegen und kraxelten hinauf. Wenn die Treppe künstlich angelegt war, dann für größere Füße und längere Beine als die ihren. Sie waren zu eifrig bei der Sache, um sich darüber zu wundern, wie erstaunlich schnell die Wunden und Schrammen aus ihrer Gefangenschaft verheilt und ihre Kräfte wiedergekehrt waren. Schließlich kamen sie zum Rand der Felsplatte, fast zu

Füßen des alten Baumstumpfs, sprangen hinauf, kehrten dem Berg den Rücken und schauten tief aufatmend nach Osten hinaus. Sie sahen, dass sie erst drei oder vier Meilen tief in den Wald eingedrungen waren: Die Baumkronen zogen sich die Hänge hinunter bis zur Ebene. Dort, dicht am Waldsaum, stiegen schwarze Rauchschwaden hoch empor, kringelten sich und trieben zu ihnen herüber.

»Der Wind springt um«, sagte Merry. »Er kommt wieder von Osten. Es wird kühl hier oben.«

»Ja«, sagte Pippin, »ich fürchte, das ist nur ein kurzer Lichtblick, und gleich wird alles wieder grau. Wie schade! Im Sonnenschein sah dieser zottige alte Wald ganz anders aus. Ich hätte fast schon gedacht, die Gegend gefällt mir.«

»Fast schon gedacht, der Wald gefällt dir! Das ist gut! Das ist ungemein nett von dir«, sagte eine fremde Stimme. »Nun dreht euch um und lasst euch ins Gesicht schauen! Ich hätte fast schon gedacht, ihr beide gefallt mir gar nicht, aber seien wir nicht hastig!« Eine große, knorrige Hand legte sich jedem von ihnen auf die Schulter, und sie wurden sachte, aber unwiderstehlich herumgedreht; dann hoben zwei mächtige Arme sie empor.

Sie blickten in ein Gesicht, wie sie noch keines gesehen hatten. Es gehörte zu einer großen, menschenähnlichen, aber fast auch trollähnlichen Gestalt, mindestens vierzehn Fuß hoch, sehr stämmig, mit großem Kopf und kaum einer Spur von einem Hals. Ob das Zeug an ihrem Leib, das wie graugrüne Baumrinde aussah, eine Bekleidung war oder die Haut, war schwer zu sagen. Jedenfalls hatten die Arme dicht am Rumpf keine Runzeln, sondern waren mit einer glatten braunen Haut bedeckt. Die großen Füße hatten je sieben Zehen. Der untere Teil des Gesichts verschwand unter einem lang herabwallenden grauen Bart, buschig, fast zweigig an den Wurzeln, fein und moosig an den Enden. Doch fürs Erste achteten die Hobbits auf wenig anderes als auf die Augen. Von diesen tiefgründigen Augen wurden sie jetzt erforscht, langsam und bedächtig, aber sehr eindringlich. Es waren braune Augen, mit einem grünen Licht durchwirkt. Oft hat Pippin später versucht, seinen ersten Eindruck von ihnen zu schildern:

»Man hatte ein Gefühl, als ob ein tiefer Brunnen hinter ihnen läge, voller Erinnerungen aus ewigen Zeiten und voller langer, geruhsamer und stetiger Gedanken; aber die Oberfläche funkelte vor Geistesgegenwart: wie die Sonne auf den äußeren Blättern eines dicht belaubten Baumes oder auf den Wellen eines sehr tiefen Sees. Ich weiß nicht, aber es kam einem so vor, als ob etwas, das im Boden wuchs – das dort schlief, könnte man sagen, oder das von sich selbst nur wusste, dass es irgendwas zwischen Wurzel und Blatt war, zwischen Erdreich und Himmel –, plötzlich erwacht wäre und einen mit derselben bedächtigen Aufmerksamkeit musterte, die es endlose Jahre lang seinen eigenen inneren Regungen geschenkt hatte.«

»Hramm, Hommm«, brummte die Stimme, eine Stimme wie von einem sehr tiefen Holzblasinstrument. »Ihr seid merkwürdig! Nicht so hastig, das ist mein Wahlspruch. Aber hätte ich euch gesehen, bevor ich eure Stimmen hörte – die gefielen mir: angenehme, leise Stimmchen; die mich an etwas erinnerten, aber ich weiß nicht, an was –, dann hätte ich euch einfach zertreten; hätte gedacht, ihr seid kleine Orks, und meinen Irrtum erst nachher erkannt. Sehr merkwürdig seid ihr, Wurzel und Zweig, sehr merkwürdig!«

Pippin, immer noch staunend, erholte sich von seinem Schreck. Der Blick dieser Augen versetzte ihn in eine eigentümlich erwartungsvolle Spannung, aber nicht in Angst. »Bitte«, sagte er, »wer sind Sie? Und was sind Sie?«

Etwas Seltsames trat in die alten Augen, eine Art Vorsicht; die tiefen Brunnen bedeckten sich. »Hramm, nun«, antwortete die Stimme, »ich bin ein Ent, so sagt man, glaub ich. Ja, Ent, so heißt es. *Der* Ent, könntet ihr sagen, so wie ihr sprecht. Für manche heiße ich *Fangorn*, und andere machen *Baumbart* daraus. Baumbart könnt ihr auch sagen.«

»Ein *Ent?«, sagte* Merry. »Was ist das? Aber wie nennst du dich denn selbst? Wie lautet dein richtiger Name?«

»Hommm, nun!«, antwortete Baumbart. »Hommm, da müsste ich euch viel erzählen! Nicht so hastig! Und erst darf *ich* wohl fragen, ihr seid in meinem Land. Wer seid *ihr* denn, möcht ich gern wissen? Ich kann euch nicht einordnen. Ich glaube, ihr steht nicht auf den alten Listen, die ich gelernt habe, als ich jung war. Aber das ist ziemlich lange her, und vielleicht haben sie inzwischen neue Listen gemacht. Wartet mal! Wartet mal! Wie ging das noch?

Lerne die Namen der lebenden Wesen!
Die vier Völker, die freien, zuerst:
Ältest von allen, die Elbenkinder;
Zwerg, der Bergmann, bohrt sich ins Dunkel;
Ent, der Erdspross, alt wie die Berge;
Mensch, der sterbliche, Meister der Pferde;

Hm, hm, hm.

Baumeister Biber, Büffel hornstark,
Bär, Bienensucher, Bussard, der Greifer;
Hund ist hilfreich, Hase ängstlich ...

Hm, hm.

Adler im Äther, Ochs auf der Weide,
Hirsch, der Geweihfürst, Habicht der Schnellste,
Schwan weißest, Schlange kältest ...

Hommm, hm; hommm, hm, wie ging es doch weiter? Rommm tam, rommm tam, rommm tata tamm. Es war eine lange Liste. Aber jedenfalls, ihr scheint da nirgendwo hineinzupassen!«

»Wir sind in den alten Listen und in den alten Geschichten

anscheinend immer vergessen worden«, sagte Merry. »Trotzdem gibt es uns auch schon eine ganze Weile. Wir sind *Hobbits*.«

»Warum nicht einen Vers hinzufügen?«, sagte Pippin:

»*Halbhohe Hobbits, die Höhlenbewohner.*

Schieb uns bei den vier freien Völkern ein, gleich hinter den Menschen (den Großen), dann ist es in Ordnung!«

»Hm, nicht schlecht, gar nicht schlecht!«, sagte Baumbart. »Das genügt eigentlich. So, in Höhlen wohnt ihr? Klingt ganz angemessen! Aber *wer* nennt euch denn Hobbits? Das kommt mir nicht elbisch vor. Die Elben haben doch alle die alten Wörter gemacht, sie haben damit angefangen.«

»Niemand sonst nennt uns Hobbits; so nennen wir uns selbst«, sagte Pippin.

»Hommm, hmm! Sachte, sachte! Nicht so hastig! Ihr *selbst* nennt euch Hobbits? Das solltet ihr aber nicht jedem verraten. Den eigenen Namen gibt man nicht so ohne weiteres preis; da wär ich vorsichtiger!«

»Darin sind wir nicht so eigen«, sagte Merry. »Ich kann sogar sagen, ich bin ein Brandybock, Meriadoc Brandybock, aber meistens nennt man mich einfach Merry.«

»Und ich bin ein Tuk, Peregrin Tuk, für gewöhnlich Pippin oder einfach Pip genannt.«

»Hm, ihr seid ja wirklich hastige Leute, das seh ich«, sagte Baumbart. »Euer Vertrauen ehrt mich, aber ihr solltet nicht gleich so offenherzig sein. Es gibt nämlich Ents und Ents, müsst ihr wissen; und es gibt so manches, das wie ein Ent aussieht, aber keiner ist, könnte man sagen. Also gut, wenn es euch recht ist, sag ich Merry und Pippin zu euch – zwei hübsche Namen. Aber *meinen* Namen sag ich euch nicht, oder jedenfalls nicht gleich.« Ein grünes Flackern trat in seine Augen, ein halb verständnisvoller, halb belustigter Blick. »Schon deshalb nicht, weil es sehr lange dauern würde: Mein Name wächst mit der Zeit, und weil ich schon ziemlich lange lebe, ist mein Name eine ganze Geschichte. In meiner Sprache, dem Altentischen, wie ihr sagen könntet, enthält der echte Name nämlich die ganze Geschichte desjenigen, zu dem er gehört. Es ist eine wundervolle Sprache, aber man braucht sehr viel Zeit, um etwas in ihr zu sagen; denn wenn etwas nicht wert ist, dass man sich viel Zeit lässt, es zu sagen und anzuhören, sagen wir lieber nichts.

Aber nun«, sagte er, und seine Augen wurden sehr hell und wachsam, sie schienen kleiner und ihr Blick fast stechend zu werden, »was geht da eigentlich vor? Was habt ihr mit alledem zu tun? So einiges kann ich ja sehen und hören (und riechen und fühlen) von diesem, von diesem, von diesem *a-lalla-lalla-rumba-kamanda-lind-or-burúme* – verzeiht, das ist nur ein Teil meines Namens dafür, ich weiß nicht, wie das Wort in den Sprachen da draußen heißt: Ihr versteht schon, das Ding, wo wir jetzt drauf stehen und wo ich an schönen Vormittagen stehe und Ausschau halte und nachdenke über die Sonne, über das Gras hinterm Wald, über die Pferde und die Wolken und den Lauf der Welt. Was geht da vor? Was treibt Gandalf? Und diese – *burárum*« – er machte ein tiefes, polterndes Geräusch, wie ein Missklang auf einer großen Orgel – »diese Orks und der junge Saruman drüben in Isengard? Da wüsst ich gern mehr drüber. Aber nicht jetzt so in Eile.«

»Da geht einiges vor«, sagte Merry, »und selbst wenn wir es in Eile erzählen wollten, würde es eine ganze Weile dauern. Aber von solcher Hast rätst du uns ja ab. Sollen wir dir so bald schon etwas erzählen? Fändest du es unhöflich, wenn wir dich fragten, was du mit uns machen willst und auf welcher Seite du stehst? Und hast du Gandalf gekannt?«

»Ja, ich kenne ihn: der einzige Zauberer, für den Bäume nicht nur Holz sind«, sagte Baumbart. »Kennt ihr ihn?«

»Ja«, sagte Pippin traurig, »wir kannten ihn. Er war ein guter Freund und hat uns geführt.«

»Dann kann ich auf eure anderen Fragen antworten«, sagte

Baumbart. »Ich werde nichts ›mit euch machen‹, womit ihr nicht einverstanden seid. Aber wir könnten manches miteinander machen. Wie das mit den *Seiten* ist, weiß ich nicht. Ich gehe meinen Weg, aber vielleicht sind unsere Wege ein Stück weit die gleichen. Doch ihr sprecht von Meister Gandalf, als wäre er in einer Geschichte, die schon zu Ende ist.«

»So ist es«, sagte Pippin. »Die Geschichte scheint zwar weiterzugehen, aber leider ohne Gandalf.«

»Hmm, sachte, sachte!«, sagte Baumbart. »Hommm, hm, ach ja!« Er hielt inne und sah die Hobbits lange an. »Hommm, ach, da weiß ich nicht, was ich dazu sagen soll. Sachte, sachte!«

»Wenn du mehr hören möchtest, erzählen wir es dir«, sagte Merry. »Aber das wird einige Zeit dauern. Willst du uns nicht lieber herunterlassen? Könnten wir uns nicht hier zusammen in die Sonne setzen, solange sie noch scheint? Du musst doch müde werden, wenn du uns die ganze Zeit hochhältst.«

»Hm, *müde?* Nein, ich werde nicht müde. Ich werde nicht so schnell müde. Und ich setze mich nicht. Ich bin nicht sehr, hm, biegsam. Aber seht, die Sonne verschwindet. Gehn wir doch fort von diesem ... Sagtet ihr nicht, wie ihr das nennt?«

»Berg?«, schlug Pippin vor. »Hügel? Felsplatte?«, meinte Merry.

Nachdenklich wiederholte Baumbart die Wörter. »*Hügel,* ja, so hieß es. Aber es ist ein hastiges Wort für ein Ding, das immer hier gestanden ist, seit dieser Teil der Welt geformt ward. Macht nichts. Gehen wir!«

»Wohin denn?«, fragte Merry.

»Zu meinem Haus, oder zu einem meiner Häuser«, antwortete Baumbart.

»Ist es weit?«

»Ich weiß nicht. Ihr würdet es vielleicht weit finden. Doch was macht das schon?«

»Ja, weißt du, wir haben alle unsere Habe verloren«, sagte Merry. »Wir haben nur noch wenig zu essen.«

»O! Hm! Macht euch darum keine Sorgen!«, sagte Baumbart. »Ich kann euch einen Trank anbieten, der euch für lange, lange Zeit grün und wüchsig hält. Und wenn wir beschließen, uns wieder zu trennen, dann kann ich euch an jedem Punkt außerhalb meines Landes absetzen, den ihr bestimmt. Gehn wir!«

Die Hobbits sachte festhaltend, einen in jeder Armbeuge, hob Baumbart zuerst den einen seiner großen Füße, dann den anderen und trat an den Rand der Felsplatte. Die wurzelähnlichen Zehen krallten sich an die Steine. Dann stakste er bedächtig und gravitätisch Stufe für Stufe hinunter, bis zum Grund des Waldes.

Sogleich machte er sich mit langen, zielstrebigen Schritten auf den Weg durch die Bäume, tiefer und tiefer in den Wald hinein, immer bergauf zu den Gebirgshängen hin. Viele Bäume schienen zu schlafen oder ihn ebenso wenig zu beachten wie jedes andere Geschöpf, das nur gelegentlich vorüberkam; doch manche erschauerten raschelnd oder hoben die Äste über seinen Kopf, um ihm den Weg freizumachen. Die ganze Zeit sprach er im Gehen mit sich selbst, in einer lang dahinströmenden Folge wohlklingender Laute.

Die Hobbits blieben eine Weile still. Merkwürdigerweise fühlten sie sich sicher und geborgen, und es gab mehr als genug zu bedenken und zu bestaunen. Schließlich war es Pippin, der zuerst wieder den Mund aufmachte.

»Bitte, darf ich dich etwas fragen, Baumbart?«, sagte er. »Warum hat Celeborn uns vor deinem Wald gewarnt? Er hat gesagt, wir sollten uns hüten, zu tief hineinzugeraten.«

»Hmm, das hat er gesagt?«, brummte Baumbart. »Und vielleicht hätte ich euch dasselbe gesagt, wenn ihr in die andere Richtung gegangen wäret: Hütet euch, zu tief in den Wald von *Laurelindórenan* zu geraten! So haben die Elben es früher genannt, aber nun haben sie den Namen verkürzt: *Lothlórien* nennen sie es. Mag sein, dass sie Recht haben: Vielleicht schwindet es und wächst nicht mehr. Das Land des Tals des singenden Goldes, das war es einstmals. Nun ist es das Traumblütenland. Ach ja! Aber es ist schon eine seltsame Gegend, und nicht jeder sollte sich dort hineinwagen. Mich wundert, dass ihr wieder herausgekommen seid, und noch mehr, dass sie euch überhaupt hineingelassen haben: Seit manch einem Jahr ist dort kein Fremder mehr gewesen. Ein eigenartiges Land.

Aber dieses hier auch. Mancher ist hier zu Schaden gekommen. Schaden, um nicht mehr zu sagen. *Laurelindórenan lindelorendor malinornélion ornemalin«,* summte er vor sich hin. »Sie bleiben wohl dort hinter der Welt zurück, glaub ich«, sagte er. »Weder dieses Land hier noch irgendetwas anderes außerhalb des Goldenen Waldes ist noch so wie einst, als Celeborn jung war. Immerhin:

Taurelilómea-tumbalemorna
Tumbaletaurea Lómeanor,

so sagte man früher. Die Zeiten haben sich geändert, aber mancherorts stimmt es immer noch.«

»Was meinst du?«, sagte Pippin. »Was stimmt?«

»Die Bäume und die Ents«, sagte Baumbart. »Ich verstehe selbst nicht alles, was vorgeht, darum kann ich es euch nicht erklären. Manche von uns sind noch immer echte Ents und auf unsere Art ganz rührig, aber viele werden schläfrig, baumisch, könntet ihr sagen. Die meisten Bäume sind natürlich einfach Bäume; aber viele sind halb wach. Manche sind sogar hellwach, und einige wenige sind, ach nun ja, werden *entisch*. Das geht schon die ganze Zeit so.

Wenn das mit einem Baum geschieht, stellt sich manchmal heraus, dass er ein schlechtes Herz hat. Mit seinem Holz hat es nichts zu tun; das meine ich nicht. Ja, ich kannte ein paar gute alte Weiden unten an der Entwasser, ach, die stehn schon lange nicht mehr! Die waren innen schon ganz hohl und fielen langsam in sich zusammen, waren aber so still und höflich wie ein junges Blatt. Und dann gibt es in den Tälern unter den Bergen manche Bäume, die sind kerngesund und doch durch und durch schlecht. Dergleichen scheint um sich zu greifen. Früher gab es manche sehr gefährlichen Stellen in diesem Wald. Ein paar ganz finstere Flecken gibt es noch immer.«

»Solche wie den Alten Wald im Norden, meinst du das?«, fragte Merry.

»Ja, ja, so ähnlich, aber viel schlimmer. Sicher, irgendein Schatten des großen Dunkels liegt noch da oben im Norden; und böse Erinnerungen pflanzen sich fort. Aber in diesem Land gibt es Schluchten, wo das Dunkel nie gelichtet worden ist und wo Bäume stehen, die älter sind als ich. Trotzdem, wir tun, was wir können. Wir halten Fremde und übermütige Wagehälse fern. Wir raten und belehren, wir hegen und pflegen.

Wir sind Baumhirten, wir alten Ents. Recht wenige von uns sind noch übrig. Die Schafe werden wie der Schäfer, heißt es, und der Schäfer wie die Schafe; doch das geht langsam, und beide haben nicht viel Zeit auf der Welt. Schneller und tiefer geht dies zwischen Bäumen und Ents, und sie gehen zusammen durch die Zeiten. Denn die Ents sind den Elben ähnlicher: weniger von sich selbst eingenommen als Menschen und besser imstande, sich in andere Dinge hineinzuversetzen. Doch in mancher Hinsicht sind sie auch wieder den Menschen ähnlicher: wandlungsfähiger als Elben und schneller bereit, die Farbe der Außenwelt anzunehmen, könnte man sagen. In einem sind sie auch besser als beide: Sie sind beharrlicher und beschäftigen sich viel länger mit den Dingen.

Manche meiner Verwandten sehen jetzt ganz wie Bäume aus, und es muss schon allerhand geschehen, um sie aufzurütteln; und sie sprechen nur noch flüsternd. Manche meiner Bäume aber sind beweglich in den Ästen, und viele können mit mir sprechen. Die Elben haben damit angefangen, wer sonst, die Bäume zu wecken, ihnen das Sprechen beizubringen und ihrerseits die Baumsprache zu lernen. Ja, die alten Elben wollten immer mit allem und jedem sprechen. Aber dann kam das große Dunkel, und sie fuhren übers Meer davon oder flohen in ferne Täler, hielten sich verborgen und machten Lieder über die Tage, die niemals wiederkehren. Nie und nimmer. Ja, alles war einstmals ein einziger großer Wald von hier bis zu den Bergen von Lhûn, und dies war nur der Ostzipfel.

Das waren noch Zeiten! Manchmal konnte ich den ganzen Tag herumlaufen und singen, ohne etwas anderes zu hören als das Echo der eigenen Stimme aus den Tälern. Die Wälder waren wie der Wald von Lothlórien, nur dichter, stärker und jünger. Und wie würzig die Luft war! Manchmal tat ich eine ganze Woche lang nichts als atmen.«

Baumbart schwieg. Er schritt mächtig aus und machte dennoch mit seinen großen Füßen kaum ein Geräusch. Bald begann er wieder vor sich hinzusummen, und dann ging er zu einem murmelnden Sprechgesang über. Erst allmählich merkten die Hobbits, dass er ihnen etwas vorsang:

Ich ging durch die Fluren von Tasarinan im Frühling.
    Ah! Der Duft und die Farben des Frühlings in Nan-tasarion!
    Und ich sagte: Dieses ist gut.
Ich zog durch die Ulmenwälder von Ossiriand im Sommer.
    Ah! Die Musik und das Licht im Sommer an den Sieben Strömen von Ossir!
    Und ich dachte: Dies ist das Beste.
Zu den Buchen von Neldoreth kam ich im Herbst.
    Ah! Das Gold und das Rot und das Seufzen der Blätter im Herbst in Taur-na-neldor!
    Jeder Wunsch war gestillt.
Zu den Kiefern im Hochland von Dorthonion stieg ich im Winter hinauf.
    Ah! Der Wind und das Weiß und das schwarze Geäst des Winters auf Orod-na-Thôn!
    Zum Himmel stieg meine Stimme auf und sang.

Nun aber liegen all jene Länder unter der Woge,
Und ich wandre in Ambaróna, in Tauremorna, in Aldalóme,
In meinem eigenen Reich, im Fangornlande,
Wo Wurzeln tief hinabreichen.
Und die Jahre schichten sich höher als Laub unter Bäumen
In Tauremornalóme.

Damit endete er und ging schweigend weiter. Im ganzen Wald, so weit das Ohr reichte, war kein Laut mehr zu hören.

Ein Vogel klagt,
ich sehe auf.
Welk steht der Baum
vor meiner Türe.
Ich sehe an
dem Baum hinauf,
Aus jedem Zweig
den Tod ich spüre.

BERTOLT BRECHT

An die Nachgeborenen

I.
Wirklich, ich lebe in finsteren Zeiten!
Das arglose Wort ist töricht. Eine glatte Stirn
Deutet auf Unempfindlichkeit hin. Der Lachende
Hat die furchtbare Nachricht
Nur noch nicht empfangen.
Was sind das für Zeiten, wo
Ein Gespräch über Bäume fast ein Verbrechen ist
Weil es ein Schweigen über so viele Untaten einschließt!
Der dort ruhig über die Straßen geht
Ist wohl nicht mehr erreichbar für seine Freunde
Die in Not sind?
Es ist wahr: ich verdiene noch meinen Unterhalt
Aber glaubt mir: das ist nur ein Zufall. Nichts
Von dem, was ich tue, berechtigt mich dazu, mich
sattzuessen.
Zufällig bin ich verschont. (Wenn mein Glück
aussetzt, bin ich verloren.)
Man sagt mir: Iß und trink du! Sei froh, daß du hast!
Aber wie kann ich essen und trinken, wenn
Ich dem Hungernden entreiße, was ich esse und
Mein Glas Wasser einem Verdurstenden fehlt?
Und doch esse und trinke ich.

Ich wäre gerne auch weise.
In den alten Büchern steht, was weise ist:
Sich aus dem Streit der Welt halten und die kurze Zeit
Ohne Furcht verbringen
Auch ohne Gewalt auskommen

Böses mit Gutem vergelten
Seine Wünsche nicht erfüllen, sondern vergessen
Gilt für weise.
Alles das kann ich nicht:
Wirklich, ich lebe in finsteren Zeiten!

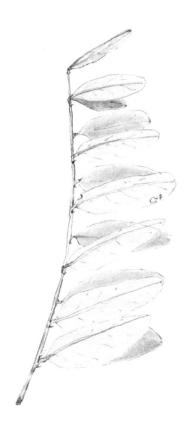

ERICH FRIED

Gespräch über Bäume

Für K. W.

Seit der Gärtner die Zweige gestutzt hat
sind meine Äpfel größer
Aber die Blätter des Birnbaums
sind krank. Sie rollen sich ein

In Vietnam sind die Bäume entlaubt

Meine Kinder sind alle gesund
Doch mein jüngerer Sohn macht mir Sorgen
er hat sich nicht eingelebt
in der neuen Schule

In Vietnam sind die Kinder tot

Mein Dach ist gut repariert
Man muß nur noch die Fensterrahmen
abbrennen und streichen. Die Feuerversicherungs-
prämie
ist wegen der steigenden Häuserpreise erhöht

In Vietnam sind die Häuser Ruinen

Was ist das für ein langweiliger Patron?
Wovon man auch redet
er kommt auf Vietnam zu sprechen!
Man muß einem Ruhe gönnen in dieser Welt:

In Vietnam haben viele schon Ruhe
Ihr gönnt sie ihnen

ANNETTE VON DROSTE-HÜLSHOFF

Die Judenbuche

Jetzt nahten die beiden sich der Stelle des Teutoburger Waldes, wo das Brederholz den Abhang des Gebirges niedersteigt und einen sehr dunkeln Grund ausfüllt. Bis jezt war wenig gesprochen worden. Simon schien nachdenkend, der Knabe zerstreut, und beide keuchten unter ihren Säcken. Plötzlich fragte Simon: »Trinkst du gern Branntwein?« – Der Knabe antwortete nicht. »Ich frage, trinkst du gern Branntwein? gibt dir die Mutter zuweilen welchen?« – »Die Mutter hat selbst keinen«, sagte Friedrich. – »So, so, desto besser! – kennst du das Holz da vor uns?« – »Das ist das Brederholz.« – »Weißt du auch, was darin vorgefallen ist?« – Friedrich schwieg. Indessen kamen sie der düstern Schlucht immer näher. »Betet die Mutter noch so viel?«, hob Simon wieder an. – »Ja, jeden Abend zwei Rosenkränze.« – »So? und du betest mit?« – Der Knabe lachte halb verlegen mit einem durchtriebenen Seitenblick. – »Die Mutter betet in der Dämmerung vor dem Essen den einen Rosenkranz, dann bin ich meist noch nicht wieder da mit den Kühen, und den andern im Bette, dann schlaf ich gewöhnlich ein.« – »So, so, Geselle!«

Diese letzten Worte wurden unter dem Schirme einer weiten Buche gesprochen, die den Eingang der Schlucht überwölbte. Es war jetzt ganz finster; das erste Mondviertel stand am Himmel, aber seine schwachen Schimmer dienten nur dazu, den Gegenständen, die sie zuweilen durch eine Lücke der Zweige berührten, ein fremdartiges Ansehen zu geben. Friedrich hielt sich dicht hinter seinem Ohm; sein Odem ging schnell, und wer seine Züge hätte unterscheiden können, würde den Ausdruck einer ungeheuren, doch mehr phantastischen als furchtsamen Spannung darin wahrgenommen haben. So schritten Beide rüstig voran, Simon mit dem festen Schritt des abgehärteten Wanderers, Friedrich schwankend und wie im Traum. Es kam ihm vor, als ob alles sich bewegte und die Bäume in den einzelnen Mondstrahlen bald zusammen, bald voneinander schwankten. Baumwurzeln und schlüpfrige Stellen, wo sich das Wegwasser gesammelt, machten seinen Schritt unsicher; er war einige Male nahe daran, zu fallen. Jetzt schien sich in einiger Entfernung das Dunkel zu brechen, und bald traten beide in eine ziemlich große Lichtung. Der Mond schien klar hinein und zeigte, daß hier noch vor kurzem die Axt unbarmherzig gewüthet hatte. Überall ragten Baumstümpfe hervor, manche mehrere Fuß über der Erde, wie sie gerade in der Eile am bequemsten zu durchschneiden gewesen waren; die verpönte Arbeit mußte unversehens unterbrochen worden seyn, denn eine Buche lag quer über dem Pfad, in vollem Laube, ihre Zweige hoch über sich streckend und im Nachtwinde mit den noch frischen Blättern zitternd. Simon blieb einen Augenblick stehen und betrachtete den gefällten Stamm mit Aufmerksamkeit. In der Mitte der Lichtung stand eine alte Eiche, mehr breit als hoch; ein blasser Strahl, der durch die Zweige auf ihren Stamm fiel, zeigte, daß er hohl sey, was ihn wahrscheinlich vor der allgemeinen Zerstörung geschüzt hatte. Hier ergriff Simon plötzlich des Knaben Arm.

»Friedrich, kennst du den Baum? Das ist die breite Eiche.« – Friedrich fuhr zusammen und klammerte sich mit kalten Händen an seinen Ohm. »Sieh«, fuhr Simon fort, »hier haben Ohm Franz und der Hülsmeyer deinen Vater gefunden, als er in der Betrunkenheit ohne Buße und Ölung zum Teufel gefahren war.« – »Ohm, Ohm!«, keuchte Friedrich. – »Was fällt dir ein? Du wirst dich doch nicht fürchten? Satan von einem Jungen, du kneipst mir den Arm! laß los, los!« – Er suchte den Knaben abzuschütteln. – »Dein Vater war übrigens eine gute Seele; Gott wird's nicht so genau mit ihm nehmen. Ich hatt' ihn so lieb wie meinen eigenen Bruder.« – Friedrich ließ den Arm seines Ohms los; beide legten schweigend den übrigen Theil des Waldes zurück und das Dorf Brede lag vor ihnen, mit seinen Lehmhütten und den einzelnen bessern Wohnungen von Ziegelsteinen, zu denen auch Simons Haus gehörte.

MAX DAUTHENDEY

Der tote Baum

Ein Vogel klagt, ich sehe auf.
Welk steht der Baum vor meiner Türe.
Ich sehe an dem Baum hinauf,
Aus jedem Zweig den Tod ich spüre.

Die Blätter, die sonst hochgestellt,
Von grünem Lichte frisch erhellt,
Die Blätter hängen grau herab.
Es steigt der große Baum ins Grab.

Als mir der Vogel ihn gezeigt,
Flog er dann fort im Wolkenmeere.
Ich habe still den Kopf geneigt.
Rund um mich wächst die Totenleere.

(Malang, 12. November 1916)

MÄRCHEN AUS FINNLAND

Wie die Trauerbirke entstanden ist

Ein reicher Mann lauste seiner Tochter den Kopf und fand eine große Laus. Er setzte sie unter einen Topf und ließ sie wachsen. Und die Laus wuchs, bis sie so groß war wie eine Katze. Da tötete er sie, und aus der Haut machte er seiner Tochter Schuhe. Dann rief er alles Volk zusammen, damit sie rieten, aus was für einer Haut die Schuhe gemacht worden seien. Wer es erraten könne, der solle seine Tochter zur Braut haben. Da fanden sich viele ein, die gern des reichen Mannes Tochter zur Braut gehabt hätten.

Hinter dem Hause aber war ein See. Da kam ein Wasserweibchen herauf, das stieg durch den Rauchfang und verwandelte sich in einen alten Mann. Der kroch hinterm Ofen hervor und sprach: »Sie sind aus der Haut einer Laus.« Und ein flinker Bursch sprang auf und rief: »Ich hab's geraten, ich hab's zuerst gesagt.« Da kamen die Leute von der andern Seite auf ihn zu und hießen ihn schweigen. Und der Alte ging hin und wollte das Mädchen zur Frau haben. Aber ihr Vater sprach: »Dir gebe ich meine Tochter nicht, und wenn es sonst was gälte.« Und sie selbst sagte: »Dich alten Kerl nehme ich nicht«, und lief aus dem Haus. Da entführte sie das Wasserweibchen hinter dem Haus und nahm sie mit sich in den See. Dort hatte sie ein prächtiges Schloß auf einer schönen Insel und einen bunten Garten mit allerhand Beeren und allerlei Vögeln. Und sie hatte einen flinken Jungen, dem gab sie das Mägdlein zur Frau.

Sie lebte dort ein Jahr, das erschien ihr wie eine Woche, sie lebte ein zweites, ein drittes und bekam ein Kind. Sie lustwandelte mit dem Kinde und ihrem Manne in dem Garten, und sie aßen, was sie wollten. Aber eines Tages bekam sie doch Sehnsucht nach Hause. Es kam ihr in den Sinn, ihre Eltern einmal zu besuchen, und sie sagte zu ihrem Gatten: »Es wäre wohl Zeit, daß ich einmal nach Hause ginge, ich habe jetzt Sehnsucht.« Da sagte der Mann: »Du kannst gehen, wann du willst, doch back erst gute Kuchen für die Deinen, nimm alle Beeren für Pasteten!« Und sie buk Pasteten und nahm einen Sack voll Gold für die Ihrigen zum Geschenk mit. Dann hob er seine Frau und ihren Knaben aufs Knie, und sowie er bloß einmal mit ihnen herumflog, waren sie dort am Ufer, von wo sie das Wasserweibchen geholt hatte. Und er beschied sein Weib und sagte: »Wenn du wieder nach Hause möchtest, so ruf am Ufer: ›Komm, komm, mein Geliebter, und hol mich!‹ Dann komme ich und hole dich.« Die junge Frau ging zu ihrem Vater, und ihr Mann kehrte mit dem Bübchen wieder heim. Am Ufer aber kam ihr viel Volks entgegen, denn sie meinten: »Wer kommt denn da in so feinen Kleidern?« Und sie gab den Leuten die Hand und schenkte ihnen von dem Golde. Dann kam sie nach Hause, aß und trank dort und erzählte dem Vater und den Brüdern, wie sie lebte. Sie erzählte und lobte: »Ich habe dort ein herrliches Leben. Da gibt es so schöne Gärten und Vögel und Beeren, daß einem keine Sehnsucht kommt. Bin ich doch heute nach drei Jahren zum erstenmal nach Hause gekommen.«

Da flüsterten ihre zwei Brüder im geheimen miteinander, und sie gingen in den Wald und schnitten sich Knüttel von Erlenholz, damit wollten sie den Schwager totschlagen. Aber das Mädchen fühlte Sehnsucht nach ihrem Manne und ihrem Kind, nach ihrem weichen Lager und allem andern. Es trieb sie heim mit aller Macht. Doch weder Vater noch Mutter wollten sie fortlassen. »Ich kann nicht mehr hierbleiben, ich leide solche Qual und Jammer hier.« Sie drängte und drängte, da half kein Verbot mehr. »Wenn du solche Sehnsucht hast, so geh, doch besuch uns bald wieder«, baten Vater und Mutter. Da ging sie zum Ufer, ihren Geliebten zu rufen, der mit dem Kind in Sehnsucht ihrer harrte. Und der Geliebte kam. Doch als er ans Ufer stieg, sprangen die Brüder aus dem Walde mit Erlenholzknütteln auf ihn ein und schlugen ihn, daß er tot liegenblieb. Die Schwester aber fing bitterlich an zu weinen: »Warum tatet ihr das?«

Da wurde sie zur Trauerbirke und der Knabe auf ihrem Arm zum Ast an der Birke. Und die Blätter hingen an ihr wie die Locken am Kopf. So blieb sie in ihrer Trauer und kam nicht mehr zu ihrem Vater und den Brüdern. Sie blieb eine Trauerbirke.

BRUNO WILLE

Einsamer Baum

Zersplissen ist mein Haupt
Vom schwarzen Wolkenwetter;
Herbstwind und Regen raubt
Die letzten toten Blätter.
So rag ich ganz allein
Aus ödem Heidekraut
Und träume von dem Hain,
Der weit verloren blaut.

Es packt mit grimmer Wucht
Mich wohl ein nächtlich Brausen;
Ich raffe dann mit Grausen
Zusammen mich zur Flucht/
Doch halten zähe Schollen
Mich an den Wurzeln fest./
Da steh ich nun mit Grollen
Und schüttle mein Geäst.

WILLIAM SHAKESPEARE

Othello

Dritte Szene
Vorsaal im Schlosse.

Othello, Lodovico, Desdemona, Emilia und Gefolge treten auf.

LODOVICO.
Ich bitt' Euch, Herr, bemüht Euch nun nicht weiter!
OTHELLO.
O nein, erlaubt, das Ausgehn tut mir wohl.
LODOVICO.
Schlaft, Gnäd'ge, wohl! Ich sag' Euch meinen Dank.
DESDEMONA.
Ihr wart uns sehr willkommen, Herr!
OTHELLO.
Wollen wir gehn, Signor? – O Desdemona! –
DESDEMONA.
Mein Gemahl? –
OTHELLO.
Geh sogleich zu Bett, ich werde augenblicklich wieder da sein.
Entlaß deine Gesellschafterin: tu', wie ich dir sage!

Ab.

DESDEMONA.
Das werd' ich, mein Gemahl.
EMILIA.
Wie geht's nun? Er scheint milder als zuvor.
DESDEMONA.
Er sagt, er werde hier sein ungesäumt;

Er gab mir den Befehl, zu Bett zu gehen,
Und hieß mir, dich entlassen.
EMILIA.
Mich entlassen? –
DESDEMONA.
Er will es also; darum, gutes Kind,
Gib mir mein Nachtgewand und lebe wohl! –
Wir dürfen jetzt ihn nicht erzürnen.
EMILIA.
Hättet Ihr ihn doch nie gesehn!
DESDEMONA.
Das wollt' ich nicht: mein Herz hängt so an ihm,
Daß selbst sein Zorn, sein Trotz, sein Eigensinn –
Komm, steck' mich los – mir lieb und reizend dünkt.
EMILIA.
Die Tücher legt' ich auf, wie Ihr's befahlt.
DESDEMONA.
's ist alles eins. – Ach! was wir töricht sind! –
Sterb' ich vor dir, so bitt' dich, hülle mich
In eins von diesen Tüchern!
EMILIA.
Kommt, Ihr schwatzt! –
DESDEMONA.
Meine Mutter hatt' ein Mädchen – Bärbel hieß sie –,
Die war verliebt, und treulos ward ihr Schatz
Und lief davon. Sie hatt' ein Lied von Weide,
Ein altes Ding, doch paßt' es für ihr Lied;
Sie starb, indem sie's sang. Das Lied heut nacht
Kommt mir nicht aus dem Sinn; ich hab' zu schaffen,
Daß ich nicht auch den Kopf so häng' und singe
Wie's arme Bärbel. Bitt' dich, mach' geschwind!
EMILIA.
Soll ich Eu'r Nachtkleid holen? –

DESDEMONA.
Nein, steck' mich hier nur los! –
Der Lodovico ist ein feiner Mann.
EMILIA.
Ein recht hübscher Mann.
DESDEMONA.
Er spricht gut.
EMILIA.
Ich weiß eine Dame in Venedig, die wäre barfuß nach
Palästina gegangen um einen Druck von seiner Unterlippe.
DESDEMONA *singt.*
Das Mägdlein saß singend am Feigenbaum früh,
Singt Weide, grüne Weide!
Die Hand auf dem Busen, das Haupt auf dem Knie,
Singt Weide, Weide, Weide!
Das Bächlein, es murmelt und stimmet mit ein;
Singt Weide, grüne Weide!
Heiß rollt ihr die Trän' und erweicht das Gestein;
Leg' dies beiseite –
Singt Weide, Weide, Weide!
Bitt' dich, mach' schnell, er kommt sogleich –
Von Weiden all flecht' ich mir nun den Kranz –
O scheltet ihn nicht, sein Zorn ist mir recht. –
Nein, das kommt später, – horch! wer klopft da? –
EMILIA.
Es ist der Wind.
DESDEMONA.
Ich nannt' ihn du Falscher! Was sagt' er dazu?
Singt Weide, grüne Weide!
Seh' ich nach den Mädeln, nach den Buben siehst du.
So geh nun fort; gute Nacht! Mein Auge jückt,
Bedeutet das wohl Tränen?
EMILIA.
Ei, mit nichten!

DESDEMONA.
　Ich hört' es so. – Die Männer, o die Männer!
　Glaubst du, auf dein Gewissen, sprich, Emilia,
　Daß wirklich Weiber sind, die ihre Männer
　So gröblich täuschen?
EMILIA.
　Solche gibt's, kein Zweifel.
DESDEMONA.
　Tät'st du dergleichen um die ganze Welt?
EMILIA.
　Nun, tätet Ihr's nicht?
DESDEMONA.
　Nein, beim Licht des Himmels! –
EMILIA.
　Ich tät' es auch nicht bei des Himmels Licht,
　Ich könnt' es ja im Dunkeln.
DESDEMONA.
　Tät'st du dergleichen um die ganze Welt? –
EMILIA.
　Die Welt ist mächtig weit; der Lohn wär' groß,
　Klein der Verstoß.
DESDEMONA.
　Gewiß, du tät'st es nicht! –
EMILIA. Gewiß, ich täte es, und machte es wieder ungetan, wenn ich's getan hätte. Nun freilich täte ich so etwas nicht für einen Fingerring, noch für einige Ellen Batist, noch für Mäntel, Röcke und Hauben oder solchen armsel'gen Kram; aber für die ganze Welt, – ei, wer hätte da nicht Lust, dem Manne Hörner aufzusetzen und ihn zum Weltkaiser zu machen? Dafür wagte ich das Fegefeuer! –
DESDEMONA. Ich will des Todes sein, tät' ich solch Unrecht. Auch um die ganze Welt!
EMILIA. Ei nun, das Unrecht ist doch nur ein Unrecht in der Welt, und wenn Euch die Welt für Eure Mühe zu teil wird, so

ist's ein Unrecht in Eurer eignen Welt. Ihr könnt es geschwind
zu Recht machen.
DESDEMONA. Ich glaube doch, es gibt kein solches Weib.
EMILIA.
Ei, zehn für eins, und noch so viel in Kauf,
Die Welt, um die sie spielten, gleich zu füllen.
Allein mich dünkt, es ist der Männer Schuld,
Daß Weiber fallen. Wenn sie pflichtvergessen
In fremdem Schoß vergeuden unsern Schatz;
Wenn sie, verkehrt in laun'scher Eifersucht,
Ans Haus uns fesseln; wenn sie gar uns schlagen,
Wenn sie in Leichtsinn unser Gut vertun,
Dann schwillt auch uns die Galle; wir sind fromm,
Doch nicht von Rachsucht frei. Sie sollen's wissen,
Wir haben Sinne auch: wir sehn und riechen,
Und haben einen Gaum für süß und herbe,
Wie unsre Männer. Was bezwecken sie,
Wenn sie uns andre vorziehn? Ist es Lust?
Ich denke, ja; treibt sie die Leidenschaft?
Ich denke, ja; ist's Schwachheit, die sie tört?
Gewiß; und haben wir nicht Leidenschaft?
Nicht Hang zur Lust? Und Schwachheit gleich den Männern?
Drum, wenn der Mann sich treulos von uns kehrte,
War's seine Bosheit, die uns Böses lehrte.
DESDEMONA.
Gut' Nacht! – Und laß mich, Herr, in fremden Sünden
Nicht eigne Sünde, laß mich Beßrung finden! –

GEORG HEYM

Der Baum

Am Wassergraben, im Wiesenland
Steht ein Eichbaum, alt und zerrissen.
Vom Blitze hohl, und vom Sturm zerbissen.
Nesseln und Dorn umstehn ihn in schwarzer Wand.

Ein Wetter zieht sich gen Abend zusammen.
In die Schwüle ragt er hinauf, blau, vom Wind nicht gerührt.
Von der leeren Blitze Gekränz umschnürt,
Die lautlos über den Himmel flammen.

Ihn umflattert der Schwalben niedriger Schwarm.
Und die Fledermäuse huschenden Flugs,
Um den kahlen Ast, der zuhöchst entwuchs
Blitzverbrannt seinem Haupt, eines Galgens Arm.

Woran denkst du, Baum, in der Wetterstunde
Am Rande der Nacht? An der Schnitter Gered,
In der Mittagsrast, wenn der Krug umgeht,
Und die Sensen im Grase ruhn in der Runde?

Oder denkst du daran, wie in alter Zeit
Einen Mann sie in deine Krone gehenkt,
Wie, den Strick um den Hals, er die Beine verrenkt,
Und die Zunge blau hing aus dem Maule breit?

Wie er da Jahre hing, und den Winter trug,
In dem eisigen Winde tanzte zum Spaß,
Und wie ein Glockenklöppel, den Rost zerfraß,
An den zinnernen Himmel schlug.

GEORG TRAKL

Winkel am Wald

An Karl Minnich

Braune Kastanien. Leise gleiten die alten Leute
In stilleren Abend; weich verwelken schöne Blätter.
Am Friedhof scherzt die Amsel mit dem toten Vetter,
Angelen gibt der blonde Lehrer das Geleite.

Des Todes reine Bilder schaun von Kirchenfenstern;
Doch wirkt ein blutiger Grund sehr trauervoll und düster.
Das Tor blieb heut verschlossen. Den Schlüssel hat der Küster.
Im Garten spricht die Schwester freundlich mit Gespenstern.

In alten Kellern reift der Wein ins Goldne, Klare.
Süß duften Äpfel. Freude glänzt nicht allzu ferne.
Den langen Abend hören Kinder Märchen gerne;
Auch zeigt sich sanftem Wahnsinn oft das Goldne, Wahre.

Das Blau fließt voll Reseden; in Zimmern Kerzenhelle.
Bescheiden ist ihre Stätte wohl bereitet.
Den Saum des Walds hinab ein einsam Schicksal gleitet;
Die Nacht erscheint, der Ruhe Engel, auf der Schwelle.

ANTOINE DE SAINT-EXUPÉRY

Der kleine Prinz

Jeden Tag fand ich etwas heraus über den Planeten, weswegen er fortging und über seine Reise. Dazu kam es sehr langsam, durch zufällige Bemerkungen. Und so erfuhr ich am dritten Tag vom Drama der Baobabs.

Auch diesmal war es dem Schaf zu verdanken, denn der kleine Prinz fragte mich plötzlich, als wäre er von schweren Zweifeln befallen:

»Es stimmt doch, oder, die Schafe fressen Sträucher?«

»Ja, das stimmt.«

»Ach, da bin ich froh!«

Ich verstand nicht, was so wichtig daran war, dass Schafe Sträucher fraßen. Aber der kleine Prinz ergänzte:

»Logischerweise fressen sie dann ja auch Baobabs?«

Ich wies den kleinen Prinzen darauf hin, dass Baobabs keine Sträucher, sondern Bäume, so groß wie Kirchen, waren, und dass nicht einmal eine ganze Herde Elefanten, wenn er eine mitnehmen würde, mit einem einzigen Baobab fertig werden könnte.

Die Vorstellung von der Elefantenherde brachte den kleinen Prinzen zum Lachen:

»Die müsste ich ja aufeinander stapeln ...«

Aber er merkte weise an:

»Baobabs sind ja erstmal klein, bevor sie wachsen.«

»Das ist richtig! Aber wieso willst du denn, dass deine Schafe kleine Baobabs fressen?«

Er antwortete: »Naja! Also bitte!«, als handelte es sich um eine völlig offensichtliche Sache. Und es kostete mich einige intellektuelle Anstrengung, um von selbst auf das Problem zu kommen.

Auf dem Planeten des kleinen Prinzen gab es nämlich, wie auf allen Planeten, nützliche und schädliche Pflanzen. Infolgedessen gab es von den nützlichen Pflanzen nützliche Samen und von den schädlichen Pflanzen schädliche Samen. Aber die Pflanzensamen sind unsichtbar. Sie schlafen im Geheimnis der Erde, bis einer von ihnen auf die Idee kommt, aufzuwachen. Dann streckt er sich und wächst der Sonne zunächst schüchtern in einem bezaubernden kleinen unschädlichen Spross entgegen. Ist der Spross von einem Radieschen oder von einem Rosenstock, kann man ihn wachsen lassen, wie er will. Handelt es sich aber um eine schädliche Pflanze, muss man sie ausreißen, sobald man sie erkennt. Nun gab es aber auf dem Planeten des kleinen Prinzen furchterregende Samen, die Baobabsamen. Der Boden des Planeten war übersät davon. Einen Baobab wird man nämlich nie mehr los, wenn man ihn zu spät entdeckt. Er überwuchert den ganzen Planeten. Er durchbohrt ihn mit seinen Wurzeln. Und wenn es ein kleiner Planet ist und es zu viele Baobabs gibt, können sie ihn sprengen.

»Es ist eine Frage der Disziplin«, sagte mir der kleine Prinz eine Weile später. »Wenn man mit seiner Morgentoilette fertig ist, muss man sich um die Morgentoilette des Planeten kümmern. Man muss sich zwingen, die Baobabs regelmäßig auszureißen, wenn man sie zwischen den Rosenstöcken entdeckt, denen sie ganz jung sehr ähnlich sind. Diese Arbeit ist sehr langweilig, aber sehr leicht.«

Und einmal riet er mir, mich an einer schönen Zeichnung zu versuchen, damit das in die Köpfe der Kinder bei mir zu Hause hineinginge. »Das kann ihnen sehr nützlich sein, falls sie eines Tages reisen«, sagte er zu mir. »Manchmal ist es unbedenklich, eine Arbeit auf später zu verschieben. Aber wenn es um Baobabs geht, ist es immer eine Katastrophe. Ich kannte mal einen Planeten, auf dem jemand Faules wohnte. Er hatte drei Sträucher stehen lassen …«

Und auf Anweisung des kleinen Prinzen hin zeichnete ich diesen Planeten. Ich möchte ungern wie ein Moralist klingen. Aber über die Gefahr, die die Baobabs darstellen, ist sehr wenig bekannt, und würde sich jemand auf einen Asteroiden verirren, wäre das Risiko für denjenigen so bedenklich, dass ich dieses eine Mal eine Ausnahme in meiner Zurückhaltung mache und sage: »Kinder! Passt auf mit den Baobabs!« Ich habe an dieser Zeichnung so sorgfältig gearbeitet, um meine Freunde vor der Gefahr zu warnen, an der sie seit langem haarscharf vorbeischlittern, ohne es zu wissen, so wie ich selbst. Meine Lektion war auch nötig. Ihr fragt euch vielleicht: Warum sind die anderen Zeichnungen in diesem Buch nicht so grandios wie diese Zeichnung von den Baobabs? Die Antwort ist ganz simpel: Ich habe es versucht, aber ich bin gescheitert. Beim Zeichnen der Baobabs hat mich ein Gefühl von Dringlichkeit angespornt.

Ihr werdet nach uns sein,
Und euer Inn'res
Hegt Keime der Zukunft
In ernstem Schweigen.

Leben und Hoffnung

THEODOR FONTANE

Herr von Ribbeck auf Ribbeck im Havelland

Herr von Ribbeck auf Ribbeck im Havelland,
Ein Birnbaum in seinem Garten stand,
Und kam die goldene Herbsteszeit,
Und die Birnen leuchteten weit und breit,
Da stopfte, wenn's Mittag vom Thurme scholl,
Der von Ribbeck sich beide Taschen voll,
Und kam in Pantinen ein Junge daher,
So rief er: »Junge, wist' ne Beer?«
Und kam ein Mädel, so rief er: »Lütt Dirn,
Kumm man röwer, ick hebb 'ne Birn.«

So ging es viel Jahre, bis lobesam
Der von Ribbeck auf Ribbeck zu sterben kam.
Er fühlte sein Ende. 's war Herbsteszeit,
Wieder lachten die Birnen weit und breit,
Da sagte von Ribbeck: »Ich scheide nun ab.
Legt mir eine Birne mit in's Grab.«
Und drei Tage drauf, aus dem Doppeldachhaus,
Trugen von Ribbeck sie hinaus,
Alle Bauern und Büdner, mit Feiergesicht
Sangen »Jesus meine Zuversicht«
Und die Kinder klagten, das Herze schwer,
»He is dod nu. Wer giwt uns nu 'ne Beer?«

So klagten die Kinder. Das war nicht recht,
Ach, sie kannten den alten Ribbeck schlecht,
Der neue freilich, der knausert und spart,
Hält Park und Birnbaum strenge verwahrt,
Aber der alte, vorahnend schon

Und voll Mißtraun gegen den eigenen Sohn,
Der wußte genau, was damals er that,
Als um eine Birn' in's Grab er bat,
Und im dritten Jahr aus dem stillen Haus
Ein Birnbaumsprößling sproßt heraus.

Und die Jahre gehen wohl auf und ab,
Längst wölbt sich ein Birnbaum über dem Grab,
Und in der goldenen Herbsteszeit
Leuchtet's wieder weit und breit.
Und kommt ein Jung' über'n Kirchhof her,
So flüstert's im Baume: »Wiste 'ne Beer?«
Und kommt ein Mädel, so flüstert's: »Lütt Dirn,
Kumm man röwer, ick gew' di 'ne Birn.«

So spendet Segen noch immer die Hand
Des von Ribbeck auf Ribbeck im Havelland.

BRÜDER GRIMM

Von dem Machandelboom

Dat is nu all lang heer, wol twe dusend Johr, do wöör dar en ryk Mann, de hadd ene schöne frame Fru, un se hadden sik beyde sehr leef, hadden awerst kene Kinner, se wünschden sik awerst sehr welke, un de Fru bedd'd so veel dorüm Dag un Nacht, man se kregen keen un kregen keen. Vör erem Huse wöör en Hof, dorup stünn en Machandelboom, ünner dem stünn de Fru eens im Winter un schelld sik enen Appel, un as se sik den Appel so schelld, so sneet se sik in'n Finger un dat Blood feel in den Snee. »Ach«, säd de Fru, un süft'd so recht hoog up, un seg dat Blood vör sik an, un wöör so recht wehmödig, »hadd ik doch en Kind, so rood as Blood un so witt as Snee.« Un as se dat säd, so wurr ehr so recht fröhlich to Mode: Ehr wöör recht, as schull dat wat warden. Do güng se to dem Huse, un't güng een Maand hen, de Snee vorgüng: un twe Maand, do wöör dat gröön: un dre Maand, do kömen de Blömer uut der Eerd: un veer Maand, do drungen sik alle Bömer in dat Holt, un de grönen Twyge wören all in eenanner wussen: Door süngen de Vögelkens dat dat ganße Holt schalld, un de Blöiten felen von den Bömern: Do wöör de fofte Maand wech, un se stünn ünner dem Machandelboom, de röök so schön, do sprüng ehr dat Hart vör Freuden, un se füll up ere Knee un kunn sik nich laten: Un as de soste Maand vorby wöör, do wurren de Früchte dick un staark, do wurr se ganß still: un de söwde Maand, do greep se na den Machandelbeeren un eet se so nydsch, do wurr se trurig un krank: Do güng de achte Maand hen, un se reep eren Mann un weend un säd »wenn ik staarw, so begraaf my ünner den Machandelboom.« Do wurr se ganß getrost, un freude sik, bet de neegte Maand vorby wöör, do kreeg se en Kind so witt as Snee un so rood as Blood, un as se dat seeg, so freude se sik so, dat se stürw.

Do begroof ehr Mann se ünner den Machandelboom, un he füng an to wenen so sehr; ene Tyd lang, do wurr dat wat sachter, un do he noch wat weend hadd, do hüll he up, un noch en Tyd, do nöhm he sik wedder ene Fru.

Mit de tweden Fru kreeg he ene Dochter, dat Kind awerst von der eersten Fru wöör en lüttje Sähn, un wöör so rood as Blood un so witt as Snee. Wenn de Fru ere Dochter so anseeg, so hadd se se so leef, awerst denn seeg se den lüttjen Jung an, un dat güng ehr so dorch't Hart, un ehr düchd as stünn he ehr allerwegen im Weg, un dachd denn man jümmer wo se ehr Dochter all das Vörmägent towenden wull, un de Böse gaf ehr dat in, dat se dem lüttjen Jung ganß gramm wurr un stödd em herüm von een Eck in de anner, un buffd em hier un knuffd em door, so dat dat aarme Kind jümmer in Angst wöör. Wenn he denn uut de School köhm, so hadd he kene ruhige Städ.

Eens wöör de Fru up de Kamer gaan, do köhm de lüttje Dochter ook herup un säd »Moder, gif my enen Appel.« »Ja, myn Kind«, säd de Fru un gaf ehr enen schönen Appel uut der Kist; de Kist awerst hadd enen grooten sworen Deckel mit en groot schaarp ysern Slott. »Moder,« säd de lüttje Dochter, »schall Broder nich ook enen hebben?« Dat vördrööt de Fru, doch säd se »ja, wenn he uut de School kummt.« Un as se uut dat Fenster wohr wurr dat he köhm, so wöör dat recht, as wenn de Böse äwer ehr köhm, un se grappst to un nöhm erer Dochter den Appel wedder wech un säd »du schalst nich ehr enen hebben as Broder.« Do smeet se den Appel in de Kist un maakd de Kist to: Do köhm de lüttje Jung in de Döhr, do gaf ehr de Böse in dat se fründlich to em säd, »Myn Sähn, wullt du enen Appel hebben?«, un seeg em so hastig an. »Moder«, säd de lüttje Jung, »wat sühst du gräsig uut! Ja, gif my enen Appel.« Do wöör ehr as schull se em toreden. »Kumm mit my«, säd se un maakd den Deckel up, »hahl dy enen Appel heruut.« Un as sik de lüttje Jung henin bückd, so reet ehr de Böse, bratsch! slöög se den Deckel to dat de Kopp afflöög un ünner de roden Appel füll. Da äwerleep ehr dat in de Angst, un dachd: »Kunn ik dat von my bringen!« Da güng se bawen na ere Stuw na erem Draagkasten un hahl' uut de bäwelste Schuuflad enen witten Dook, un sett't den Kopp wedder up den Hals un bünd den Halsdook so üm, dat'n niks sehn kunn, un sett't em vör de Döhr up enen Stohl un gaf em den Appel in de Hand.

Do köhm doorna Marleenken to erer Moder in de Kääk de stünn by dem Führ un hadd enen Putt mit heet Water vör sik, den röhrd se jümmer üm. »Moder«, säd Marleenken, »Broder sitt vör de Döhr un süht ganß witt uut un hett enen Appel in de Hand, ik heb em beden he schull my den Appel gewen, awerst he antwöörd my nich, do wurr my ganß grolich.« »Gah nochmaal hen«, säd de Moder, »un wenn he dy nich antworden will, so gif em eens an de Oren.« Do güng Marleenken hen un säd, »Broder, gif my den Appel.« Awerst he sweeg still, do gaf se em eens up de Oren, do feel de Kopp herünn, doräwer vörschrock se sik un füng an to wenen un to roren, un löp to erer Moder un säd, »ach, Moder, ik hebb mynem Broder den Kopp afslagen«, un weend un weend un wull sik nich tofreden gewen. »Marleenken«, säd de Moder, »wat hest du dahn! Awerst swyg man still, dat et keen Mensch maarkt, dat is nu doch nich to ännern; wy willen em in Suhr kaken.« Do nöhm de Moder den lüttjen Jung un hackd em in Stücken, ded de in den Putt un kaakd em in Suhr. Marleenken awerst stünn daarby un weend un weend, un de Tranen füllen all in den Putt un se bruukden goor keen Solt.

Do köhm de Vader to Huus un sett't sik to Disch un säd: »Wo is denn myn Sähn?« Da droog de Moder ene groote groote Schöttel up mit Swartsuhr, un Marleenken weend un kunn sich nich hollen. Do säd de Vader wedder: »Wo is denn myn Sähn?« »Ach«, säd de Moder, »he is äwer Land gaan, na Mütten erer Grootöhm: He wull door wat blywen.« »Wat dait he denn door? un heft my nich maal Adjüüs sechd!« »O he wull geern hen un bed my of he door wol sos Wäken blywen kunn; he is jo woll door uphawen.« »Ach«, säd de Mann, »my is so recht trurig dat is doch nich recht, he hadd my doch Adjüüs sagen schullt.« Mit des füng he an to äten un säd: »Marleenken, wat weenst du? Broder wart wol wedder kamen.« »Ach, Fru«, säd he do, »wat smeckt my dat Äten schöön? Gif my mehr!« Un je mehr he eet, je mehr wull he hebben, un säd :»Geeft my mehr, gy schöhlt niks door af hebben, dat is as wenn dat all myn wör.« Un he eet un eet, un de Knakens smeet he all ünner den Disch, bet he allens up hadd. Marleenken awerst güng hen na ere Commod un nöhm ut de ünnerste Schuuf eren besten syden Dook, un hahl all de Beenkens un Knakens ünner den Disch heruut un bünd se in den syden Dook un droog se vör de Döhr un weend ere blödigen Tranen. Door läd se se ünner den Machandelboom in dat gröne Gras, un as se se door henlechd hadd', so war ehr mit eenmal so recht licht, un weend nich mer. Do füng de Machandelboom an sik to bewegen, un de Twyge deden sik jümmer so recht von eenanner, un denn wedder tohoop, so recht as wenn sik eener so recht freut un mit de Händ so dait. Mit des so güng dar so'n Newel von dem Boom un recht in dem Newel dar brennd dat as Führ, un uut dem Führ dar flöög so'n schönen Vagel heruut, de süng so herrlich und flöög hoog in de Luft, un as he wech wöör, do wöör de Machandelboom as he vörhen west wöör, un de Dook mit de Knakens wöör wech. Marleenken awerst wöör so recht licht un vörgnöögt, recht as wenn de Broder noch leewd. Do güng se wedder ganß lustig in dat Huus by Disch un eet.

De Vagel awerst flöög wech un sett't sik up enen Goldsmidt syn Huus un füng an to singen:

>»Mein Mutter der mich schlacht,
>mein Vater der mich aß,
>mein Schwester der Marlenichen
>sucht alle meine Benichen,
>bindet sie in ein seiden Tuch,
>legt's unter den Machandelbaum.
>Kywitt, kywitt, wat vör'n schöön Vagel bün ik!«

De Goldsmidt seet in syn Waarkstäd un maakd ene gollne Kede, do höörd he den Vagel, de up syn Dack seet un süng, un dat dünkd em so schöön. Da stünn he up, un as he äwer den Süll güng, do vörlöör he eenen Tüffel. He güng awer so recht midden up de Strat hen, eenen Tüffel un een Sock an: syn Schortfell hadd he vör, un in de een Hand hadd he de golln Kede un in de anner de Tang; un de Sünn schynd so hell up de Strat. Door güng he recht so staan un seeg den Vagel an. »Vagel«, secht he do, »wo schöön kanst du singen! Sing my dat Stück nochmaal.« »Ne«, secht de Vagel, »twemaal sing ik nich umsünst. Gif my de golln Kede, so will ik dy't nochmaal singen.« »Door«, secht de Goldsmidt, »hest du de golln Kede, nu sing my dat nochmaal.« Do köhm de Vagel un nöhm de golln Kede so in de rechte Poot, un güng vor den Goldsmidt sitten un süng:

> »Mein Mutter der mich schlacht,
> mein Vater der mich aß,
> mein Schwester der Marlenichen
> sucht alle meine Benichen,
> bindet sie in ein seiden Tuch,
> legt's unter den Machandelbaum.
> Kywitt, kywitt, wat vör'n schöön Vagel bün ik!«

Do flög de Vagel wech na enem Schooster un sett't sik up den syn Dack un süng:

> »Mein Mutter der mich schlacht,
> mein Vater der mich aß,
> mein Schwester der Marlenichen
> sucht alle meine Benichen,
> bindet sie in ein seiden Tuch,
> legt's unter den Machandelbaum.
> Kywitt, kywitt, wat vör'n schöön Vagel bün ik!«

De Schooster höörd dat un leep vör syn Döhr in Hemdsaarmels, un seeg na syn Dack un mussd de Hand vör de Ogen hollen, dat de Sünn em nich blend't. »Vagel«, secht he, »wat kannst du schöön singen.« Do rööp he in syn Döhr henin: »Fru, kumm mal heruut, dar is een Vagel: Süh mal den Vagel, de kann maal schöön singen.« Do rööp he syn Dochter un Kinner un Gesellen, Jung un Maagd, un se kömen all up de Strat un seegen den Vagel an wo schöön he wöör, un he hadd so recht rode un gröne Feddern, un üm den Hals wöör dat as luter Gold, un de Ogen blünken em im Koop as Steern. »Vagel«, sägd de Schooster, »nu sing my dat Stück nochmaal.« »Ne«, secht de Vagel, »twemaal sing ik nich umsünst, du must my wat schenken.« »Fru«, säd de Mann, »gah na dem Bähn: Up dem bäwelsten Boord door staan een Poor rode Schö, de bring herünn.« Do güng de Fru hen un hahl de Schö. »Door, Vagel«, säd de Mann, »nu sing my dat Stück nochmaal.« Do köhm de Vagel un nöhm de Schö in de linke Klau, un flöög wedder up dat Dack un süng:

»Mein Mutter der mich schlacht,
mein Vater der mich aß,
mein Schwester der Marlenichen
sucht alle meine Benichen
bindet sie in ein seiden Tuch,
legt's unter den Machandelbaum.
Kywitt, kywitt, wat vör'n schöön Vagel bün ik!«

Un as he uutsungen hadd, so flöög he wech: De Kede hadd he in de rechte un de Schö in de linke Klau, un he flöög wyt wech na ene Mähl, un de Mähl güng »klippe klappe, klippe klappe, klippe klappe.« Un in de Mähl door seeten twintig Mählenburßen, de hauden enen Steen un hackden »hick hack, hick hack, hick hack«, un de Mähl güng »klippe klappe, klippe klappe, klippe klappe.« Do güng de Vagel up enen Lindenboom sitten, de vör de Mähl stünn und süng:

> »Mein Mutter der mich schlacht«
> do höörd een up,
> »mein Vater der mich aß«
> do höörden noch twe up un höörden dat,
> »mein Schwester der Marlenichen«
> do höörden wedder veer up,
> »sucht alle meine Benichen,
> bindet sie in ein seiden Tuch«
> nu hackden noch man acht,
> »legt's unter«
> nu noch man fyw,
> »den Machandelbaum.«
> nu noch man een.
> »Kywitt, kywitt, wat vör'n schöön Vagel bün ik!«

Do hüll de lezte ook up un hadd dat lezte noch höörd. »Vagel«, secht he, »wat singst du schöön! Laat my dat ook hören, sing my dat nochmaal.« »Ne«, secht de Vagel, »twemaal sing ik nich umsünst, gif my den Mählensteen, so will ik dat nochmaal singen.« »Ja«, secht he, »wenn he my alleen tohöörd, so schullst du em hebben.«»Ja«, säden de annern, »wenn he nochmaal singt, so schall he em hebben.« Do köhm de Vagel herünn, un de Möllers saat'n all twintig mit Böhm an un böhrden den Steen up, »hu uh uhp, hu uh uhp, hu uh uhp!« Do stöök de Vagel den Hals döör dat Lock un nöhm em üm as enen Kragen, un flöög wedder up den Boom un süng:

> »Mein Mutter der mich schlacht,
> mein Vater der mich aß,
> mein Schwester der Marlenichen
> sucht alle meine Benichen,
> bindet sie in ein seiden Tuch,
> legt's unter den Machandelbaum.
> Kywitt, kywitt, wat vör'n schöön Vagel bün ik!«

Un as he dat uutsungen hadd, do deed he de Flünk von eenanner, un hadd in de rechte Klau de Kede un in de linke de Schö un üm den Hals den Mählensteen, un floog wyt wech na synes Vaders Huse.

In de Stuw seet de Vader, de Moder un Marleenken by Disch, un de Vader säd: »Ach, wat waart my licht, my is recht so good to Mode.« »Nä«, säd de Moder, »my is recht so angst, so recht as wenn en swoor Gewitter kummt.« Marleenken awerst seet un weend un weend, da köhm de Vagel anflegen, un as he sik up dat Dack sett't, »ach«, säd de Vader, »my is so recht freudig un de Sünn schynt buten so schöön, my is recht, as schull ik enen olen Bekannten weddersehn.« »Ne«, säd de Fru, »my is so angst, de Täne klappern my, un dat is my as Führ in den Adern.« Un se reet sik ehr Lyfken up un so mehr, awer Marleenken seet in en Eck un weend, un hadd eren Platen vör de Ogen, un weend den Platen ganß meßnatt. Do sett't sik de Vagel up den Machandelboom un süng:

»Mein Mutter der mich schlacht«

Do hüll de Moder de Oren to un kneep de Ogen to, un wull nich sehn un hören, awer dat bruusde ehr in de Oren as de allerstaarkste Storm, un de Ogen brennden ehr un zackden as Blitz.

»mein Vater der mich aß«

»Ach, Moder«, secht de Mann, »door is en schöön Vagel, de singt so herrlich, de Sünn schynt so warm, un dat rückt als luter Zinnemamen.«

»mein Schwester der Marlenichen«

Do läd Marleenken den Kopp up de Knee un weend in eens wech, de Mann awerst säd: »Ik ga henuut, ik mutt den Vagel dicht by sehn.« »Ach, gah nich«, säd de Fru, »my is as beewd dat ganße Huus un stünn in Flammen.« Awerst de Mann güng henuut un seeg den Vagel an.

>»sucht alle meine Benichen,
bindet sie in ein seiden Tuch,

legt's unter den Machandelbaum.
Kywitt, kywitt, wat vör'n schöön Vagel bün ik!«

Mit des leet de Vagel de gollne Kede fallen, un se feel dem Mann jüst um'n Hals, so recht hier herüm, dat se recht so schöön passd.

Do güng he herin un säd: »Süh, wat is dat vör'n schöön Vagel, heft my so 'ne schöne gollne Kede schenkd, un süht so schöön uut.« De Fru awerst wöör so angst, un füll langs in de Stuw hen, un de Mütz füll ehr von dem Kopp. Do süng de Vagel wedder:
»Mein Mutter der mich schlacht«
»Ach, dat ik dusend Föder ünner de Eerd wöör, dat ik dat nich hören schull!«
»mein Vater der mich aß«
Do füll de Fru vör dood nedder.
»mein Schwester der Marlenichen«
»Ach«, säd Marleenken, »ik will ook henuut gahn un sehn of de Vagel my wat schenkt?« Do güng se henuut.

»sucht alle meine Benichen,
bindet sie in ein seiden Tuch«
Do smeet he ehr de Schöh herünn.
»legt's unter den Machandelbaum.
Kywitt, kywitt, wat vör'n schöön Vagel bün ik!«

Do wöör ehr so licht un frölich. Do truck se de neen roden Schö an, un danßd un sprüng herin. »Ach«, säd se, »ick wöör so trurig, as ik henuut güng, un nu is my so licht, dat is maal en herrlichen Vagel, hett my en Poor rode Schö schenkd.« »Ne«, säd de Fru un sprüng up, un de Hoor stünnen ehr to Baarg as Führsflammen, »my is as schull de Welt ünnergahn, ik will ook henuut, of my lichter warden schull.« Un as se uut de Döhr köhm, bratsch! smeet ehr de Vagel den Mählensteen up den Kopp, dat se ganß tomatscht wurr. De Vader un Marleenken höörden dat un güngen henuut: Do güng en Damp un Flamm un Führ up von der Städ, un as dat vorby wöör, do stünn de lütje Broder door, un he nöhm synen Vader un Marleenken by der Hand, un wören all dre so recht vergnöögt un güngen in dat Huus by Disch, un eeten.

OTTO JULIUS BIERBAUM

Das Wunder am Baum

Ein Wunder sich begeben hat:
Aus schwarzem Holz ist grün ein Blatt
Vergangne Nacht gedrungen.

Ein Vogel dann vom schwarzen Stamm
Zum grünen Zweig gottlobesam
Das Wunder hat besungen.

THEODOR FONTANE

Der Eibenbaum im Parkgarten des Herrenhauses

Die Eibe
Schlägt an die Scheibe.
Ein Funkeln
Im Dunkeln.
Wie Götzenzeit, wie Heidentraum
Blickt ins Fenster der Eibenbaum.

Nicht voll so alt wie die Brieselang-Eiche, von der ich im letzten Kapitel erzählt habe, aber doch auch ein alter oder *sehr* alter Baum ist die *Eibe*, die in dem Parkgarten hinter dem Herrenhause steht. Von ihr will ich, einschaltend, an dieser Stelle erzählen.

Der Stamm dieses Baumes, wie es *seiner Art* in den Marken keinen zweiten gibt, ist etwa mannsdick, und die Spannung seiner fast den Boden berührenden Zweige wird dreißig Fuß sein. Die Höhe beträgt wenig mehr. Aus der Dicke des Stammes hat man das Alter des Baumes berechnet. Man kennt Taxusbäume, die nachweisbar 200 bis 300 Jahre alt sind; diese sind wesentlich kleiner und schwächer als der Baum, von dem ich hier spreche. Man kennt ferner *einen* Taxusbaum (bei Fürstenstein in Schlesien), der nachweisbar 1000 Jahre alt ist, und dieser *eine* ist um ein gut Teil höher und stärker als der unsrige. Dies läßt für diesen auf ein Alter von 500 bis 700 Jahren schließen, und das wird wohl richtig sein.

Dieser unser Taxusbaum war vor hundert oder hundertzwanzig Jahren eine Zierde unseres *Tiergartens*, der damals bis an die Mauerstraße ging. Als später die Stadt in den Tiergarten hineinwuchs, ließ man in den Gartenstücken der nach und nach entstehenden Häuser einige der schönsten Bäume stehen, ganz in derselben Weise, wie man auch heute noch verfahren ist, wo man die alten Elsen und Eichen von »Kemperhof« wenigstens teilweise den Villen und Gärten der Viktoriastraße belassen hat.

Unser Taxusbaum, jahrhundertelang ein *Tiergarten*baum, wurde, ohne daß er sich vom Fleck gerührt hätte, in der zweiten Hälfte des vorigen Jahrhunderts ein *Garten*baum. Und noch etwa zwanzig Jahre später tritt er aus seiner bis dahin dunklen Vergangenheit in die Geschichte ein.

Zu Anfang dieses Jahrhunderts gehörten Haus und Garten dem Generalintendanten von der Recke, der öfters von den königlichen Kindern, zumal vom Kronprinzen, dem späteren König Friedrich Wilhelm IV., Besuch empfing. Der Kronprinz liebte diesen von der Reckeschen Garten ganz ungemein; es wurde ein bevorzugter Spielplatz von ihm, und der alte Taxusbaum mußte herhalten zu seinen ersten Kletterkünsten. Der Prinz vergaß das dem alten Eibenbaume nie. Wer überhaupt dankbar ist, ist es gegen alles, Mensch oder Baum. Vielleicht regte sich in dem phantastischen Gemüte des Knaben auch noch ein anderes; vielleicht sah er in dem schönen, fremdartigen Baume einen Fremdling, der unter märkischen Kiefern Wurzel gefaßt; vielleicht war er mit den Hohenzollern selbst ins Land gekommen, und es wob sich ein geheimnisvolles Lebensband zwischen diesem Baum und seinem eignen fränkischen Geschlecht. War es doch selbst an dieser Stelle erschienen wie eine hohe Tanne unter den Kiefern.

Das von der Reckesche Haus wurde verkauft (ich weiß nicht, wann), und die Mendelssohns kauften es. Sie besaßen es erst kurze Zeit, da gab es eine hohe Feier hier: die Freiwilligen zogen aus, und ein Abschiedsfest versammelte viele derselben in diesem Garten. Eine lange Tafel war gedeckt, und aus der Mitte der Tafel wuchs der alte Eibenbaum auf, wie ein Weihnachtsbaum, ungeschmückt – nur die *Hoffnung* sah goldne Früchte in seinem Grün.

Und diese Hoffnung hatte nicht gelogen. Der Friede kam, und die heitern Künste scharten sich jetzt um den Eibenbaum, der ernst wie immer, aber nicht unwirsch dreinschaute. Felix Mendelssohn, halb ein Knabe noch, hörte unter seinem mondlichtdurchglitzerten Dach die Musik tanzender Elfen.

Doch wieder andere Zeiten kamen. Vieles war begraben, Menschen und Dinge; da zog sich auch über dem Eibenbaum ein ernstes Wetter zusammen. Wer weiß, was geschehen wäre, wenn nicht des Eibenbaumes bester Freund noch gelebt hätte. Der lenkte den Strahl ab.

1852 brannte die damals in der Oberwallstraße gelegene »Erste Kammer« nieder; das Mendelssohnsche Haus, samt Garten und Eibenbaum, wurde gekauft, und das preußische Oberhaus hielt seinen Einzug an neuer Stelle. Niemand ahnte Böses. Da ergab sich's, daß die Räumlichkeiten nicht ausreichten, und ein großes, neu zu errichtendes Hintergebäude sollte den fehlenden Raum schaffen. Soweit war alles klipp und klar, wenn nur der Eibenbaum nicht gewesen wäre. Der bereitete Schwierigkeiten, der »beherrschte die Situation«. Einige, mutmaßlich die Baumeister, wollten zwar kurzen Prozeß mit ihm machen und ihm einfach den Kopf vor die Füße legen. Aber die hatten es sehr versehen. Sie erfuhren bald zu ihrem Leidwesen, welch hohen Fürsprecher der Baum an entscheidender Stelle hatte.

Was war zu tun? Der Baum stand just da, wo das neue Gebäude seinen Platz finden sollte. 1851 in London hatte man über zwei alte Hydeparkbäume die Kuppel des Glaspalastes ruhig weggeführt und die Einweihungsfeier unter grünem Dach und zwitschernden Vögeln gehalten; aber der alte Eibenbaum im Sitzungssaale des Herrenhauses – das ging doch nicht. Man kam also auf die Idee einer *Verpflanzung*. Der König bot Sanssouci, der Prinz von Preußen Babelsberg zu diesem Behufe an. Wer wäre nicht bereit gewesen, dem Alten eine Stätte zu bereiten! Konsultationen wurden abgehalten und die Frage aufgeworfen, »ob es wohl ginge«. Aber selbst die geschicktesten Operateure der Gartenkunst mochten keine Garantie des Gelingens übernehmen. So wurde denn der Plan einer »Verpflanzung im Großen« aufgegeben und statt dessen die Idee einer *Verschiebung*, einer Verpflanzung im Kleinen aufgenommen. Man wollte den Baum loslösen, den Garten abschrägen und nun den losgelösten Baum, mit Hülfe der Schrägung, bis mitten in den Garten hineinschieben. Aber auch diese Prozedur wurde, als zu bedenklich, ad acta gelegt und endlich beschlossen, den Baum am alten Platze zu lassen. Da unser Freund nicht in der Lage war, sich den Baumeistern zu bequemen, so blieb diesen nichts übrig, als ihrerseits nachzugeben und die Mauer des zu bauenden Hauses an dem Baume entlang zu ziehen. Man hat ihm die Mauer empfindlich nahe gerückt, aber der Alte, über Ärger und Verstimmung längst weg, reicht ruhig seine Zweige zum Fenster hinein. Ein Gruß, keine Drohung.

Seine Erlebnisse indes, auch seine Gefährdungen während der Bauzeit, sind hiermit noch nicht zu Ende erzählt. Während des Baues (so hatte es der hohe Fürsprecher gewollt) war der Baum mit einem Brettergerüst umkleidet worden, in dem er ziemlich geborgen stand, eine Art Verschlag, der die hübsche Summe von 300 Talern gekostet hatte. Der Freund in Sanssouci gab es gern für seinen Freund im Reckeschen Garten. Der Verschlag war gut gemeint und tat auch seine Dienste. Aber er tat sie doch nicht ganz. Mauerstaub und Berliner Staub dringen überall hin und finden jeden feinsten Spalt aus, wie Luft und Licht. Als endlich das Haus stand und mit dem Baugerüst zugleich auch der Verschlag des Baumes fiel, da ging ein Schrecken durch alle Herzen – der *Eibenbaum war weiß geworden*. Wie Puder lag der Mauerstaub auf allen Ästen und Zweigen. Was war zu tun? Gefahr war im Verzuge; der Besuch des Königs stand nahe bevor. Da trat ein leuchtender Gedanke auf die Lippe des einen der Geängstigten, und er sprach: »*Feuerwehr!*« Sie kam, ganz still, ohne Geklingel, und mit kunstvoll gemäßigtem Strahl wusch sie jetzt den Staub von dem schönen Baume ab, der nun bald schöner und frischer dastand als je zuvor. Er trieb neue Zweige, als ob er sagen wollte: »Wir leben noch.«

Frisch und grün, wie der jüngsten einer, so steht er wieder da, schön im Sommer, aber am schönsten in Dezembernächten, wenn seine obere Hälfte sich unter dem Schnee beugt, während unten die Zweige wie unter einem Dache weitergrünen. Dies Schneedach ist sein Schmuck und – sein Schutz. Das zeigte sich vor einigen Jahren. Der Schnee lag so dicht auf ihm, daß es schien, seine Oberzweige würden brechen. Mißverstandene Sorgfalt fegte und kehrte den Schnee herunter; da gingen im nächsten Sommer einige jener Zweige aus, denen man mit dem Schneedach ihr warmes Winterkleid genommen hatte.

Aber er hat's überwunden und grünt in Frische weiter, und wenn ihm wieder Gefahren drohen, so oder so, möge unser Eibenbaum immer einen treuen Freund haben, wie in alter Zeit.

Dies Vorstehende wurde im Herbst 1862 geschrieben; in den Jahren, die seitdem vergangen sind, sammelte ich Material über allerhand »alte Bäume«, insonderheit auch über *Eibenbäume*, und ich lasse zunächst folgen, was ich darüber in Erfahrung brachte.

Die *Eibe*, so scheint es, steht auf dem Aussterbeetat der Schöpfung. Wie bekanntlich im Laufe der Jahrtausende ganze Tiergeschlechter von der Erde vertilgt worden sind, so werden auch *Baumarten* ausgerottet oder doch nahezu bis zum Erlöschen gebracht. Unter diesen steht die *Eibe* (Taxus baccata) mit in erster Reihe. Einst in den Wäldern von ganz Europa, Nord und Süd, so häufig wie der Auerochs, das Elentier, begegnet man ihr in unseren Tagen nur noch ausnahmsweise. In Hecken und Spalieren trifft man kleinere Exemplare allerdings noch an, am häufigsten in Anlagen nach französischem Geschmack, aber große, imponierende Exemplare sind selten. Vor der waldvernichtenden Axt älterer Ansiedler und neuer Industrieller haben sich nur einzelne knorrige Taxusbäume retten können, die jetzt, wo wir ihnen begegnen, ein ähnliches Gefühl wecken wie die Ruinen auf unseren Bergesgipfeln. Zeugen, Überbleibsel einer längst geschwundenen Zeit.

In Mitteldeutschland ist dieser Baum jetzt schon recht selten, obwohl es bekannt ist, daß er hier, wie in ganz Europa, noch vor einem halben Jahrtausend allgemein vorkam. Zu Cäsars Zeiten war er, wie uns dieser gelehrte Feldherr selbst erzählt, sowohl in Gallien als in Germanien in großer Menge überall anzutreffen. Man findet in Thüringen nur noch einzelne verkrüppelte und verstümmelte Bäume. An einem einzigen Orte jedoch haben sie sich zahlreicher erhalten, nämlich am Veronikaberge bei Martinroda, unweit Ilmenau, wo noch zwanzig bis dreißig Fuß hohe Individuen mit einem Stammdurchmesser von ein bis einundviertel Fuß stehen. Daß die Eibe in Thüringen ehemals einen wesentlichen Bestandteil der Wälder ausgemacht habe, ergibt sich aus den Ortsnamen »Ibenhain«, »Taxberg«, »Eiba« und anderen.

Die ältesten und schönsten Exemplare dieses einst auch in Griechenland und Italien häufig gewesenen Nadelbaumes trifft man heutzutage noch in *England* an, besonders auf Friedhöfen, wo einzelne auf mehr als 2000 Jahre geschätzte Stücke von prachtvollem Ansehen sich finden.* Der Taxus ist in England der Baum der Trauer, wie die Zypresse in den Mittelmeerländern und die Trauerweide in Deutschland. »Albero della morte« nennen ihn übrigens auch die heutigen Italiener.

Eine große, zum Teil noch nicht völlig aufgeklärte Rolle spielte die Eibe in dem Mythus der germanischen und kelti-

---

* England, wie bekannt, ist überhaupt das Land schöner alter Bäume und einer entsprechenden sorglichen Kultur. So befindet sich beispielsweise in der Nähe von Cumberlandlodge im Windsor-Parke ein Leviathan-Weinstock, welcher ein einzelnes Haus von 138 Fuß Länge und 20 Fuß Breite gänzlich ausfüllt. Er bedeckt gegen 2870 Quadratfuß Glas und bringt jedes Jahr durchschnittlich 2000 Trauben hervor. Der mehr bekannte Weinstock in Hampton Court trug vor einigen Jahren 1400 Trauben, deren Wert man auf mehr als 100 £ Sterling veranschlagte.

schen Völker, von der sich Nachklänge noch in manchen bis heute üblichen Gebräuchen erhalten haben. Wie der deutsche Name Eibe von dem gotischen *aiw* (ivi), ewig, herrührt, weil der Baum immer grün ist, und das keltische Wort *yw* (eiddew) dieselbe Wurzel hat, so war dieser während des langen und schneereichen nordischen Winters im frischen Blattschmuck prangende Baum in Britannien und Skandinavien den ewigen Göttern geweiht. Die Druiden hatten bei ihren Heiligtümern ganze Haine davon, und manche in Cäsars Zeiten hinaufragende alte Eiben Englands mögen ehrwürdige Reste aus solchen heiligen Hainen sein. In der Nähe des berühmten heidnischen Tempels bei Upsala in Schweden stand ebenfalls, wie A. Krantz erzählt, »ein gewaltiger Baum mit dicht belaubten Zweigen, ebenso grün im Winter wie im Sommer; niemand kannte seine Art«. Sehr wahrscheinlich war es eine Eibe.

Daß dieser Baum in alter Zeit für heilig und geheimnisvoll gehalten wurde, ergibt sich aus gar vielen noch jetzt fortlebenden Bräuchen. In den östlichen Schären Skandinaviens wird die Eibe allgemein zu Maschenbrettern beim Netzstricken benutzt, weil man glaubt, daß alle Netze, welche über Bretter aus diesem Holze gestrickt worden sind, Glück beim Fischfang bringen.

Aber nicht bloß für glückbringend und heilig, auch für geeignet zu geheimnisvollem Zauber und selbst zu teuflischem Beginnen galt und gilt noch der Eibenbaum. Daher fehlen in der Macbethschen Hexenküche neben dem Auge des Wassermolchs, dem Fledermaushaar, Eidechsbein und Käuzchenflügel und der gegabelten Natterzunge auch nicht

»Eibenzweige, abgerissen
In des Mondes Finsternissen«.

In Thüringen heißt es, daß die »Ife« (Eibe) gegen Viehbezauberung schütze. Die Hälfte der Bewohner des Dorfes Angelroda bei Arnstadt, in dessen Nähe Eibensträuche noch ziemlich häufig sind, zieht an einem bestimmten Tage des Jahres hinaus und bricht sich Taxuszweige ab, um sie in die Viehställe zu stecken. Im Spessart meint man, daß ein Stück Eibenholz, am Körper getragen, allen Zauber vertreibe. Das Volk sagt dort: »Vor der Euwe ka Zauber bleibe.«

Im Altertume wurde die Eibe ihres elastischen und festen Holzes wegen vorzüglich zu Bogen verwendet. Ebenso machte man Pfeile aus deren zähem Kernholz. Während des ganzen Mittelalters gab so der Eibenbaum den Stoff für die vorzüglichsten Kriegswaffen ab, besonders in England und Schweden. Auch Uller, der nordische Jagdgott, hatte nach der »Edda« einen Eibenbogen (altnordisch ybogi). Heutzutage wird das rote oder purpurbraune Kernholz der Eibe zu viel friedlicheren und prosaischeren Gegenständen verarbeitet, namentlich zu Faßpipen. Besonders in Ungarn werden aus dem dort sogenannten »Theißholz« (»tisza-fa«, welcher Name aber nicht auf die Theiß bezogen werden sollte, sondern slawischen Ursprungs ist, da die Eibe slawisch *tis* heißt) viele Haus- und Wirtschaftsgegenstände verfertigt und zahlreiche Pipen aus Eibenholz in den Handel gebracht.

In modernem Englisch heißt die Eibe *yew*, der Efeu *ivy*; dieses deutsch, jenes keltisch. Beide Wörter (vergleiche oben) bedeuten »immergrün«.

Ich kehre, nach dieser Exkursion in die Eibenwelt im allgemeinen, zu unserer Eibe im besonderen, im Herrenhausgarten, zurück.

Auch an ihr gingen die letzten Ruhmesjahre preußischer Geschichte nicht unbeachtet vorüber, ja einen der schönsten Tage feierte sie mit. Noch wichtiger, sie bereitete der Feier die Stätte. Unter ihrem Dache gab am 20. September 1866 das Herrenhaus dem siegreich heimkehrenden Heere ein Festmahl. Der König saß unmittelbar rechts neben dem Eibenstamm und sah den

Mittelgang des Gartens hinunter. Das Schrägdach des Leinwandzeltes war in geschickten Verschlingungen, streifenweise, durch das Gezweig der Eibe gezogen; ringsumher brannte das Gas in Sonnen und Sternen, ein Anblick, von dem der alte Baum in seinen Jugendtagen schwerlich geträumt haben mochte. Als das Fest auf seiner Höhe war, erhob sich Graf Eberhard Stolberg zu einer Ansprache, begrüßte den König und schloß dann prophetisch fast: »Und sollten Euer Majestät *noch einmal* zu den Waffen rufen, so wird Ihr Volk, wie es jetzt für seinen König geblutet und gesiegt hat, *neue Taten* mit eisernem Griffel in das Buch unserer glorreichen Geschichte schreiben.« Der König antwortete: »... Sie wissen nicht, wie schwer es einem Fürsten wird, das Wort ›Krieg‹ auszusprechen. Es war ein gewagter Krieg ... Die Armee hat alle meine Erwartungen übertroffen ... Ich nehme gern die Gelegenheit wahr, derselben meinen Dank zu sagen; zuerst meinem Sohne, hier zu meiner Rechten, meinem Neffen Friedrich Karl, den kommandierenden Generalen, unter denen ich *einen* schmerzlich vermisse. (Wahrscheinlich Hiller von Gärtringen.) Auch *Ihnen*, Graf Stolberg.«

Das war im Herbst 1866. Dem siegreichen Kriege, als eigentlichste Schöpfung desselben, folgte, das Jahr darauf, der »*Norddeutsche Reichstag*«, der, von 1867 bis 1870 in den Räumen des Herrenhauses tagend, auch nun seinerseits in Beziehungen zu unserem alten Eibenbaume trat. In die heitersten. Die Debattenflüchtlinge, sooft es das Wetter erlaubte, pflegten hier zu tagen, und während drinnen im Saale der Redner noch nach Beifall rang, unterlag er hier draußen bereits einer zersetzenden Kritik. Der Witz goß seine Lauge unter dem Eibenbaume aus.

Aber er, der Alte, an dem so viele Zeiten ihre Eigenart versucht hatten, überdauerte auch *das*, und eben jetzt (15. Mai 1872) haben alle seine Zweige neue Schößlinge getrieben, die, hellgelblich schimmernd, fast wie Holunderdolden auf dem dunklen Untergrunde liegen und den schönen Baum schöner und frischer erscheinen lassen denn je zuvor.

BERTOLT BRECHT

Die Ballade vom Baum und den Ästen

Und sie kamen in ihren Hemden
von braunem Schirting daher
Und Brot und Brotaufstrich war rar.
Und sie fraßen mit unverschämten Reden
die Töpfe leer
In denen schon fast nichts mehr war.
Hier werden wir's recht toll treiben, sagten sie
Hier können wir wundervoll bleiben, sagten sie
Mindestens tausend Jahr.

Gut, das sagen die Äste
Aber der Baumstamm schweigt.
Mehr her, sagen die Gäste
Bis der Wirt die Rechnung zeigt.

Und sie suchten sich dicke Posten, neue Schreibtische wurden bestellt.
Und sie fühlten sich gänzlich zu Haus.
Sie fragten nicht nach den Kosten, sie sahen nicht auf das Geld:
Sie waren aus dem Gröbsten heraus.
Hier werden wir's recht toll treiben, sagten sie
Hier können wir wundervoll bleiben, sagten sie
Und sie zogen die Stiefel aus.

Gut, das sagen die Äste
Aber der Baumstamm schweigt.
Mehr her, sagen die Gäste
Bis der Wirt die Rechnung zeigt.

Und sie schießen ihre Pistolen
in jeden besseren Kopf
Und sie kommen mindestens zu zweit.
Und dann gehen sie drei Mark abholen
aus ihrem goldenen Topf.
Jetzt waren sie endlich soweit.
Der wird immer schön voll bleiben, sagten sie
Da können wir's lange toll treiben, sagten sie
Bis ans Ende der Zeit.

Gut, das sagen die Äste
Aber der Baumstamm schweigt.
Mehr her, sagen die Gäste
Bis der Wirt die Rechnung zeigt.

Und ihr Anstreicher strich die Sprünge
im Haus mit brauner Tünche zu
Und sie schalteten alles gleich.
Und wenn es nach ihnen ginge,
dann wären wir auf du und du:
Sie dachten, da springen wir gleich!
Wir müssen es nur toll treiben, sagten sie
Dann können wir wundervoll bleiben, sagten sie
Und uns bauen ein drittes Reich.

Gut, das sagen die Äste
Aber der Baumstamm schweigt.
Mehr her, sagen die Gäste
Bis der Wirt die Rechnung zeigt.

VIRGINIA WOOLF

Die Wellen

Durch die Lücke in der Hecke, sagte Susan, sah ich sie ihn küssen. Ich hob den Kopf von meinem Blumentopf und blickte durch eine Lücke in der Hecke. Ich sah sie ihn küssen. Ich sah die beiden, Jinny und Louis, einander küssen. Jetzt will ich meine Seelenqual in mein Taschentuch wickeln. Sie soll ganz fest zu einem Knäuel zusammengedreht werden. Ich will allein in den Buchenwald gehn, bevor der Unterricht beginnt. Ich will nicht an einem Tisch sitzen und Rechenaufgaben machen. Ich will nicht neben Jinny sitzen und neben Louis. Ich will meine Seelenqual nehmen und auf die Wurzeln unter den Buchen legen. Ich will sie untersuchen und befingern. Die andern werden mich nicht finden. Ich werde Nüsse essen und durch das Brombeergestrüpp nach Eiern spähen, und meine Haare werden verfilzt sein, und ich werde unter Hecken schlafen und Wasser aus Gräben trinken und da sterben.

Susan ist an uns vorbeigegangen, sagte Bernard. Sie ist an der Tür des Werkzeugschuppens vorbeigegangen, ihr Taschentuch zu einem Knäuel geballt. Sie weinte nicht, aber ihre Augen, die so schön sind, waren schmal wie Katzenaugen vor dem Sprung. Ich werde ihr nachgehn, Neville. Ich werde leise hinter ihr hergehn, damit ich mit meiner Neugier zur Stelle bin, um sie zu trösten, wenn sie in Wut ausbricht und dabei denkt: »Ich bin allein.«

Jetzt schlendert sie flott über die Wiesen, scheinbar unbekümmert, um uns zu täuschen. Dann kommt sie zu der Stelle, wo's bergab geht; sie glaubt, niemand sieht sie; sie beginnt zu laufen, mit vor der Brust geballten Fäusten. Ihre Fingernägel begegnen einander in dem zusammengeknüllten Taschentuch. Sie will in den Buchenwald, weg aus dem hellen Licht. Sie breitet die

Arme aus, sobald sie dort ist, und gleitet in den Schatten wie eine Schwimmerin. Aber sie ist blind nach all der Helle und stolpert und läßt sich auf die Wurzeln hinfallen, unter den Bäumen, wo das Licht ein und aus zu keuchen scheint, ein und aus. Die Äste schwingen auf und nieder. Hier ist Erregung und Verstörtheit. Hier ist Düsternis. Das Licht flackert. Und auch Angst ist hier. Die Wurzeln bilden ein Skelett auf dem Boden; dürres Laub ist in die Winkel gehäuft. Susan hat ihre Seelenqual ausgebreitet. Ihr Taschentuch liegt auf den Wurzeln der Buchen, und sie sitzt zusammengesunken, wo sie sich hat hinfallen lassen, und schluchzt.

Ich hab' gesehen, wie sie ihn küßte, sagte Susan. Ich hab' durch die Blätter geguckt und sie gesehen. Sie kam hereingetanzt, glitzernd von Diamanten, leicht wie Staub. Aber ich bin untersetzt, Bernard, ich bin klein. Ich hab' Augen, die nahe dem Erdboden sehen und die Insekten im Gras wahrnehmen. Die gelbe Wärme in meiner Seite wurde zu Stein, als ich Jinny Louis küssen sah. Ich werde Gras essen und in einem Straßengraben voll bräunlichen Wassers sterben, wo dürre Blätter verrotten.

Ich hab' dich vorbeigehn gesehen, sagte Bernard. Als du an der Tür des Werkzeugschuppens vorbeikamst, hab' ich dich schluchzen gehört: »Ich bin unglücklich.« Ich legte mein Messer weg. Ich und Neville, wir hatten aus Brennholz Schiffe geschnitzt. Und meine Haare sind zerzaust, denn als Mrs. Constable mir sagte, ich solle sie bürsten, hab' ich eine Fliege in einem Spinnennetz gesehen und mich gefragt: »Soll ich die Fliege befreien? Soll ich zulassen, daß die Fliege aufgefressen wird?« Und so komme ich immer überall zu spät. Mein Haar ist ungebürstet, und diese Holzspäne hängen darin. Als ich dich schluchzen hörte, bin ich dir nach und hab' gesehen, wie du dein Taschentuch ausgebreitet hast, das zusammengeknüllte, in das Wut und Haß verknotet waren. Aber das wird bald vorüber sein. Unsre Körper sind nun einander nahe. Du hörst mich atmen. Du siehst auch den Käfer, der ein Blatt auf seinem Rücken wegträgt. Er läuft hierhin, dann dorthin, so daß beim Betrachten des Käfers sogar dein Verlangen, ein Einziges zu besitzen (im Augenblick ist es Louis) schwanken muß wie das Licht im Buchenlaub. Und dann werden Wörter, die sich dunkel in den Tiefen deines Gemüts rühren, diesen Knoten von Härte sprengen, den in dein Taschentuch geknüpften.

Ich liebe, sagte Susan, und ich hasse. Ich begehre nur ein Einziges. Meine Augen sind hart. Jinnys Augen sprühen in tausend Lichtern. Rhodas Augen sind wie diese blassen Blüten, zu denen abends die Nachtfalter kommen. Die deinen füllen sich bis zum Rand und sprühen nie. Ich aber bin schon auf meine Fährte gesetzt. Ich sehe Insekten im Gras. Wenngleich meine Mutter noch immer weiße Socken für mich strickt und Schulschürzen säumt und ich noch ein Kind bin, liebe ich und hasse ich.

Aber wenn wir dicht beisamen sitzen, sagte Bernard, verschmelzen wir miteinander durch Phrasen. Wir sind von Dunst umrandet. Wir bilden ein ungreifbares Gebiet.

Ich sehe den Käfer, sagte Susan, ich sehe, daß er schwarz ist; ich sehe, daß er grün ist; ich bin gefesselt von einzelnen Wörtern. Du aber schlenderst weg; du stiehlst dich davon; du steigst immer höher auf Wörtern und Phrasen aus Wörtern.

Jetzt, sagte Bernard, wollen wir auf Entdeckungsreisen gehn. Dort liegt das weiße Haus zwischen den Bäumen. Es liegt dort unten, ganz tief unter uns. Wir werden sinken wie Schwimmer, die den Grund grade nur mit den Zehenspitzen berühren. Wir werden durch die grüne Luft des Laubs hinabsinken, Susan. Wir sinken im Laufen. Die Wellen schlagen über uns zusammen, das Buchenlaub schließt sich über unsern Köpfen. Dort ist die Uhr auf dem Stallgebäude, und ihre vergoldeten Zeiger glänzen. Das sind die Flächen und Firste des Herrschaftshauses. Dort klattert der Stallbursch in Gummistiefeln über den Hof. Das ist Elvedon.

Nun sind wir durch die Baumwipfel auf die Erde gefallen. Die Luft wälzt nicht mehr ihre langen, traurigen violetten Wellen über uns hin. Wir berühren die Erde; wir treten festen Boden. Das ist die kurzgestutzte Hecke des Damengärtchens. Da wandeln sie um die Mittagszeit mit Scheren und schneiden Rosen. Nun sind wir in dem eingehegten Wald mit der Mauer ringsum. Das ist Elvedon. Ich hab' an den Straßenkreuzungen Wegweiser gesehen, die mit einem Arm »Nach Elvedon« wiesen. Niemand ist dort gewesen. Die Farnkräuter riechen sehr stark, und unter ihnen wachsen rote Pilze. Nun wecken wir die schlafenden Dohlen, die noch nie eine menschliche Gestalt gesehen haben; nun treten wir auf verfaulte Galläpfel, altersrote, glitschige. Eine Ringmauer umschließt diesen Wald; niemand kommt je hierher. Horch! Das ist das Aufklatschen einer Riesenkröte im Unterholz; das ist das Herabrasseln eines urzeitlichen Föhrenzapfens, der zwischen den Farnkräutern vermodern wird. [...]

Es sind noch Stunden und Stunden, sagte Rhoda, bevor ich das Licht ausschalten und auf mein Bett gestreckt über der Welt schweben kann, bevor ich den Tag fallen lassen, bevor ich meinen Baum wachsen lassen kann, daß er als grüne Laube über meinem Kopf flimmert. Hier kann ich ihn nicht wachsen lassen. Irgend jemand schlägt ein Loch hinein. Die andern stellen mir Fragen, sie unterbrechen, sie werfen ihn um. [...]

Warum in einer Welt, die den gegenwärtigen Augenblick enthält, sagte Neville, Unterscheidungen machen? Nichts sollte mit Namen genannt werden, damit wir es dadurch nicht verändern. Laßt es alles, wie es ist: dieses Ufer, diese Schönheit und mich, der für einen Augenblick in Wonne gebadet ist. Die Sonne scheint heiß. Ich sehe den Fluß. Ich sehe gefleckte und versengte Bäume im Herbstsonnenschein. Boote gleiten vorbei durch das Rot, durch das Grün. In der Ferne läutet eine Glocke, aber nicht zum Sterben. Es gibt Glocken, die läuten zum Leben. Ein Blatt fällt – aus Freude. Oh, ich bin verliebt in das Leben! Schau, wie die Weide ihre zarten Fiedern sprießen läßt! Schau, wie durch sie hindurch ein Boot fährt, ein Boot voller müßiger, ihrer selbst unbewußter, kraftvoller junger Männer. Sie hören einem Grammophon zu; sie essen Obst aus Papiertüten. Sie werfen Bananenschalen weg, die dann aalgleich im Fluß versinken. Alles, was sie tun, ist schön. Ihren Hintergrund bilden Essig- und Ölkännchen und Nippsachen; ihre Zimmer sind voller Ruder und Öldrucke, aber sie haben alles in Schönheit verwandelt. Das Boot fährt unter der Brücke durch. Ein andres kommt. Dann noch eins. Da ist Percival, lässig in die Kissen zurückgelehnt, monolithisch, in riesenhafter Ruhehaltung. Nein, es ist nur einer seiner Satelliten, der Percivals monolithische, seine riesenhafte Ruhehaltung nachahmt. Er allein ist sich ihrer äffischen Stückchen nicht bewußt, und wenn er sie bei diesen erwischt, versetzt er ihnen mit der Pranke einen gutmütigen Puff. Auch sie sind unter der Brücke und durch »die Fontänen hängender Äste«, durch die zarte Strichelung von Gelb und Pflaumenblau hindurchgefahren. Ein Luftzug regt sich; der Vorhang zittert; hinter den Blättern sehe ich die ernsten und doch ewig freudevollen Gebäude, die porös, ohne Schwere zu sein scheinen; leicht, auch wenn sie seit unvordenklichen Zeiten auf den uralten Rasen hingesetzt sind. Nun beginnt der vertraute Rhythmus in mir aufzusteigen; Wörter, die im Schlummer lagen, erheben sich, schütteln die Kämme und fallen und steigen und fallen und steigen abermals. Ich bin ein Dichter, ja, ganz gewiß bin ich ein großer Dichter. Boote und Jünglinge, vorübergleitende, und ferne Bäume, »die fallenden Fontänen hängender Bäume«. Ich sehe es alles. Ich empfinde es alles.

OTTO ERNST

Hymnus an die Bäume

O meine Bäume!
Seit meiner Kindheit ahnenden Tagen
Sprech' ich zu euch, ihr edlen Vertrauten,
Sprech' ich in stummer, geheimer Sprache,
Und ihr versteht mich
Und atmet mir Antwort.

Wenn von euren dunklen Wänden
Meine Seele widerhallt –
Die wehende Andacht
Verschwiegener Hallen,
Wie heiliges Grauen
Verlassener Tempel
Faßt es mich an.

In reiner Frühe such ich euch
Erquickten Auges,
Und sieh: in euren Zweigwinkeln lauschen
Tage der Kindheit,
Auf euren Wipfeln wiegen sich
Tage der Wand'rung.

Aber am sinkenden Abend,
Wenn silberne Elfenluft durch eure Zweige blickt
Und Birkenschleier im Mondlicht hangen,
Wenn der leuchtende Himmelswandrer
Mondhingewandte Seelen bindet
Mit saugendem Licht,
Dann hangen an euren Stämmen

Schatten der Schwermut,
Und im Gewirr eurer Zweige
Leuchten und dunkeln Geheimnisse
Wie in der Brust erhabener,
Gottversunkener Seelen.

Wie oft, wenn drängende Mittagsglut,
Mit tausend Pfeilen das Haupt umschwirrend,
Zur Qual mir ward,
Fand ich zu euren Füßen
Hundertjährigen Schatten,
Der die Sinne schmeichelnd befängt
Wie hundertjähriger Wein.
Dann, ihr grünen Himmelsleitern,
Lag ich, ein Sohn der Verheißung,
Träumend an eurem Fuß,
Und an euren Ästen stiegen
Auf und nieder
Himmlische Hoffnungen.

Euch, ihr Bäume,
Acht ich des Schöpfers
Göttlichste Kinder.
Ihr wart vor uns Lebenden,
Und eure Kronen bewahren
Vergangenes in rätselvoller Sprache –
Ihr werdet nach uns sein,
Und euer Inn'res
Hegt Keime der Zukunft
In ernstem Schweigen.
Und unbekümmert
Um Vergangenes und Künftiges
Spendet ihr, Wissende,
Frucht und Schatten,

Duft und Schönheit.
In schweigender Hoheit
Wachst ihr empor
Über der Menge Geschrei und Gewühl,
Und überhebt euch nicht,
Neigt euch milde
Zu den Menschen
Und blickt fromm
Zu nächtlichen Sternen.

Menschen, die ihr mich liebt,
Pflanzt Bäume mir auf das Grab,
Daß ihre Wurzeln meinen Leib umfangen
Wie sorgende Arme,
Und ihre Häupter, sich neigend, mir singen
Von Lenzen, die ich ersehnt
Und nicht mehr gesehn.

CONRAD FERDINAND MEYER

Der verwundete Baum

Sie haben mit dem Beile dich zerschnitten,
Die Frevler – hast du viel dabei gelitten?
Ich selber habe sorglich dich verbunden
Und traue: Junger Baum, du wirst gesunden!
Auch ich erlitt zu schier derselben Stunde
Von schärferm Messer eine tiefre Wunde.
Zu untersuchen komm' ich täglich deine
Und unerträglich brennen fühl' ich meine.
Du saugest gierig ein die Kraft der Erde,
Mir ist, als ob auch ich durchrieselt werde!
Der frische Saft quillt aus zerschnittner Rinde
Heilsam. Mir ist, als ob auch ich's empfinde!
Indem ich *deine* sich erfrischen fühle,
Ist mir, als ob sich *meine* Wunde kühle!
Natur beginnt zu wirken und zu weben,
Ich traue: Beiden geht es nicht ans Leben!
Wie viele, *so* verwundet, welkten, starben!
Wir beide prahlen noch mit unsern Narben!

JUREK BECKER

Jakob der Lügner

Ich höre schon alle sagen, ein Baum, was ist das schon, ein Stamm, Blätter, Wurzeln, Käferchen in der Rinde und eine manierlich ausgebildete Krone, wenn's hochkommt, na und? Ich höre sie sagen, hast du nichts Besseres, woran du denken kannst, damit sich deine Blicke verklären wie die einer hungrigen Ziege, der man ein schönes fettes Grasbüschel zeigt? Oder meinst du vielleicht einen besonderen Baum, einen ganz bestimmten, der, was weiß ich, womöglich einer Schlacht seinen Namen gegeben hat, etwa der Schlacht an der Zirbelkiefer, meinst du so einen? Oder ist an ihm jemand Besonderer aufgehängt worden? Alles falsch, nicht mal aufgehängt? Na gut, es ist zwar ziemlich geistlos, aber wenn es dir solchen Spaß macht, spielen wir dieses alberne Spiel noch ein bißchen weiter, ganz wie du willst. Meinst du am Ende das leise Geräusch, das die Leute Rauschen nennen, wenn der Wind deinen Baum gefunden hat, wenn er sozusagen vom Blatt spielt? Oder die Anzahl an Nutzmetern Holz, die in so einem Stamm steckt? Oder du meinst den berühmten Schatten, den er wirft? Denn sobald von Schatten die Rede ist, denkt jeder seltsamerweise an Bäume, obgleich Häuser oder Hochöfen weit größere Schatten abgeben. Meinst du den Schatten?

Alles falsch, sage ich dann, ihr könnt aufhören zu raten, ihr kommt doch nicht darauf. Ich meine nichts davon, wenn auch der Heizwert nicht zu verachten ist, ich meine ganz einfach einen Baum. Ich habe dafür meine Gründe. Erstens haben Bäume in meinem Leben eine gewisse Rolle gespielt, die möglicherweise von mir überbewertet wird, doch ich empfinde es so. Mit neun Jahren bin ich von einem Baum gefallen, einem Apfelbaum übrigens, und habe mir die linke Hand gebrochen. Alles ist einigermaßen wieder verheilt, doch gibt es ein paar diffizile Bewegungen, die ich seitdem mit den Fingern meiner linken Hand nicht mehr ausführen kann. Ich erwähne das deshalb, weil es als beschlossene Sache gegolten hat, daß ich einmal Geiger werden sollte, aber das ist an und für sich ganz unwichtig. Meine Mutter wollte es zuerst, dann wollte es mein Vater auch, und zum Schluß haben wir es alle drei so gewollt. Also kein Geiger. Ein paar Jahre später, ich war wohl schon siebzehn, habe ich das erstemal in meinem Leben mit einem Mädchen gelegen, unter einem Baum. Diesmal war es eine Buche, gut fünfzehn Meter hoch, das Mädchen hat Esther geheißen, oder nein, Moira, glaube ich, jedenfalls war es eine Buche, und ein Wildschwein hat uns gestört. Kann sein, daß es auch mehrere waren. Wir haben keine Zeit gehabt, uns umzudrehen. Und wieder ein paar Jahre später ist meine Frau Chana unter einem Baum erschossen worden. Ich kann nicht sagen, was es diesmal für einer war, ich bin nicht dabeigewesen, man hat es mir nur erzählt, und ich habe vergessen, nach dem Baum zu fragen.

Und jetzt der zweite Grund, warum sich meine Augen verklären, wenn ich an diesen Baum denke, wahrscheinlich oder ganz sicher sogar der wichtigere von beiden. In diesem Ghetto sind Bäume nämlich verboten (Verordnung Nr. 31: »Es ist strengstens untersagt, auf dem Territorium des Gettos Zier- und Nutzpflanzen jedweder Art zu halten. Das gleiche gilt für Bäume. Sollten beim Einrichten des Gettos irgendwelche wildwachsenden Pflanzen übersehen worden sein, so sind diese schnellstens zu beseitigen. Zuwiderhandlungen werden ...«).

Hardtloff hat sich das ausgedacht, warum weiß der Teufel, vielleicht wegen der Vögel. Dabei sind tausend andere Sachen auch verboten, Ringe und sonstige Wertgegenstände, Tiere zu halten, nach acht auf der Straße sein, es hätte keinen Sinn, alles aufzählen zu wollen. Ich stelle mir vor, was mit einem geschieht, der einen Ring am Finger hat und mit einem Hund nach acht auf der Straße angetroffen wird. Aber nein, das stelle ich mir gar nicht vor, ich denke überhaupt nicht an Ringe und Hunde und an die Uhrzeit. Ich denke nur an diesen Baum, und meine Augen verklären sich. Für alles habe ich Verständnis, ich meine, theoretisch kann ich es begreifen, ihr seid Juden, ihr seid weniger als ein Dreck, was braucht ihr Ringe, und wozu müßt ihr euch nach acht auf der Straße rumtreiben? Wir haben das und das mit euch vor und wollen es so und so machen. Dafür habe ich Verständnis. Ich weine darüber, ich würde sie alle umbringen, wenn ich es könnte, ich würde Hardtloff den Hals umdrehen mit meiner linken Hand, deren Finger keine diffizilen Bewegungen mehr ausführen können, doch es geht in meinen Kopf. Aber warum verbieten sie uns die Bäume?

Ich habe schon tausendmal versucht, diese verfluchte Geschichte loszuwerden, immer vergebens. Entweder es waren nicht die richtigen Leute, denen ich sie erzählen wollte, oder ich habe irgendwelche Fehler gemacht. Ich habe vieles durcheinandergebracht, ich habe Namen verwechselt, oder es waren, wie gesagt, nicht die richtigen Leute. Jedesmal, wenn ich ein paar Schnäpse getrunken habe, ist sie da, ich kann mich nicht dagegen wehren. Ich darf nicht soviel trinken, jedesmal denke ich, es werden schon die richtigen Leute sein, und ich denke, ich habe alles sehr schön beieinander, es kann mir beim Erzählen nichts mehr passieren.

Dabei erinnert Jakob, wenn man ihn sieht, in keiner Weise an einen Baum. Es gibt doch solche Männer, von denen man sagt, ein Kerl wie ein Baum, groß, stark, ein bißchen gewaltig, solche, bei denen man sich jeden Tag für ein paar Minuten anlehnen möchte. Jakob ist viel kleiner, er geht dem Kerl wie ein Baum höchstens bis zur Schulter. Er hat Angst wie wir alle, er unterscheidet sich eigentlich durch nichts von Kirschbaum oder von Frankfurter oder von mir oder von Kowalski. Das einzige, was ihn von uns allen unterscheidet, ist, daß ohne ihn diese gottverdammte Geschichte nicht hätte passieren können. Aber sogar da kann man geteilter Meinung sein.

Anstatt eines Nachwortes

Auszug aus Meyers Konversations-Lexikon

MEYERS KONVERSATIONS-LEXIKON

Ein Nachschlagewerk des allgemeinen Wissens

Baum, Gewächs mit holzigem *Stamm* und einer aus blättertragenden Ästen oder nur aus Blättern bestehenden *Krone*. Manche Holzgewächse wachsen ebenso oft strauch- wie baumartig, und an der obersten Grenze ihrer Verbreitungszone in den Gebirgen erscheinen die Bäume nur krüppelhaft strauchförmig. Ebenso können durch Kunst Sträucher zu Bäumen umgebildet werden, wenn man ihnen die untersten Äste fortwährend abschneidet, und umgekehrt Bäume zu Sträuchern, wenn ihr Gipfelzuwachs immer verschnitten wird.

Die Baumform findet sich hauptsächlich bei den mit Blüten versehenen Pflanzen. Doch kommen auch bei den blütenlosen Gewächsen, wie bei Farnen, Baumformen vor. Etwa 50 Pflanzenfamilien, wie die Koniferen, die Kupuliferen, Salikaceen u. a., bestehen ganz oder vorwiegend aus Baumarten.

Der wichtigste Charakter der Bäume wie überhaupt der Holzpflanzen liegt in der ausdauernden Lebensfähigkeit ihrer oberirdischen Achsenteile, die nicht wie bei den Krautpflanzen alljährlich absterben, sondern die Fähigkeit forgesetzten Längen- und Dickenwachstums besitzen. Der *Längenzuwachs* wird durch Wachstumsschichten an den äußersten Spitzen der Zweige, durch die sogen. Vegetationspunkte, vermittelt, die von Blattorganen innerhalb der Knospen versteckt werden und gleichzeitig auch neue Blätter und Anlagen von Seitenzweigen hervorgehen lassen. Das *Dickenwachstum* der dikotylen Holzpflanzen geht von Wachstumsschichten aus, die im Innern des Stammes neue Gewebelagen an die vorher gebildeten ansetzen (s. Bildungsgewebe und Leitbündel); die monokotylen Stämme haben dagegen meist nur ein beschränktes Dickenwachstum. Bei den *Schopfbäumen*, wie vielen Palmen, und den *Rosettenträ-*

gern, wie den Bananen (*Musa*) und den Baumfarnen, wächst der Stamm fortgesetzt nur durch die Gipfelknospe weiter und bleibt daher unverzweigt. Im Gegensatz dazu werden bei den *Wipfelbäumen* alljährlich neue Seitentriebe aus zahlreichen Knospen erzeugt und dadurch eine verzweigte Krone gebildet. Die verschiedene Tracht der Bäume wird teils durch die Verzweigungsart ihrer Triebe sowie die ungleiche Ausbildung, Länge, Richtung und Aufeinanderfolge der Stengelglieder, teils durch das Absterben und Abwerfen bestimmter älterer Triebe und Zweige bedingt. Letzteres tritt unter anderm auch bei dem sogen. *Reinigen* unsrer einheimischen Nadelhölzer in geschlossenen Beständen ein. Auch im entblätterten Zustand besitzt jede Baumart ein chrakteristisches Gesamtgerüst, dessen Totaleindruck vorzugsweise durch die Form und Ausgliederung von Stamm und Krone bedingt wird; ein bis zur Spitze durchgehender Stamm ist für die Fichte, Tanne und Lärche, eine in mehrere gleichwertige Äste aufgelöste Krone für Eiche, Kiefer, Apfelbaum u. a., ein aus ungleichwertigen Trieben zu Stande kommender Aufbau des Baumgerüstes für Linde, Buche, Hainbuche und viele andre, nur mit Seitenknospen versehene Baumarten chrakteristisch. Mehrere Bäume, wie die Esche, Buche, Weiden, *Caragana arborescens*, *Sophora* u. a., erzeugen neben der gewöhnlichen Form auch Varietäten mit abwärts wachsenden, nach unten hängenden Zweigen, die sogen. *Trauerbäume*.

Um die oft enorme Last ihrer Krone tragen und gleichzeitig dem Anprall der Stürme Widerstand leisten zu können, müssen die innern Gewebemassen der Baumstämme nach ähnlichen Gesetzen aneinandergefügt werden, wie sie die Technik bei Herstellung von allseitig biegungsfesten Säulen anwendet, während die Wurzeln der Bäume vorzugsweise durch Zugkräfte in Anspruch genommen werden und daher auch zugfest gebaut erscheinen (s. Skelettgewebe). Die in die Dicke wachsenden Holzpflanzen bedürfen auch einer äußern Schutzhülle, welche die Fähigkeit besitzen muß, dem fortgesetzten Dickenwachstum zu folgen. Unter der Oberhaut der anfangs immer krautigen Baumtriebe bildet sich daher ein aus dem sogen. Periderm (s. d.) hervorgehender Mantel von Kork aus, der durch geringe Durchlässigkeit für Wasser und für Gase ausgezeichnet ist, und dessen Schichten die äußern Gewebe der Rinde von Wasserzufuhr abschneiden; letztere bilden daher mit den ältern Korklagen zusammen die als *Borke* bekannten Stammüberzüge, die sich in verschiedener Weise, z. B. bei der Birke mit weißen Häuten, ablösen oder auch durch Zerklüftung rissige Sprünge erhalten, deren Verlauf z. B. ber der Eiche, Linde, Esche und andern einheimischen Bäumen der Stammoberfläche ein charakteristisches Aussehen verleiht. Im unbelaubten Zustande lassen sich die Baumarten am besten an den Knospen erkennen, deren Stellung, Form, Farbe und Behaarung wichtige Merkmale bilden. Die als Schutzmittel gegen Winterfrost dienenden *Knospenschuppen* sind nicht in allen Fällen vorhanden, sondern fehlen z. B. bei vielen Iuglandeen, *Sophora*-Arten u. a. Bei den Holzpflanzen mit periodischer Vegetationsruhe tritt das Austreiben der Knospen, d. h. die Verlängerung der Achsenteile sowie das Entfalten der jungen Blätter, die *Belaubung*, und ebenso auch der *Laubfall* (s. d.) in bestimmten Abschnitten des Jahres ein, durch deren zeitlichen Abstand die Vegetationsdauer bestimmt wird; das Mindestmaß derselben beträgt für die Bäume der nördlichen Klimate ungefähr 3 Monate, umfaßt aber in wärmern Gebieten meist 5–8 Monate. Sowohl gegen das arktische Gebiet als in Hochgebirgen gegen die Region der Alpensträucher werden die Baumbestände durch eine mehr oder weniger deutliche Grenzlinie (*Baumgrenze*) abgeschlossen (vgl. Pflanzengeographie). In ähnlicher Weise verhindert die Spärlichkeit oder der gänzliche Mangel von Niederschlägen in Steppen- oder Wüstengebieten das Auftreten von Bäumen. Je nachdem die Belaubung, wie bei vielen einheimischen Bäumen, durch erhöhte Temperatur im Frühjahr oder durch Eintritt der Regenzeit, wie in den Tropen, eingeleitet wird, unterscheidet man *sommer-*

grüne und *regengrüne* Bäume. Ihnen stehen die *immergrünen* Bäume, wie z. B. unsre einheimischen Nadelhölzer und viele Laubhölzer der Mittelmeerflora und der Tropen, gegenüber, deren Blätter eine zwei- bis vieljährige Lebensdauer haben. Über andre biologische Verhältnisse der Bäume s. Waldpflanzen und Immergrüne Gehölze.

Die Baumarten sind wie die Tierarten an bestimmtes *Alter* und bestimmte *Größe* gebunden, welche nur selten überschritten werden. Die ältern Angaben über das Alter von Bäumen (Drachenbaum von Orotava 6000, Baobab 5000, Platane von Bujukdere 4000 Jahre etc.) verdienen wenig Vertrauen, mit ziemlicher Sicherheit aber wurde nach Kerner berechnet: für die Cypresse und Eibe 3000, für die Kastanie (*Castanea vulgaris*), Stieleiche und Libanonzeder 2000, Fichte (*Abies excelsa*) 1200, Sommerlinde 1000, Zirbelkiefer 500–700, Lärche 600, Föhre 570, Silberpappel 500, Buche 300, Esche 200–300, für die Hainbuche endlich 150 Jahre. Beglaubigte Angaben über Höhe und Durchmesser der Bäume (in Metern) enthält folgende Tabelle:

AUSZUG AUS MEYERS KONVERSATIONS-LEXIKON

	Höhe	Stamm-durchmesser
Eucalyptus amygdalina (Fieberbaum)	140–152	8
Wellingtonia gigantea (Mammutbaum)	79–142	11
Abies pectinata (Weißtanne)	75	3
Abies excelsa (Fichte)	60	2
Larix europaea (Lärche)	53,7	1,6
Cupressus fastigata (Cypresse)	52	3,2
Pinus sylvestris (Föhre)	48	1
Fagus sylvatica (Buche)	44	2
Cedrus Libani (Zeder)	40	–
Populus alba (Silberpappel)	40	2,8
Taxodium mexicanum	38,7	16,5
Quercus sessiliflora (Wintereiche)	35	4,2
Platanus orientalis (Platane)	30	15,4
Fraxinus excelsior (Esche)	30	1,7
Adansonia digitata (Baobab)	23,1	9,5
Pinus Cembra (Zirbelkiefer)	22,7	1,7
Ailantus glandulosa (Götterbaum)	22	0,9
Quercus pedunculata (Stieleiche)	20	7
Carpinus Betulus (Hainbuche)	20	1
Taxus baccata (Eibe)	15	4,9

Höhe und Dicke nehmen danach bei den Bäumen nicht in gleichem Maß zu. Der größte Stammdurchmesser ist von der Edelkastanie bekannt, welche 20 m erreicht. Große Stammdurchmesser sind ferner bekannt von *Taxodium distichum* (11,9 m) Sommerlinde (9 m), Ulme (3 m), Kornelkirsche (1,4 m).

Unter den Tropen findet sich der üppigste Baumwuchs; zudem sind es lauter eigentümliche Baumarten dieser Klimate, welche hier die Urwälder bilden (s. Tropenwald). In der subtropischen Zone ist der Baumwuchs hauptsächlich vertreten durch die *immergrünen Gewächse* (s. d.). Dagegen sind in der kältern gemäßigten Zone die laubwechselnden Bäume vorherrschend (s. Laubholzzone). Obgleich auch hier bereits Nadelhölzer in zusammenhängenden Waldungen auftreten, werden dieselben (s. Nadelholzzone) doch erst in der subarktischen Zone eigentlich vorwaltend, wo die Laubbäume einer nach dem andern verschwinden.

Über den wichtigen Einfluß, welchen die Bäume, zumal wo sie wälderbildend auftreten, auf klimatische Verhältnisse und Witterung auftreten, s. Wald. – Die *Schäden*, denen die Bäume ausgesetzt sind, bestehen in Windbruch, Windfall, Schneebruch, Blitzschlag, Frostschäden. Die verschiedenen *Krankheiten*, von denen sie befallen werden können, bezeichnet man als Brand, Krebs, Grind oder Schorf, Baumkrätze, Rost, Meltau, Rot- oder Kernfäule, Gelbsucht, Harzfluß, Gummifluß, Darrsucht, Wassersucht, Aufspringen der Rinde. *Mißbildungen* an Bäumen sind die Maserköpfe, die Hexenbesen oder Wetterbüsche, die Gallen. *Baumkultur* zum Zweck der Gewinnung von Holz, Zweigen, Rinden, Laub, Blüten, Früchten, Samen oder einzelnen chemischen Bestandteilen (Terpentin, Zucker, Kautschuk, Balsame, Alkaloide etc.) bildet den Gegenstand der Forstwirtschaft, der Landschafts- und Nutzgärtnerei. Mit der Lehre von den Bäumen (Gehölzen), welche in einem bestimmten Lande im Freien gedeihen, beschäftigt sich die *Dendrologie*, welcher Anpflanzungen von Bäumen in systematischer oder pflanzengeographischer Anordnung, die *Arboreten*, zu Beobachtungen und Versuchen dienen. Über alles dieses siehe die bersondern Artikel.

Quellenverzeichnis

Hans Christian Andersen (1805–1875), *Der Tannenbaum*, aus: ders., Ausgewählte Märchen, übers. v. Julius Reuscher. Verlag von Ambr. Abel, Leipzig 1883

Ernst Moritz Arndt (1769–1860), *Der alte Baum und ich*, aus: ders., Gedichte. Philipp Reclam Jun., Leipzig 1913

Baum, Atikel in: Meyers Konversations-Lexikon, Band 2. Bibliographisches Institut, Leipzig/Wien 1894

Jurek Becker (vermutlich 1937–1997), *Jakob der Lügner*. Roman. © Suhrkamp Verlag Frankfurt am Main 1976. Alle Rechte bei und vorbehalten durch Suhrkamp Verlag Berlin

Die Bibel, Erstes Buch Mose, Buch Richter, aus: Die Bibel nach der deutschen Übersetzung Martin Luthers. Neu durchgesehen nach dem vom Deutschen Evangelischen Kirchenausschuss genehmigten Text. Deutsche Bibelgesellschaft, Stuttgart 1912

Otto Julius Bierbaum (1865–1910), *Das Wunder am Baum*, aus: ders., Das Seidene Buch. Deutsche Verlagsanstalt, Stuttgart/Leipzig 1904

Bertolt Brecht (1898–1956), *Der Geierbaum*, aus: ders., Werke. Große kommentierte Berliner und Frankfurter Ausgabe, Band 19: Prosa 4. © Bertolt-Brecht-Erben/Suhrkamp Verlag 1997

An die Nachgeborenen, aus: ders., Werke. Große kommentierte Berliner und Frankfurter Ausgabe, Band 12: Gedichte 2. © Bertolt-Brecht-Erben/Suhrkamp Verlag 1988

Die Ballade vom Baum und den Ästen, aus: ders., Werke. Große kommentierte Berliner und Frankfurter Ausgabe, Band 11: Gedichte 1. © Bertolt-Brecht-Erben/Suhrkamp Verlag 1988

Clemens Brentano (1778–1842), *O kühler Wald*, aus: ders., Werke. Band 1. Hrsg. v. Friedhelm Kemp. Hanser, München 1963–1968

Elizabeth Barrett Browning (1806–1861), *Ich denk an dich. Wie wilder Wein den Baum*, aus: dies., Sonette aus dem Portugiesischen. Übertragen durch Rainer Maria Rilke. Insel-Verlag, Leipzig 1900

Truman Capote (1924–1984), *Die Grasharfe*. Aus dem Amerikanischen von Annemarie Seidel und Friedrich Podszus. © Suhrkamp Verlag Frankfurt am Main 1952. Alle Rechte bei und vorbehalten durch Suhrkamp Verlag Berlin

Chinesisches Volksmärchen, Laotse, aus: Chinesische Volksmärchen. Hrsg. v. Richard Wilhelm. Eugen Diederichs Verlag, Jena 1914

Max Dauthendey (1867–1918), *Stets sind Gespräche im Wald*, aus: Der Wald. Gedichte. Hrsg. v. Hartmut Vollmer. Reclam Philipp Jun., 2014

Der tote Baum, aus: ders., Gesammelte Werke in 6 Bänden, Band 4: Lyrik und kleinere Versdichtungen. Albert Langen, München 1925

QUELLENVERZEICHNIS

Richard Dehmel (1863–1920), *Das Ideal*, aus: ders., Aber die Liebe. Verlag Dr. E. Albert & Co., München 1893
Nur an den Eichen bebt noch braunes Laub, aus: ders., Zwei Menschen. Schuster & Loeffler, Berlin 1903
Deutsches Volksmärchen, Der Wunderbaum, aus: Deutsche Volksmärchen aus dem Sachsenlande in Siebenbürgen, hrsg. v. Josef Haltrich. Verlag von Carl Graeser, Wien 1882
Annette von Droste-Hülshoff (1797–1848), *Die Judenbuche*. Ein Sittengemälde aus dem gebirgichten Westphalen. Morgenblatt für gebildete Leser. Cotta, Stuttgart/Tübingen 1842
Dschuang Dsï (ca. 365 v. Chr.–290 v.Chr.), *Der Alte Eichbaum*, aus: ders., Das wahre Buch vom südlichen Blütenland. marixverlag, Wiesbaden 2015
Ältere Edda, *Völuspá* (um 1220 niedergeschrieben), übers. v. Karl Joseph Simrock. Verlag der J. G. Cotta'schen Buchhandlung, Stuttgart 1876
Günter Eich (1907–1972), *Ende eines Sommers*, aus: ders., Gesammelte Werke in vier Bänden. Band 1: Die Gedichte. Die Maulwürfe. Hrsg. v. Axel Vieregg. © Suhrkamp Verlag Frankfurt am Main 1991. Alle Rechte bei und vorbehalten durch Suhrkamp Verlag Berlin
Otto Ernst (1862–1926), *Hymnus an die Bäume*, aus: ders., Siebzig Gedichte. L. Staackmann, Leipzig 1907
Estnisches Märchen, Die sprechenden Bäume, aus: Harry Jannsen, Estnische Märchen, in: Zeitschrift für Volkskunde, 1. Jahrgang. Hrsg. v. Edmund Veckenstedt, Alfred Dörffel, Leipzig 1889
Theodor Fontane (1819–1898), *Herr von Ribbeck auf Ribbeck im Havelland, Der Eibenbaum im Parkgarten des Herrenhauses*, aus: ders., Sämtliche Werke. Hanser, München 1959–1975
Erich Fried (1921–1988), *Gespräch über Bäume*, aus: Anfechtungen. © Verlag Klaus Wagenbach, Berlin 1967
Jean Giono (1895–1970), *Der Mann, der Bäume pflanzte*. Aus dem Französischen von Uli Aumüller. © Sanssouci im Hanser Verlag, München 2006
Johann Wolfgang von Goethe (1749–1832), *Gingo Biloba*, aus: ders., Berliner Ausgabe. Poetische Werke [Band 1–16], Band 3, Berlin 1960. Entstanden 1814–1819. Erstdruck: Cotta, Stuttgart/Tübingen 1819
Sag ich's euch, geliebte Bäume, aus: ders., Gedichte. Hrsg. u. komm. v. Erich Trunz. Verlag C. H. Beck, München 1981
Oden an meinen Freund, aus: ders., Poetische Werke. Band 1: Gedichte und Singspiele. Berliner Ausgabe. Aufbau-Verlag, Berlin/Weimar 1976
Franz Grillparzer (1791–1872), *Jugenderinnerungen im Grünen*, aus: ders., Sämtliche Werke. Band 1. Hanser, München 1960–1965
Brüder Grimm (1785–1863 und 1786–1859), *Die Zwerge auf dem Baum*, aus: Deutsche Sagen, Band 1. Nicolai, Berlin 1816
Die Alte im Wald, aus: dies., Kinder- und Hausmärchen Band 2, Große Ausgabe. 7. Auflage (Ausgabe letzter Hand), Dieterich, Göttingen 1857
Von dem Machandelboom, aus: dies., Kinder- und Hausmärchen Band 1, Große Ausgabe. 7. Auflage (Ausgabe letzter Hand), Dieterich, Göttingen 1857

Anastasius Grün (1806–1876), *Baumpredigt*, aus: ders., Sämtliche Werke. Band II. Hrsg. v. Anton Schlossar. Max Hesses Verlag, Leipzig 1907

Mohammad Schams ad-Din Hafis (ca. 1315–1390), *Pflanze nur den Baum der Freundschaft*, aus: Diwan des großen lyrischen Dichters Hafis. 3 Bände, übers. v. Vincenz Ritter v. Rosenzweig-Schwannau. Verlag der K. K. Hof- und Staatsdruckerei, Wien 1858

Joseph Freiherr von Hammer-Purgstall (1774–1856), *Rosenöl*. Cotta, Stuttgart/Tübingen 1813

Friedrich Hebbel (1813–1863), *Unterm Baum*, aus: ders., Werke. Band 3. Gedichte, Erzählungen, Schriften. Hrsg. v. Gerhard Fricke, Werner Keller u. Karl Pörnbacher. Carl Hanser, München 1965

Heinrich Heine (1797–1856), *Hortense IV*, aus: ders., Werke und Briefe in zehn Bänden. Band 1. Hrsg. v. Hans Kaufmann. Aufbau, Berlin/Weimar 1972

Der Herbstwind rüttelt die Bäume, aus: ders., Buch der Lieder, Lyrisches Intermezzo. Hoffmann und Campe, Hamburg 1927

Johann Gottfried Herder (1744–1803), *Der mächtige Baum*, aus: ders., Zerstreute Blätter (Vierte Sammlung), Verlag Carl Wilhelm Ettinger, Gotha 1792

Der Wald und der Wanderer, aus: ders., Werke. Erster Theil. Gedichte. Hrsg. v. Heinrich Düntzer. Hempel, Berlin 1879

Hermann Hesse (1877–1962), *Bäume*, aus: ders., »Wanderung«, in: ders., Sämtliche Werke in 20 Bänden. Hrsg, v. Volker Michels, Band 11: Autobiographische Schriften 1. © Suhrkamp Verlag Frankfurt am Main 2003. Alle Rechte bei und vorbehalten durch Suhrkamp Verlag Berlin

Klage um einen alten Baum, aus: ders., Sämtliche Werke in 20 Bänden. Hrsg. v. Volker Michels. Band 14: Betrachtungen und Berichte 1927–1961. © Suhrkamp Verlag Frankfurt am Main 2003. Alle Rechte bei und vorbehalten durch Suhrkamp Verlag Berlin

Georg Heym (1887–1912), *Der Baum*, aus: ders., Dichtungen und Schriften. Band 1. Heinrich Ellermann, Hamburg/München 1960

Heinrich Hoffmann (1809–1894), *Waldlied im Mai*, aus: ders., Gesammelte Gedichte. Zeichnungen und Karikaturen. Hrsg. von G. H. Herzog und Helmut Siefert unter Mitarb. von Marion Herzog-Hoinkis. Insel, Frankfurt a. M. 1987

Friedrich Hölderlin (1770–1843), *An einen Baum*, aus: ders., Sämtliche Werke in 6 Bänden, Band 1. Gedichte 1784–1800. J. G. Cotta'sche Buchhandlung Nachfolger, Stuttgart 1946

Die Eichbäume, aus: ders., Gedichte. Insel, Frankfurt am Main 1984

Wilhelm von Humboldt (1767–1835), *Brief an eine Freundin*, aus: ders., Briefe an eine Freundin. Insel, Leipzig 1909

Franz Kafka (1883–1924), *Die Bäume*, aus: Hyperion. Eine Zweimonatsschrift. Hrgs. v. Franz Blei und Carl Sternheim. München 1908

Anna Louisa Karsch (1722–1791), *Vorbitte wegen eines Nußbaums*, aus: dies., Auserlesene Gedichte. George Ludewig Winter, Berlin 1764

Erich Kästner (1899–1974), *Die Wälder schweigen*, aus: ders., Doktor Erich Kästners lyrische Hausapotheke. © Atrium Verlag, Zürich 1936 und Thomas Kästner

Gottfried Keller (1819–1890), *Vom Fichtenbaum, dem Teiche und den Wolken*, aus: ders., Sämtliche Werke und ausgewählte Briefe. Hrsg. v. Clemens Heselhaus. Carl Hanser, München 1958

Rudyard Kipling (1865–1936), *Das Dschungelbuch. Mowglis Abenteuer*. marixverlag, Wiesbaden 2015

Else Lasker-Schüler (1869–1945), *Die Eberesche*, aus: dies., Werke und Briefe. Kritische Ausgabe, Band 4: Prosa 1921–1945. Nachgelassene Schriften. Jüdischer Verlag im Suhrkamp Verlag, Frankfurt am Main 2001

Die Bäume unter sich, Als die Bäume mich wiedersahen, Der leuchtende Baum, aus: dies., Gesammelte Werke. Kösel Verlag, München 1959

Harper Lee (1926–2016), *Wer die Nachtigall stört …*, Deutsche Übersetzung von Claire Malignon. © 1962 Rowohlt Verlag GmbH, Reinbek bei Hamburg

Nikolaus Lenau (1802–1850), *Herbstgefühl*, aus: ders., Gedichte. Insel Verlag, Frankfurt am Main/Leipzig 1998

Märchen aus Finnland, Wie die Trauerbirke entstanden ist, aus: Finnische und estnische Volksmärchen. Hrsg. v. August von Löwis of Menar. Eugen Diederichs Verlag, Jena 1922

Märchen aus Südamerika, Der Wunderbaum, aus: Indianermärchen aus Südamerika. Hrsg. v. Theodor Koch-Grünberg. Eugen Diederichs Verlag, Jena 1927

Conrad Ferdinand Meyer (1825–1898), *Der verwundete Baum*, aus: ders., Gedichte. Verlag von H. Haessel, Leipzig 1882

Christian Morgenstern (1871–1914), *Hier im Wald mit dir zu liegen*, aus: ders., Es ist Nacht, und mein Herz kommt zu dir. Liebesgedichte. marixverlag, Wiesbaden 2016

An den Wald, Das Weihnachtsbäumlein, aus: ders., Werke und Briefe, Stuttgarter Ausgabe, Band II. Lyrik 1906–1914. Hrsg. v. Martin Kießig, Urachhaus, Stuttgart 1992

Die Weide am Bach, aus: ders., Werke und Briefe, Stuttgarter Ausgabe, Band I. Lyrik 1887–1905. Hrsg. v. Martin Kießig, Urachhaus, Stuttgart 1988

Worauf beruht z. B. der Zauber des Waldes, aus: ders., Werke und Briefe, Stuttgarter Ausgabe, Band V. Aphorismen. Hrsg. v. Reinhardt Habel. Urachhaus, Stuttgart 1987

Die zwei Wurzeln, aus: ders., Werke und Briefe, Stuttgarter Ausgabe, Band III. Humoristische Lyrik. Hrsg. v. Maurice Cureau. Urachhaus, Stuttgart 1990

Eduard Mörike (1804–1875), *Wald-Idylle*, aus: ders., Sämtliche Werke in zwei Bänden. Band 1. Winkler, München 1967

Wilhelm Müller (1794–1827), *Der Lindenbaum*, aus: ders., Gedichte. Vollständige kritische Ausgabe, bearb. v. James Taft Hatfield. Behr, Berlin 1906

Friedrich Nietzsche (1844–1900), *Baum im Herbste*, aus: ders., Werke. Kritische Gesamtausgabe. Hrsg. v. Giorgio Colli u. Mazzino Montinari. Walter de Gruyter, Berlin/New York 1974

Ovid (43 v. Chr.–17 n. Chr.), *Daphne*, aus: ders., Metamorphosen. Insel Verlag, Frankfurt am Main 1990

Sándor Petőfi (1823–1849), *Heiter strömt es nach dem Wald …*, aus: ders., Poetische Werke in sechs Bänden. Übers. v. Ignaz Schnitzer. Band 3. Halm & Goldmann, Wien/Leipzig 1910

Rainer Maria Rilke (1875–1926), *Duineser Elegien*, aus: ders., Sämtliche Werke, Insel, Frankfurt am Main 1975

Joanne K. Rowling (* 1965), *Harry Potter und die Kammer des Schreckens*. Originalcopyright: Harry Potter and the Chamber of Secrets © J. K. Rowling 1998. Copyright der deutschen Ausgabe: © Carlsen Verlag GmbH, Hamburg 1999. Ins Deutsche übersetzt von Klaus Fritz

Antoine de Saint-Exupéry (1900–1944), *Der kleine Prinz/Die Erde des Menschen*. Übers. v. Corinna Popp. marixverlag, Wiesbaden 2015

Rafik Schami (* 1946), *Der fliegende Baum*, aus: Die schönsten Märchen, Fabeln und phantastischen Geschichten. Illustriert von Root Leeb. © 1997 Carl Hanser Verlag München

Friedrich Schiller (1759–1805), *Der Baum, auf dem die Kinder*, aus: ders., Sämtliche Werke. Band 1. Hanser, München 1962

Anna Seghers (1900–1983), *Die drei Bäume*, aus: dies., Werkausgabe. Erzählungen 1933–1947. Hrsg. v. Helen Fehervary und Bernhard Spies. Aufbau Verlag, Berlin 2011 © Aufbau Verlag GmbH & Co. KG, Berlin 2011

William Shakespeare (1564–1616), *Othello*, aus: ders., Sämtliche Werke in vier Bänden. Band 4. Hrsg. v. Anselm Schlösser. Berlin: Aufbau, 1975. Übers. v. Wolf Graf Baudissin

Adalbert Stifter (1805–1868), *Der Hochwald*, aus: ders., Sämtliche Werke. Tempel Verlag, Berlin/Darmstadt 1959

J. R. R. Tolkien (1892–1973), *Der Herr der Ringe*, Band 2: Die zwei Türme. Aus dem Englischen von Wolfgang Krege (Wolfgang Kreges Übersetzung aus dem Jahr 1999 wurde für diese Ausgabe vollständig neu durchgesehen und korrigiert). © Fourth Age Limited 1954, 1955, 1966. Klett-Cotta, Stuttgart 1970, 1972, 1. Auflage der neuen Übersetzung 2012

Georg Trakl (1887–1914), *Winkel am Wald*, aus: ders., Werke. Entwürfe. Briefe. Hrsg. v. Hans-Georg Kemper und Frank Rainer Max. Nachw. und Bibl. von Hans-Georg Kemper. Reclam, Stuttgart 1984 (Reclams Universal-Bibliothek. 8251)

Paul Valéry (1871–1945), *Gespräch über den Baum*, aus: ders., Werke, Band 2. Dialoge und Theater. Hrsg. v. K. A. Blüher. Insel Verlag, Frankfurt am Main, 1990

Robert Walser (1878–1956), *Der Wald*, aus: ders., Sämtliche Werke in Einzelausgaben. Hrsg. v. Jochen Greven. Band 3: Aufsätze. Mit freundlicher Genehmigung der Robert Walser-Stiftung, Bern. © Suhrkamp Verlag Zürich 1978 und 1985

Bruno Wille (1860–1928), *Einsamer Baum*, aus: ders., Der heilige Hain. Ausgewählte Gedichte. Eugen Diederichs Verlag, Jena 1908

Virginia Woolf (1882–1941), *Die Wellen*. Deutsch von Maria Bosse-Sporleder. © S.Fischer Verlag GmbH, Frankfurt am Main 1991

Bibliografische Information der Deutschen Nationalbibliothek
Die Deutsche Nationalbibliothek verzeichnet diese Publikation in der Deutschen Nationalbibliografie; detaillierte bibliografische Daten sind im Internet über http://dnb.d-nb.de abrufbar.

Es ist nicht gestattet, Texte dieses Buches zu scannen, in PCs oder auf CDs zu speichern oder mit Computern zu verändern oder einzeln oder zusammen mit anderen Bildvorlagen zu manipulieren, es sei denn mit schriftlicher Genehmigung des Verlages.

Alle Rechte vorbehalten

© by marixverlag in der Verlagshaus Römerweg GmbH, Wiesbaden 2016
Lektorat: Katharina Kallenborn, Wiesbaden
Covergestaltung: Karina Bertagnolli, Wiesbaden
Illustrationen: Anke Zapf, Weimar
Bildnachweis: iStock by Getty Images
Satz und Bearbeitung: Fotosatz Amann, Memmingen
Der Titel wurde in der Minion Pro gesetzt.
Gesamtherstellung: CPI books GmbH, Leck – Germany

ISBN: 978-3-7374-1031-1

www.verlagshaus-roemerweg.de